# T&P BOOKS

# JAPONÊS
## VOCABULÁRIO

**PORTUGUÊS BRASILEIRO**

# PORTUGUÊS
# JAPONÊS

Para alargar o seu léxico e apurar
as suas competências linguísticas

## 9000 palavras

# Vocabulário Português Brasileiro-Japonês - 9000 palavras

Por Andrey Taranov

Os vocabulários da T&P Books destinam-se a ajudar a aprender, a memorizar, e a rever palavras estrangeiras. O dicionário é dividido em temas, cobrindo todas as principais esferas de atividades quotidianas, negócios, ciência, cultura, etc.

O processo de aprendizagem, utilizando os dicionários baseados em temáticas da T&P Books dá-lhe as seguintes vantagens:

- Informação de origem corretamente agrupada predetermina o sucesso em fases subsequentes da memorização de palavras
- Disponibilização de palavras derivadas da mesma raiz, o que permite a memorização de unidades de texto (em vez de palavras separadas)
- Pequenas unidades de palavras facilitam o processo de estabelecimento de vínculos associativos necessários para a consolidação do vocabulário
- O nível de conhecimento da língua pode ser estimado pelo número de palavras aprendidas

T&P Books Publishing
www.tpbooks.com

ISBN: 978-1-78767-309-0

Este livro também está disponível em formato E-book.
Por favor visite www.tpbooks.com ou as principais livrarias on-line.

# VOCABULÁRIO JAPONÊS
## palavras mais úteis

Os vocabulários da T&P Books destinam-se a ajudar a aprender, a memorizar, e a rever palavras estrangeiras. O vocabulário contém mais de 9000 palavras de uso comum organizadas tematicamente.

O vocabulário contém as palavras mais comummente usadas
Recomendado como adicional para qualquer curso de línguas
Satisfaz as necessidades dos iniciados e dos alunos avançados de línguas estrangeiras
Conveniente para o uso diário, sessões de revisão e atividades de auto-teste
Permite avaliar o seu vocabulário

## Características especias do vocabulário

- As palavras estão organizadas de acordo com o seu significado, e não por ordem alfabética
- As palavras são apresentadas em três colunas para facilitar os processos de revisão e auto-teste
- As palavras compostas são divididas em pequenos blocos para facilitar o processo de aprendizagem
- O vocabulário oferece uma transcrição simples o adequada de cada palavra estrangeira

## O vocabulário contém 256 tópicos incluindo:

Conceitos básicos, Números, Cores, Meses, Estações do ano, Unidades de medida, Roupas & Acessórios, Alimentos & Nutrição, Restaurante, Membros da Família, Parentes, Caráter, Sentimentos, Emoções, Doenças, Cidade, Passeios, Compras, Dinheiro, Casa, Lar, Escritório, Trabalho no Escritório, Importação & Exportação, Marketing, Pesquisa de Emprego, Esportes, Educação, Computador, Internet, Ferramentas, Natureza, Países, Nacionalidades e muito mais ...

# TABELA DE CONTEÚDOS

# GUIA DE PRONUNCIAÇÃO

| Alfabeto fonético T&P | Hiragana | Katakana | Romaji | Exemplo Japonês | Exemplo Português |
|---|---|---|---|---|---|

## Consoantes

| [a] | あ | ア | a | あなた | chamar |
|---|---|---|---|---|---|
| [i], [i:] | い | イ | i | いす | sinônimo |
| [u], [u:] | う | ウ | u | うた | bonita |
| [e] | え | エ | e | いいえ | metal |
| [ɔ] | お | オ | o | しお | emboço |
| [ja] | や | ヤ | ya | やすみ | Himalaias |
| [ju] | ゆ | ユ | yu | ふゆ | nacional |
| [jɔ] | よ | ヨ | yo | ようす | ioga |

## Sílabas

| [b] | ば | バ | b | ばん | barril |
|---|---|---|---|---|---|
| [ʧ] | ち | チ | ch | ちち | Tchim-tchim! |
| [d] | だ | ダ | d | からだ | dentista |
| [f] | ふ | フ | f | ひふ | safári |
| [g] | が | ガ | g | がっこう | gosto |
| [h] | は | ハ | h | はは | [h] aspirada |
| [ʤ] | じ | ジ | j | じしょ | adjetivo |
| [k] | か | カ | k | かぎ | aquilo |
| [m] | む | ム | m | さむらい | magnólia |
| [n] | に | ニ | n | にもつ | natureza |
| [p] | ば | バ | p | バン | presente |
| [r] | ら | ラ | r | いくら | riscar |
| [s] | さ | サ | s | あさ | sanita |
| [ɕ] | し | シ | sh | わたし | shiatsu |
| [t] | た | タ | t | ふた | tulipa |
| [ʦ] | つ | ツ | ts | いくつ | tsé-tsé |
| [w] | わ | ワ | w | わた | página web |
| [ʣ] | ざ | ザ | z | ざっし | pizza |

# ABREVIATURAS
## usadas no vocabulário

## Abreviaturas do Português

| | | |
|---|---|---|
| adj | - | adjetivo |
| adv | - | advérbio |
| anim. | - | animado |
| conj. | - | conjunção |
| desp. | - | esporte |
| etc. | - | Etcetera |
| ex. | - | por exemplo |
| f | - | nome feminino |
| f pl | - | feminino plural |
| fem. | - | feminino |
| inanim. | - | inanimado |
| m | - | nome masculino |
| m pl | - | masculino plural |
| m, f | - | masculino, feminino |
| masc. | - | masculino |
| mat. | - | matemática |
| mil. | - | militar |
| pl | - | plural |
| prep. | - | preposição |
| pron. | - | pronome |
| sb. | - | sobre |
| sing. | - | singular |
| v aux | - | verbo auxiliar |
| vi | - | verbo intransitivo |
| vi, vt | - | verbo intransitivo, transitivo |
| vr | - | verbo reflexivo |
| vt | - | verbo transitivo |

# CONCEITOS BÁSICOS

## Conceitos básicos. Parte 1

### 1. Pronomes

| | | |
|---|---|---|
| eu | 私 | watashi |
| você | あなた | anata |
| ele | 彼 | kare |
| ela | 彼女 | kanojo |
| nós | 私たち | watashi tachi |
| vocês | あなたがた | anata ga ta |
| eles, elas | 彼らは | karera wa |

### 2. Cumprimentos. Saudações. Despedidas

| | | |
|---|---|---|
| Oi! | やあ！ | yā! |
| Olá! | こんにちは！ | konnichiwa! |
| Bom dia! | おはよう！ | ohayō! |
| Boa tarde! | こんにちは！ | konnichiwa! |
| Boa noite! | こんばんは！ | konbanwa! |
| cumprimentar (vt) | こんにちはと言う | konnichiwa to iu |
| Oi! | やあ！ | yā! |
| saudação (f) | 挨拶 | aisatsu |
| saudar (vt) | 挨拶する | aisatsu suru |
| Como você está? | お元気ですか？ | wo genki desu ka? |
| Como vai? | 元気？ | genki ? |
| E aí, novidades? | 調子はどう？ | chōshi ha dō ? |
| Tchau! | さようなら！ | sayōnara! |
| Até logo! | バイバイ！ | baibai! |
| Até breve! | じゃあね！ | jā ne! |
| Adeus! | さらば！ | saraba ! |
| despedir-se (dizer adeus) | 別れを告げる | wakare wo tsugeru |
| Até mais! | またね！ | mata ne! |
| Obrigado! -a! | ありがとう！ | arigatō! |
| Muito obrigado! -a! | どうもありがとう！ | dōmo arigatō! |
| De nada | どういたしまして | dōitashimashite |
| Não tem de quê | 礼なんていいよ | rei nante ī yo |
| Não foi nada! | どういたしまして | dōitashimashite |
| Desculpa! | 失礼！ | shitsurei! |
| Desculpe! | 失礼致します！ | shitsurei itashi masu! |

| | | |
|---|---|---|
| desculpar (vt) | 許す | yurusu |
| desculpar-se (vr) | 謝る | ayamaru |
| Me desculpe | おわび致します！ | owabi itashi masu! |
| Desculpe! | ごめんなさい！ | gomennasai! |
| perdoar (vt) | 許す | yurusu |
| Não faz mal | 大丈夫です！ | daijōbu desu! |
| por favor | お願い | onegai |
| | | |
| Não se esqueça! | 忘れないで！ | wasure nai de! |
| Com certeza! | もちろん！ | mochiron! |
| Claro que não! | そんなことないよ！ | sonna koto nai yo! |
| Está bem! De acordo! | オーケー！ | ōkē! |
| Chega! | もう十分だ！ | mō jūbun da! |

## 3. Como se dirigir a alguém

| | | |
|---|---|---|
| Desculpe ... | すみません、… | sumimasen , ... |
| senhor | …さん | ... san |
| senhora | …さん | ... san |
| senhorita | …さん | ... san |
| jovem | …さん | ... san |
| menino | …ちゃん | ... chan |
| menina | …ちゃん | ... chan |

## 4. Números cardinais. Parte 1

| | | |
|---|---|---|
| zero | ゼロ | zero |
| um | 一 | ichi |
| dois | 二 | ni |
| três | 三 | san |
| quatro | 四 | yon |
| | | |
| cinco | 五 | go |
| seis | 六 | roku |
| sete | 七 | nana |
| oito | 八 | hachi |
| nove | 九 | kyū |
| | | |
| dez | 十 | jū |
| onze | 十一 | jū ichi |
| doze | 十二 | jū ni |
| treze | 十三 | jū san |
| catorze | 十四 | jū yon |
| | | |
| quinze | 十五 | jū go |
| dezesseis | 十六 | jū roku |
| dezessete | 十七 | jū shichi |
| dezoito | 十八 | jū hachi |
| dezenove | 十九 | jū kyū |
| | | |
| vinte | 二十 | ni jū |
| vinte e um | 二十一 | ni jū ichi |

| | | |
|---|---|---|
| vinte e dois | 二十二 | ni jū ni |
| vinte e três | 二十三 | ni jū san |
| | | |
| trinta | 三十 | san jū |
| trinta e um | 三一 | san jū ichi |
| trinta e dois | 三二 | san jū ni |
| trinta e três | 三三 | san jū san |
| | | |
| quarenta | 四十 | yon jū |
| quarenta e um | 四一 | yon jū ichi |
| quarenta e dois | 四二 | yon jū ni |
| quarenta e três | 四三 | yon jū san |
| | | |
| cinquenta | 五十 | go jū |
| cinquenta e um | 五十一 | go jū ichi |
| cinquenta e dois | 五十二 | go jū ni |
| cinquenta e três | 五十三 | go jū san |
| | | |
| sessenta | 六十 | roku jū |
| sessenta e um | 六十一 | roku jū ichi |
| sessenta e dois | 六十二 | roku jū ni |
| sessenta e três | 六十三 | roku jū san |
| | | |
| setenta | 七十 | nana jū |
| setenta e um | 七十一 | nana jū ichi |
| setenta e dois | 七十二 | nana jū ni |
| setenta e três | 七十三 | nana jū san |
| | | |
| oitenta | 八十 | hachi jū |
| oitenta e um | 八十一 | hachi jū ichi |
| oitenta e dois | 八十二 | hachi jū ni |
| oitenta e três | 八十三 | hachi jū san |
| | | |
| noventa | 九十 | kyū jū |
| noventa e um | 九十一 | kyū jū ichi |
| noventa e dois | 九十二 | kyū jū ni |
| noventa e três | 九十三 | kyū jū san |

## 5. Números cardinais. Parte 2

| | | |
|---|---|---|
| cem | 百 | hyaku |
| duzentos | 二百 | ni hyaku |
| trezentos | 三百 | san byaku |
| quatrocentos | 四百 | yon hyaku |
| quinhentos | 五百 | go hyaku |
| | | |
| seiscentos | 六百 | roppyaku |
| setecentos | 七百 | nana hyaku |
| oitocentos | 八百 | happyaku |
| novecentos | 九百 | kyū hyaku |
| | | |
| mil | 千 | sen |
| dois mil | 二千 | nisen |
| três mil | 三千 | sanzen |

| dez mil | 一万 | ichiman |
| cem mil | 10万 | jyūman |
| um milhão | 百万 | hyakuman |
| um bilhão | 十億 | jūoku |

## 6. Números ordinais

| primeiro (adj) | 第一の | dai ichi no |
| segundo (adj) | 第二の | dai ni no |
| terceiro (adj) | 第三の | dai san no |
| quarto (adj) | 第四の | dai yon no |
| quinto (adj) | 第五の | dai go no |
| | | |
| sexto (adj) | 第六の | dai roku no |
| sétimo (adj) | 第七の | dai nana no |
| oitavo (adj) | 第八の | dai hachi no |
| nono (adj) | 第九の | dai kyū no |
| décimo (adj) | 第十の | dai jū no |

## 7. Números. Frações

| fração (f) | 分数 | bunsū |
| um meio | 2分の1 | ni bunno ichi |
| um terço | 3分の1 | san bunno ichi |
| um quarto | 4分の1 | yon bunno ichi |
| | | |
| um oitavo | 8分の1 | hachi bunno ichi |
| um décimo | 10分の1 | jyū bunno ichi |
| dois terços | 3分の2 | san bunno ni |
| três quartos | 4分の3 | yon bunno san |

## 8. Números. Operações básicas

| subtração (f) | 引き算 | hikizan |
| subtrair (vi, vt) | 引き算する | hikizan suru |
| divisão (f) | 割り算 | warizan |
| dividir (vt) | 割る | wareru |
| | | |
| adição (f) | 加算 | kasan |
| somar (vt) | 加算する | kasan suru |
| adicionar (vt) | 足す | tasu |
| multiplicação (f) | 掛け算 | kakezan |
| multiplicar (vt) | 掛ける | kakeru |

## 9. Números. Diversos

| algarismo, dígito (m) | 桁数 | keta sū |
| número (m) | 数字 | sūji |

| numeral (m) | 数詞 | sūshi |
| menos (m) | 負号 | fugō |
| mais (m) | 正符号 | sei fugō |
| fórmula (f) | 公式 | kōshiki |

| cálculo (m) | 計算 | keisan |
| contar (vt) | 計算する | keisan suru |
| calcular (vt) | 数える | kazoeru |
| comparar (vt) | 比較する | hikaku suru |

| Quanto? | いくら？ | ikura？ |
| Quantos? -as? | いくつ？ | ikutsu？ |
| soma (f) | 合計 | gōkei |
| resultado (m) | 結果 | kekka |
| resto (m) | 剰余、余り | jōyo, amari |

| alguns, algumas ... | 少数の | shōsū no |
| pouco (~ tempo) | 少し | sukoshi |
| resto (m) | 残り | nokori |
| um e meio | 1 , 5 | ittengo |
| dúzia (f) | ダース | dāsu |

| ao meio | 半分に | hanbun ni |
| em partes iguais | 均等に | kintō ni |
| metade (f) | 半分 | hanbun |
| vez (f) | 回 | kai |

## 10. Os verbos mais importantes. Parte 1

| abrir (vt) | 開ける | akeru |
| acabar, terminar (vt) | 終える | oeru |
| aconselhar (vt) | 助言する | jogen suru |
| adivinhar (vt) | 言い当てる | īateru |
| advertir (vt) | 警告する | keikoku suru |

| ajudar (vt) | 手伝う | tetsudau |
| almoçar (vi) | 昼食をとる | chūshoku wo toru |
| alugar (~ um apartamento) | 借りる | kariru |
| amar (pessoa) | 愛する | aisuru |
| ameaçar (vt) | 脅す | odosu |

| anotar (escrever) | 書き留める | kakitomeru |
| apressar-se (vr) | 急ぐ | isogu |
| arrepender-se (vr) | 後悔する | kōkai suru |
| assinar (vt) | 署名する | shomei suru |
| brincar (vi) | 冗談を言う | jōdan wo iu |

| brincar, jogar (vi, vt) | 遊ぶ | asobu |
| buscar (vt) | 探す | sagasu |
| caçar (vi) | 狩る | karu |
| cair (vi) | 落ちる | ochiru |
| cavar (vt) | 掘る | horu |
| chamar (~ por socorro) | 求める | motomeru |
| chegar (vi) | 到着する | tōchaku suru |

| | | |
|---|---|---|
| chorar (vi) | 泣く | naku |
| começar (vt) | 始める | hajimeru |
| comparar (vt) | 比較する | hikaku suru |
| concordar (dizer "sim") | 同意する | dōi suru |
| | | |
| confiar (vt) | 信用する | shinyō suru |
| confundir (equivocar-se) | 混同する | kondō suru |
| conhecer (vt) | 知っている | shitte iru |
| contar (fazer contas) | 計算する | keisan suru |
| contar com ... | …を頼りにする | ... wo tayori ni suru |
| continuar (vt) | 続ける | tsuzukeru |
| | | |
| controlar (vt) | 管制する | kansei suru |
| convidar (vt) | 招待する | shōtai suru |
| correr (vi) | 走る | hashiru |
| criar (vt) | 創造する | sōzō suru |
| custar (vt) | かかる | kakaru |

## 11. Os verbos mais importantes. Parte 2

| | | |
|---|---|---|
| dar (vt) | 手渡す | tewatasu |
| dar uma dica | 暗示する | anji suru |
| decorar (enfeitar) | 飾る | kazaru |
| defender (vt) | 防衛する | bōei suru |
| deixar cair (vt) | 落とす | otosu |
| | | |
| descer (para baixo) | 下りる | oriru |
| desculpar (vt) | 許す | yurusu |
| desculpar-se (vr) | 謝る | ayamaru |
| dirigir (~ uma empresa) | 管理する | kanri suru |
| discutir (notícias, etc.) | 討議する | tōgi suru |
| | | |
| disparar, atirar (vi) | 撃つ | utsu |
| dizer (vt) | 言う | iu |
| duvidar (vt) | 疑う | utagau |
| encontrar (achar) | 見つける | mitsukeru |
| enganar (vt) | だます | damasu |
| | | |
| entender (vt) | 理解する | rikai suru |
| entrar (na sala, etc.) | 入る | hairu |
| enviar (uma carta) | 送る | okuru |
| errar (enganar-se) | 誤りをする | ayamari wo suru |
| escolher (vt) | 選択する | sentaku suru |
| | | |
| esconder (vt) | 隠す | kakusu |
| escrever (vt) | 書く | kaku |
| esperar (aguardar) | 待つ | matsu |
| esperar (ter esperança) | 希望する | kibō suru |
| esquecer (vt) | 忘れる | wasureru |
| | | |
| estudar (vt) | 勉強する | benkyō suru |
| exigir (vt) | 要求する | yōkyū suru |
| existir (vi) | 存在する | sonzai suru |
| explicar (vt) | 説明する | setsumei suru |

| | | |
|---|---|---|
| falar (vi) | 話す | hanasu |
| faltar (a la escuela, etc.) | 欠席する | kesseki suru |
| fazer (vt) | する | suru |
| ficar em silêncio | 沈黙を守る | chinmoku wo mamoru |
| gabar-se (vr) | 自慢する | jiman suru |
| | | |
| gostar (apreciar) | 好む | konomu |
| gritar (vi) | 叫ぶ | sakebu |
| guardar (fotos, etc.) | 保つ | tamotsu |
| informar (vt) | 知らせる | shiraseru |
| insistir (vi) | 主張する | shuchō suru |
| | | |
| insultar (vt) | 侮辱する | bujoku suru |
| interessar-se (vr) | …に興味がある | … ni kyōmi ga aru |
| ir (a pé) | 行く | iku |
| ir nadar | 海水浴をする | kaisuiyoku wo suru |
| jantar (vi) | 夕食をとる | yūshoku wo toru |

## 12. Os verbos mais importantes. Parte 3

| | | |
|---|---|---|
| ler (vt) | 読む | yomu |
| libertar, liberar (vt) | 解放する | kaihō suru |
| matar (vt) | 殺す | korosu |
| mencionar (vt) | 言及する | genkyū suru |
| mostrar (vt) | 見せる | miseru |
| | | |
| mudar (modificar) | 変える | kaeru |
| nadar (vi) | 泳ぐ | oyogu |
| negar-se a … (vr) | 拒絶する | kyozetsu suru |
| objetar (vt) | 反対する | hantai suru |
| | | |
| observar (vt) | 監視する | kanshi suru |
| ordenar (mil.) | 命令する | meirei suru |
| ouvir (vt) | 聞く | kiku |
| pagar (vt) | 払う | harau |
| parar (vi) | 止まる | tomaru |
| | | |
| parar, cessar (vt) | 止める | tomeru |
| participar (vi) | 参加する | sanka suru |
| pedir (comida, etc.) | 注文する | chūmon suru |
| pedir (um favor, etc.) | 頼む | tanomu |
| pegar (tomar) | 取る | toru |
| | | |
| pegar (uma bola) | 捕らえる | toraeru |
| pensar (vi, vt) | 思う | omō |
| perceber (ver) | 見掛ける | mikakeru |
| perdoar (vt) | 許す | yurusu |
| perguntar (vt) | 問う | tō |
| | | |
| permitir (vt) | 許可する | kyoka suru |
| pertencer a … (vi) | 所有物である | shoyū butsu de aru |
| planejar (vt) | 計画する | keikaku suru |
| poder (~ fazer algo) | できる | dekiru |
| possuir (uma casa, etc.) | 所有する | shoyū suru |

| preferir (vt) | 好む | konomu |
| preparar (vt) | 料理をする | ryōri wo suru |
| prever (vt) | 見越す | mikosu |
| prometer (vt) | 約束する | yakusoku suru |
| pronunciar (vt) | 発音する | hatsuon suru |

| propor (vt) | 提案する | teian suru |
| punir (castigar) | 罰する | bassuru |
| quebrar (vt) | 折る、壊す | oru, kowasu |
| queixar-se de ... | 不平を言う | fuhei wo iu |
| querer (desejar) | 欲する | hossuru |

## 13. Os verbos mais importantes. Parte 4

| ralhar, repreender (vt) | 叱る [しかる] | shikaru |
| recomendar (vt) | 推薦する | suisen suru |
| repetir (dizer outra vez) | 復唱する | fukushō suru |
| reservar (~ um quarto) | 予約する | yoyaku suru |
| responder (vt) | 回答する | kaitō suru |

| rezar, orar (vi) | 祈る | inoru |
| rir (vi) | 笑う | warau |
| roubar (vt) | 盗む | nusumu |
| saber (vt) | 知る | shiru |
| sair (~ de casa) | 出る | deru |

| salvar (resgatar) | 救出する | kyūshutsu suru |
| seguir (~ alguém) | …について行く | … ni tsuiteiku |
| sentar-se (vr) | 座る | suwaru |
| ser necessário | 必要である | hitsuyō de aru |

| ser, estar | ある | aru |
| significar (vt) | 意味する | imi suru |
| sorrir (vi) | ほほえむ [微笑む] | hohoemu |
| subestimar (vt) | 甘く見る | amaku miru |
| surpreender-se (vr) | 驚く | odoroku |

| tentar (~ fazer) | 試みる | kokoromiru |
| ter (vt) | 持つ | motsu |
| ter fome | 腹をすかす | hara wo sukasu |

| ter medo | 怖がる | kowagaru |
| ter sede | 喉が渇く | nodo ga kawaku |
| tocar (com as mãos) | 触れる | fureru |
| tomar café da manhã | 朝食をとる | chōshoku wo toru |

| trabalhar (vi) | 働く | hataraku |
| traduzir (vt) | 翻訳する | honyaku suru |

| unir (vt) | 合体させる | gattai saseru |
| vender (vt) | 売る | uru |
| ver (vt) | 見る | miru |
| virar (~ para a direita) | 曲がる | magaru |
| voar (vi) | 飛ぶ | tobu |

## 14. Cores

| | | |
|---|---|---|
| cor (f) | 色 | iro |
| tom (m) | 色合い | iroai |
| tonalidade (m) | 色相 | shikisō |
| arco-íris (m) | 虹 | niji |
| | | |
| branco (adj) | 白い | shiroi |
| preto (adj) | 黒い | kuroi |
| cinza (adj) | 灰色の | haīro no |
| | | |
| verde (adj) | 緑の | midori no |
| amarelo (adj) | 黄色い | kīroi |
| vermelho (adj) | 赤い | akai |
| | | |
| azul (adj) | 青い | aoi |
| azul claro (adj) | 水色の | mizu iro no |
| rosa (adj) | ピンクの | pinku no |
| laranja (adj) | オレンジの | orenji no |
| violeta (adj) | 紫色の | murasaki iro no |
| marrom (adj) | 茶色の | chairo no |
| | | |
| dourado (adj) | 金色の | kiniro no |
| prateado (adj) | 銀色の | giniro no |
| | | |
| bege (adj) | ベージュの | bēju no |
| creme (adj) | クリームの | kurīmu no |
| turquesa (adj) | ターコイズブルーの | tākoizuburū no |
| vermelho cereja (adj) | チェリーレッドの | cherī reddo no |
| lilás (adj) | ライラックの | rairakku no |
| carmim (adj) | クリムゾンの | kurimuzon no |
| | | |
| claro (adj) | 薄い | usui |
| escuro (adj) | 濃い | koi |
| vivo (adj) | 鮮やかな | azayaka na |
| | | |
| de cor | 色の | iro no |
| a cores | カラー… | karā … |
| preto e branco (adj) | 白黒の | shirokuro no |
| unicolor (de uma só cor) | 単色の | tanshoku no |
| multicolor (adj) | 色とりどりの | irotoridori no |

## 15. Questões

| | | |
|---|---|---|
| Quem? | 誰？ | dare ? |
| O que? | 何？ | nani ? |
| Onde? | どこに？ | doko ni ? |
| Para onde? | どちらへ？ | dochira he ? |
| De onde? | どこから？ | doko kara ? |
| Quando? | いつ？ | itsu ? |
| Para quê? | なんで？ | nande ? |
| Por quê? | どうして？ | dōshite ? |
| Para quê? | 何のために？ | nan no tame ni ? |

| Como? | どうやって？ | dō yatte? |
| Qual (~ é o problema?) | どんな？ | donna? |
| Qual (~ deles?) | どちらの…？ | dochira no …? |

| A quem? | 誰に？ | dare ni ? |
| De quem? | 誰のこと？ | dare no koto ? |
| Do quê? | 何のこと？ | nannokoto ? |
| Com quem? | 誰と？ | dare to ? |

| Quantos? -as? | いくつ？ | ikutsu ? |
| Quanto? | いくら？ | ikura ? |
| De quem? (masc.) | 誰のもの？ | Dare no mono ? |

## 16. Preposições

| com (prep.) | …と、…と共に | … to, totomoni |
| sem (prep.) | …なしで | … nashi de |
| a, para (exprime lugar) | …へ | … he |
| sobre (ex. falar ~) | …について | … ni tsuite |
| antes de … | …の前に | … no mae ni |
| em frente de … | …の正面に | … no shōmen ni |

| debaixo de … | 下に | shita ni |
| sobre (em cima de) | 上側に | uwagawa ni |
| em …, sobre … | 上に | ue ni |
| de, do (sou ~ Rio de Janeiro) | …から | … kara |
| de (feito ~ pedra) | …製の | … sei no |

| em (~ 3 dias) | …で | … de |
| por cima de … | …を越えて | … wo koe te |

## 17. Palavras funcionais. Advérbios. Parte 1

| Onde? | どこに？ | doko ni ? |
| aqui | ここで | kokode |
| lá, ali | そこで | sokode |

| em algum lugar | どこかで | doko ka de |
| em lugar nenhum | どこにも | doko ni mo |

| perto de … | 近くで | chikaku de |
| perto da janela | 窓辺に | mado beni |

| Para onde? | どちらへ？ | dochira he ? |
| aqui | こちらへ | kochira he |
| para lá | そこへ | soko he |
| daqui | ここから | koko kara |
| de lá, dali | そこから | soko kara |

| perto | そばに | soba ni |
| longe | 遠くに | tōku ni |
| perto de … | 近く | chikaku |

| | | |
|---|---|---|
| à mão, perto | 近くに | chikaku ni |
| não fica longe | 遠くない | tōku nai |
| | | |
| esquerdo (adj) | 左の | hidari no |
| à esquerda | 左に | hidari ni |
| para a esquerda | 左へ | hidari he |
| | | |
| direito (adj) | 右の | migi no |
| à direita | 右に | migi ni |
| para a direita | 右へ | migi he |
| | | |
| em frente | 前に | mae ni |
| da frente | 前の | mae no |
| adiante (para a frente) | 前方へ | zenpō he |
| | | |
| atrás de … | 後ろに | ushiro ni |
| de trás | 後ろから | ushiro kara |
| para trás | 後ろへ | ushiro he |
| | | |
| meio (m), metade (f) | 中央 | chūō |
| no meio | 中央に | chūō ni |
| | | |
| do lado | 側面から | sokumen kara |
| em todo lugar | どこでも | doko demo |
| por todos os lados | …の周りを | … no mawari wo |
| | | |
| de dentro | 中から | naka kara |
| para algum lugar | どこかへ | dokoka he |
| diretamente | 真っ直ぐに | massugu ni |
| de volta | 戻って | modotte |
| | | |
| de algum lugar | どこからでも | doko kara demo |
| de algum lugar | どこからか | doko kara ka |
| | | |
| em primeiro lugar | 第一に | dai ichi ni |
| em segundo lugar | 第二に | dai ni ni |
| em terceiro lugar | 第三に | dai san ni |
| | | |
| de repente | 急に | kyū ni |
| no início | 初めは | hajime wa |
| pela primeira vez | 初めて | hajimete |
| muito antes de … | …かなり前に | … kanari mae ni |
| de novo | 新たに | arata ni |
| para sempre | 永遠に | eien ni |
| | | |
| nunca | 一度も | ichi do mo |
| de novo | 再び | futatabi |
| agora | 今 | ima |
| frequentemente | よく | yoku |
| então | あのとき | ano toki |
| urgentemente | 至急に | shikyū ni |
| normalmente | 普通は | futsū wa |
| | | |
| a propósito, … | ところで、… | tokorode, … |
| é possível | 可能な | kanō na |
| provavelmente | 恐らく [おそらく] | osoraku |

| | | |
|---|---|---|
| talvez | ことによると | kotoni yoru to |
| além disso, ... | それに | soreni |
| por isso ... | 従って | shitagatte |
| apesar de ... | …にもかかわらず | ... ni mo kakawara zu |
| graças a ... | …のおかげで | ... no okage de |
| que (pron.) | 何 | nani |
| que (conj.) | …ということ | ... toyuu koto |
| algo | 何か | nani ka |
| alguma coisa | 何か | nani ka |
| nada | 何もない | nani mo nai |
| quem | 誰 | dare |
| alguém (~ que ...) | ある人 | aru hito |
| alguém (com ~) | 誰か | dare ka |
| ninguém | 誰も…ない | dare mo ... nai |
| para lugar nenhum | どこへも | doko he mo |
| de ninguém | 誰の…でもない | dare no ... de mo nai |
| de alguém | 誰かの | dare ka no |
| tão | とても | totemo |
| também (gostaria ~ de ...) | また | mata |
| também (~ eu) | も | mo |

## 18. Palavras funcionais. Advérbios. Parte 2

| | | |
|---|---|---|
| Por quê? | どうして？ | dōshite ? |
| por alguma razão | なぜか [何故か] | naze ka |
| porque ... | なぜなら | nazenara |
| por qualquer razão | 何らかの理由で | nanrakano riyū de |
| e (tu ~ eu) | と | to |
| ou (ser ~ não ser) | または | matawa |
| mas (porém) | でも | demo |
| para (~ a minha mãe) | …のために | ... no tame ni |
| muito, demais | …すぎる | ... sugiru |
| só, somente | もっぱら | moppara |
| exatamente | 正確に | seikaku ni |
| cerca de (~ 10 kg) | 約 | yaku |
| aproximadamente | おおよそ | ōyoso |
| aproximado (adj) | おおよその | ōyosono |
| quase | ほとんど | hotondo |
| resto (m) | 残り | nokori |
| o outro (segundo) | もう一方の | mōippōno |
| outro (adj) | 他の | hokano |
| cada (adj) | 各 | kaku |
| qualquer (adj) | どれでも | dore demo |
| muitos, muitas | 多くの | ōku no |
| muito | 多量の | taryō no |
| muitas pessoas | 多くの人々 | ōku no hitobito |

| todos | あらゆる人 | arayuru hito |
| em troca de ... | …の返礼として | … no henrei toshite |
| em troca | 引き換えに | hikikae ni |
| à mão | 手で | te de |
| pouco provável | ほとんど…ない | hotondo ... nai |

| provavelmente | 恐らく［おそらく］ | osoraku |
| de propósito | わざと | wazato |
| por acidente | 偶然に | gūzen ni |

| muito | 非常に | hijō ni |
| por exemplo | 例えば | tatoeba |
| entre | 間 | kan |
| entre (no meio de) | …の間で | … no made |
| tanto | たくさん | takusan |
| especialmente | 特に | tokuni |

# Conceitos básicos. Parte 2

## 19. Opostos

| | | |
|---|---|---|
| rico (adj) | 裕福な | yūfuku na |
| pobre (adj) | 貧乏な | binbō na |
| | | |
| doente (adj) | 病気の | byōki no |
| bem (adj) | 健康な | kenkō na |
| | | |
| grande (adj) | 大きい | ohkī |
| pequeno (adj) | 小さい | chīsai |
| | | |
| rapidamente | 早く | hayaku |
| lentamente | 遅く | osoku |
| | | |
| rápido (adj) | 速い | hayai |
| lento (adj) | 遅い | osoi |
| | | |
| alegre (adj) | 嬉しい | ureshī |
| triste (adj) | 悲しい | kanashī |
| | | |
| juntos (ir ~) | 一緒に | issho ni |
| separadamente | 別々に | betsubetsu ni |
| | | |
| em voz alta (ler ~) | 声に出して | koe ni dashi te |
| para si (em silêncio) | 黙って | damatte |
| | | |
| alto (adj) | 高い | takai |
| baixo (adj) | 低い | hikui |
| | | |
| profundo (adj) | 深い | fukai |
| raso (adj) | 浅い | asai |
| | | |
| sim | はい | hai |
| não | いいえ | īe |
| | | |
| distante (adj) | 遠くの | tōku no |
| próximo (adj) | 近くの | chikaku no |
| | | |
| longe | 遠くに | tōku ni |
| à mão, perto | 近くに | chikaku ni |
| | | |
| longo (adj) | 長い | nagai |
| curto (adj) | 短い | mijikai |
| | | |
| bom (bondoso) | 良い | yoi |
| mal (adj) | 悪い | warui |
| | | |
| casado (adj) | 既婚の | kikon no |

| | | |
|---|---|---|
| solteiro (adj) | 独身の | dokushin no |
| proibir (vt) | 禁じる | kinjiru |
| permitir (vt) | 許可する | kyoka suru |
| fim (m) | 最後 | saigo |
| início (m) | 最初 | saisho |
| esquerdo (adj) | 左の | hidari no |
| direito (adj) | 右の | migi no |
| primeiro (adj) | 第一の | dai ichi no |
| último (adj) | 最後の | saigo no |
| crime (m) | 罪 | tsumi |
| castigo (m) | 罰 | batsu |
| ordenar (vt) | 命令する | meirei suru |
| obedecer (vt) | 従う | shitagau |
| reto (adj) | 直…、真っすぐな | choku …, massuguna |
| curvo (adj) | 曲がった | magatta |
| paraíso (m) | 極楽 | gokuraku |
| inferno (m) | 地獄 | jigoku |
| nascer (vi) | 生まれる | umareru |
| morrer (vi) | 死ぬ | shinu |
| forte (adj) | 強い | tsuyoi |
| fraco, débil (adj) | 弱い | yowai |
| velho, idoso (adj) | 年上の | toshiue no |
| jovem (adj) | 若い | wakai |
| velho (adj) | 古い | furui |
| novo (adj) | 新しい | atarashī |
| duro (adj) | 硬い | katai |
| macio (adj) | 柔らかい | yawarakai |
| quente (adj) | 暖かい | atatakai |
| frio (adj) | 寒い | samui |
| gordo (adj) | でぶの | debu no |
| magro (adj) | 痩せた | yase ta |
| estreito (adj) | 狭い | semai |
| largo (adj) | 広い | hiroi |
| bom (adj) | 良い | yoi |
| mau (adj) | 悪い | warui |
| valente, corajoso (adj) | 勇敢な | yūkan na |
| covarde (adj) | 臆病な | okubyō na |

## 20. Dias da semana

| | | |
|---|---|---|
| segunda-feira (f) | 月曜日 | getsuyōbi |
| terça-feira (f) | 火曜日 | kayōbi |
| quarta-feira (f) | 水曜日 | suiyōbi |
| quinta-feira (f) | 木曜日 | mokuyōbi |
| sexta-feira (f) | 金曜日 | kinyōbi |
| sábado (m) | 土曜日 | doyōbi |
| domingo (m) | 日曜日 | nichiyōbi |
| | | |
| hoje | 今日 | kyō |
| amanhã | 明日 | ashita |
| depois de amanhã | 明後日 [あさって] | asatte |
| ontem | 昨日 | kinō |
| anteontem | 一昨日 [おととい] | ototoi |
| | | |
| dia (m) | 日 | nichi |
| dia (m) de trabalho | 営業日 | eigyōbi |
| feriado (m) | 公休 | kōkyū |
| dia (m) de folga | 休み | yasumi |
| fim (m) de semana | 週末 | shūmatsu |
| | | |
| o dia todo | 一日中 | ichi nichi chū |
| no dia seguinte | 翌日 | yokujitsu |
| há dois dias | 2日前に | futsu ka mae ni |
| na véspera | その前日に | sono zenjitsu ni |
| diário (adj) | 毎日の | mainichi no |
| todos os dias | 毎日 | mainichi |
| | | |
| semana (f) | 週 | shū |
| na semana passada | 先週 | senshū |
| semana que vem | 来週 | raishū |
| semanal (adj) | 毎週の | maishū no |
| toda semana | 毎週 | maishū |
| duas vezes por semana | 週に2回 | shūni nikai |
| toda terça-feira | 毎週火曜日 | maishū kayōbi |

## 21. Horas. Dia e noite

| | | |
|---|---|---|
| manhã (f) | 朝 | asa |
| de manhã | 朝に | asa ni |
| meio-dia (m) | 正午 | shōgo |
| à tarde | 午後に | gogo ni |
| | | |
| tardinha (f) | 夕方 | yūgata |
| à tardinha | 夕方に | yūgata ni |
| noite (f) | 夜 | yoru |
| à noite | 夜に | yoru ni |
| meia-noite (f) | 真夜中 | mayonaka |
| | | |
| segundo (m) | 秒 | byō |
| minuto (m) | 分 | fun, pun |
| hora (f) | 時間 | jikan |

| | | |
|---|---|---|
| meia hora (f) | 30分 | san jū fun |
| quarto (m) de hora | 15分 | jū go fun |
| quinze minutos | 15分 | jū go fun |
| vinte e quatro horas | 一昼夜 | icchūya |

| | | |
|---|---|---|
| nascer (m) do sol | 日の出 | hinode |
| amanhecer (m) | 夜明け | yoake |
| madrugada (f) | 早朝 | sōchō |
| pôr-do-sol (m) | 夕日 | yūhi |

| | | |
|---|---|---|
| de madrugada | 早朝に | sōchō ni |
| esta manhã | 今朝 | kesa |
| amanhã de manhã | 明日の朝 | ashita no asa |

| | | |
|---|---|---|
| esta tarde | 今日の午後 | kyō no gogo |
| à tarde | 午後 | gogo |
| amanhã à tarde | 明日の午後 | ashita no gogo |

| | | |
|---|---|---|
| esta noite, hoje à noite | 今夜 | konya |
| amanhã à noite | 明日の夜 | ashita no yoru |

| | | |
|---|---|---|
| às três horas em ponto | 3時ちょうどに | sanji chōdo ni |
| por volta das quatro | 4時頃 | yoji goro |
| às doze | 12時までに | jūniji made ni |

| | | |
|---|---|---|
| em vinte minutos | 20分後 | nijuppungo |
| em uma hora | 一時間後 | ichi jikan go |
| a tempo | 予定通りに | yotei dōri ni |

| | | |
|---|---|---|
| ... um quarto para | …時15分 | … ji jyūgo fun |
| dentro de uma hora | 1時間で | ichi jikan de |
| a cada quinze minutos | 15分ごとに | jyūgo fun goto ni |
| as vinte e quatro horas | 昼も夜も | hiru mo yoru mo |

## 22. Meses. Estações

| | | |
|---|---|---|
| janeiro (m) | 一月 | ichigatsu |
| fevereiro (m) | 二月 | nigatsu |
| março (m) | 三月 | sangatsu |
| abril (m) | 四月 | shigatsu |
| maio (m) | 五月 | gogatsu |
| junho (m) | 六月 | rokugatsu |

| | | |
|---|---|---|
| julho (m) | 七月 | shichigatsu |
| agosto (m) | 八月 | hachigatsu |
| setembro (m) | 九月 | kugatsu |
| outubro (m) | 十月 | jūgatsu |
| novembro (m) | 十一月 | jūichigatsu |
| dezembro (m) | 十二月 | jūnigatsu |

| | | |
|---|---|---|
| primavera (f) | 春 | haru |
| na primavera | 春に | haru ni |
| primaveril (adj) | 春の | haru no |
| verão (m) | 夏 | natsu |

| | | |
|---|---|---|
| no verão | 夏に | natsu ni |
| de verão | 夏の | natsu no |
| | | |
| outono (m) | 秋 | aki |
| no outono | 秋に | aki ni |
| outonal (adj) | 秋の | aki no |
| | | |
| inverno (m) | 冬 | fuyu |
| no inverno | 冬に | fuyu ni |
| de inverno | 冬の | fuyu no |
| mês (m) | 月 | tsuki |
| este mês | 今月 | kongetsu |
| mês que vem | 来月 | raigetsu |
| no mês passado | 先月 | sengetsu |
| | | |
| um mês atrás | 一ヶ月前 | ichi kagetsu mae |
| em um mês | 一ヶ月後 | ichi kagetsu go |
| em dois meses | 二ヶ月後 | ni kagetsu go |
| todo o mês | 丸一ヶ月 | maru ichi kagetsu |
| um mês inteiro | 一ヶ月間ずっと | ichi kagetsu kan zutto |
| | | |
| mensal (adj) | 月刊の | gekkan no |
| mensalmente | 毎月 | maitsuki |
| todo mês | 月1回 | tsuki ichi kai |
| duas vezes por mês | 月に2回 | tsuki ni ni kai |
| | | |
| ano (m) | 年 | nen |
| este ano | 今年 | kotoshi |
| ano que vem | 来年 | rainen |
| no ano passado | 去年 | kyonen |
| há um ano | 一年前 | ichi nen mae |
| em um ano | 一年後 | ichi nen go |
| dentro de dois anos | 二年後 | ni nen go |
| todo o ano | 丸一年 | maru ichi nen |
| um ano inteiro | 通年 | tsūnen |
| | | |
| cada ano | 毎年 | maitoshi |
| anual (adj) | 毎年の | maitoshi no |
| anualmente | 年1回 | toshi ichi kai |
| quatro vezes por ano | 年に4回 | toshi ni yon kai |
| | | |
| data (~ de hoje) | 日付 | hizuke |
| data (ex. ~ de nascimento) | 年月日 | nengappi |
| calendário (m) | カレンダー | karendā |
| | | |
| meio ano | 半年 | hantoshi |
| seis meses | 6ヶ月 | roku kagetsu |
| estação (f) | 季節 | kisetsu |
| século (m) | 世紀 | seiki |

## 23. Tempo. Diversos

| | | |
|---|---|---|
| tempo (m) | 時間 | jikan |
| momento (m) | 瞬時 | shunji |

| | | |
|---|---|---|
| instante (m) | 瞬間 | shunkan |
| instantâneo (adj) | 瞬時の | shunji no |
| lapso (m) de tempo | 時間の経過 | jikan no keika |
| vida (f) | 人生 | jinsei |
| eternidade (f) | 永遠 | eien |

| | | |
|---|---|---|
| época (f) | 世 | yo |
| era (f) | 時代 | jidai |
| ciclo (m) | サイクル | saikuru |
| período (m) | 期間 | kikan |
| prazo (m) | 期限 | kigen |

| | | |
|---|---|---|
| futuro (m) | 将来 | shōrai |
| futuro (adj) | 将来の | shōrai no |
| da próxima vez | 次回に | jikai ni |
| passado (m) | 過去 | kako |
| passado (adj) | 過去の | kako no |
| na última vez | 前回 | zenkai |
| mais tarde | 後で | atode |
| depois de ... | …の後に | … no nochi ni |
| atualmente | 今では | ima de wa |
| agora | 今 | ima |
| imediatamente | 直ちに | tadachini |
| em breve | もうすぐ | mōsugu |
| de antemão | 前もって | maemotte |

| | | |
|---|---|---|
| há muito tempo | ずっと昔に | zutto mukashi ni |
| recentemente | 最近 | saikin |
| destino (m) | 運命 | unmei |
| recordações (f pl) | 思い出 | omoide |
| arquivo (m) | 公文書 | kōbunsho |
| durante ... | 間に | aida ni |
| durante muito tempo | 長く | nagaku |
| pouco tempo | 長くない | nagaku nai |
| cedo (levantar-se ~) | 早く | hayaku |
| tarde (deitar-se ~) | 遅くに | osoku ni |

| | | |
|---|---|---|
| para sempre | 永遠に | eien ni |
| começar (vt) | 始める | hajimeru |
| adiar (vt) | 延期する | enki suru |

| | | |
|---|---|---|
| ao mesmo tempo | 同時に | dōjini |
| permanentemente | 不変に | fuhen ni |
| constante (~ ruído, etc.) | 絶えず続く | taezu tsuzuku |
| temporário (adj) | 一時的な | ichiji teki na |

| | | |
|---|---|---|
| às vezes | 時々 | tokidoki |
| raras vezes, raramente | まれに | mare ni |
| frequentemente | よく | yoku |

## 24. Linhas e formas

| | | |
|---|---|---|
| quadrado (m) | 正方形 | seihōkei |
| quadrado (adj) | 正方形の | seihōkei no |

| círculo (m) | 円形 | enkei |
| redondo (adj) | 円形の | enkei no |
| triângulo (m) | 三角形 | sankakkei |
| triangular (adj) | 三角形の | sankakkei no |

| oval (f) | 卵形 | rankei |
| oval (adj) | 卵形の | rankei no |
| retângulo (m) | 長方形 | chōhōkei |
| retangular (adj) | 長方形の | chōhōkei no |

| pirâmide (f) | 角錐 | kakusui |
| losango (m) | ひし形 | hishigata |
| trapézio (m) | 台形 | daikei |
| cubo (m) | 立方体 | rippōtai |
| prisma (m) | 角柱 | kakuchū |

| circunferência (f) | 円周 | enshū |
| esfera (f) | 球 | kyū |
| globo (m) | 球体 | kyūtai |
| diâmetro (m) | 直径 | chokkei |
| raio (m) | 半径 | hankei |
| perímetro (m) | 周長 | shū chō |
| centro (m) | 中心 | chūshin |

| horizontal (adj) | 水平の | suihei no |
| vertical (adj) | 垂直の | suichoku no |
| paralela (f) | 平行 | heikō |
| paralelo (adj) | 平行の | heikō no |

| linha (f) | 線 | sen |
| traço (m) | 一画 | ikkaku |
| reta (f) | 直線 | chokusen |
| curva (f) | 曲線 | kyokusen |
| fino (linha ~a) | 細い | hosoi |
| contorno (m) | 輪郭 | rinkaku |

| interseção (f) | 交点 | kōten |
| ângulo (m) reto | 直角 | chokkaku |
| segmento (m) | 弓形 | kyūkei |
| setor (m) | 扇形 | senkei |
| lado (de um triângulo, etc.) | 辺 | hen |
| ângulo (m) | 角 | kaku |

## 25. Unidades de medida

| peso (m) | 重さ | omo sa |
| comprimento (m) | 長さ | naga sa |
| largura (f) | 幅 | haba |
| altura (f) | 高さ | taka sa |
| profundidade (f) | 深さ | fuka sa |
| volume (m) | 体積 | taiseki |
| área (f) | 面積 | menseki |
| grama (m) | グラム | guramu |
| miligrama (adj) | ミリグラム | miriguramu |

| | | |
|---|---|---|
| quilograma (m) | キログラム | kiroguramu |
| tonelada (f) | トン | ton |
| libra (453,6 gramas) | ポンド | pondo |
| onça (f) | オンス | onsu |

| | | |
|---|---|---|
| metro (m) | メートル | mētoru |
| milímetro (m) | ミリメートル | mirimētoru |
| centímetro (m) | センチメートル | senchimētoru |
| quilômetro (m) | キロメートル | kiromētoru |
| milha (f) | マイル | mairu |

| | | |
|---|---|---|
| polegada (f) | インチ | inchi |
| pé (304,74 mm) | フィート | fīto |
| jarda (914,383 mm) | ヤード | yādo |

| | | |
|---|---|---|
| metro (m) quadrado | 平方メートル | heihō mētoru |
| hectare (m) | ヘクタール | hekutāru |

| | | |
|---|---|---|
| litro (m) | リットル | rittoru |
| grau (m) | 度 | do |
| volt (m) | ボルト | boruto |
| ampère (m) | アンペア | anpea |
| cavalo (m) de potência | 馬力 | bariki |

| | | |
|---|---|---|
| quantidade (f) | 数量 | sūryō |
| um pouco de … | 少し | sukoshi |
| metade (f) | 半分 | hanbun |
| dúzia (f) | ダース | dāsu |
| peça (f) | 一個 | ikko |

| | | |
|---|---|---|
| tamanho (m), dimensão (f) | 大きさ | ōki sa |
| escala (f) | 縮尺 | shukushaku |

| | | |
|---|---|---|
| mínimo (adj) | 極小の | kyokushō no |
| menor, mais pequeno | 最小の | saishō no |
| médio (adj) | 中位の | chūi no |
| máximo (adj) | 極大の | kyokudai no |
| maior, mais grande | 最大の | saidai no |

## 26. Recipientes

| | | |
|---|---|---|
| pote (m) de vidro | ジャー、瓶 | jā, bin |
| lata (~ de cerveja) | 缶 | kan |
| balde (m) | バケツ | baketsu |
| barril (m) | 樽 | taru |

| | | |
|---|---|---|
| bacia (~ de plástico) | たらい [盥] | tarai |
| tanque (m) | タンク | tanku |
| cantil (m) de bolso | スキットル | sukittoru |
| galão (m) de gasolina | ジェリカン | jerikan |
| cisterna (f) | 積荷タンク | tsumini tanku |

| | | |
|---|---|---|
| caneca (f) | マグカップ | magukappu |
| xícara (f) | カップ | kappu |

| | | |
|---|---|---|
| pires (m) | ソーサー | sōsā |
| copo (m) | ガラスのコップ | garasu no koppu |
| taça (f) de vinho | ワイングラス | wain gurasu |
| panela (f) | 両手鍋 | ryō tenabe |
| garrafa (f) | ボトル | botoru |
| gargalo (m) | ネック | nekku |
| jarra (f) | デキャンター | dekyanta |
| jarro (m) | 水差し | mizusashi |
| recipiente (m) | 器 | utsuwa |
| pote (m) | 鉢 | hachi |
| vaso (m) | 花瓶 | kabin |
| frasco (~ de perfume) | 瓶 | bin |
| frasquinho (m) | バイアル | bai aru |
| tubo (m) | チューブ | chūbu |
| saco (ex. ~ de açúcar) | 南京袋 | nankinbukuro |
| sacola (~ plastica) | 袋 | fukuro |
| maço (de cigarros, etc.) | 箱 | hako |
| caixa (~ de sapatos, etc.) | 箱 | hako |
| caixote (~ de madeira) | 木箱 | ki bako |
| cesto (m) | かご [籠] | kago |

## 27. Materiais

| | | |
|---|---|---|
| material (m) | 材料 | zairyō |
| madeira (f) | 木 | ki |
| de madeira | 木の | moku no |
| vidro (m) | ガラス | garasu |
| de vidro | ガラスの | garasu no |
| pedra (f) | 石 | ishi |
| de pedra | 石の | ishi no |
| plástico (m) | プラスチック | purasuchikku |
| plástico (adj) | プラスチックの | purasuchikku no |
| borracha (f) | ゴム | gomu |
| de borracha | ゴムの | gomu no |
| tecido, pano (m) | 布 | nuno |
| de tecido | 布製の | nunosei no |
| papel (m) | 紙 | kami |
| de papel | 紙の | kami no |
| papelão (m) | 段ボール | danbōru |
| de papelão | 段ボールの | danbōru no |
| polietileno (m) | ポリエチレン | poriechiren |
| celofane (m) | セロファン | serofan |

| linóleo (m) | リノリウム | rinoriumu |
| madeira (f) compensada | ベニヤ板 | beniyaita |

| porcelana (f) | 磁器 | jiki |
| de porcelana | 磁器の | jiki no |
| argila (f), barro (m) | 粘土 | nendo |
| de barro | 粘土の | nendo no |
| cerâmica (f) | セラミック | seramikku |
| de cerâmica | セラミックの | seramikku no |

## 28. Metais

| metal (m) | 金属 | kinzoku |
| metálico (adj) | 金属の | kinzoku no |
| liga (f) | 合金 | gōkin |

| ouro (m) | 金 | kin |
| de ouro | 金の | kin no |
| prata (f) | 銀 | gin |
| de prata | 銀の | gin no |

| ferro (m) | 鉄 | tetsu |
| de ferro | 鉄の | tetsu no |
| aço (m) | 鋼鉄 | kōtetsu |
| de aço (adj) | 鋼鉄の | kōtetsu no |
| cobre (m) | 銅 | dō |
| de cobre | 銅の | dō no |

| alumínio (m) | アルミニウム | aruminyūmu |
| de alumínio | アルミニウムの | aruminyūmu no |
| bronze (m) | 青銅 | seidō |
| de bronze | 青銅の | seidō no |

| latão (m) | 真ちゅう（真鍮） | shinchū |
| níquel (m) | ニッケル | nikkeru |
| platina (f) | 白金 | hakkin |
| mercúrio (m) | 水銀 | suigin |
| estanho (m) | スズ（錫） | suzu |
| chumbo (m) | 鉛 | namari |
| zinco (m) | 亜鉛 | aen |

# O SER HUMANO

## O ser humano. O corpo

### 29. Humanos. Conceitos básicos

| | | |
|---|---|---|
| ser (m) humano | 人間 | ningen |
| homem (m) | 男性 | dansei |
| mulher (f) | 女性 | josei |
| criança (f) | 子供 | kodomo |
| | | |
| menina (f) | 女の子 | onnanoko |
| menino (m) | 男の子 | otokonoko |
| adolescente (m) | ティーンエージャー | tīnējā |
| velho (m) | 老人 | rōjin |
| velha (f) | 老婦人 | rō fujin |

### 30. Anatomia humana

| | | |
|---|---|---|
| organismo (m) | 人体 | jintai |
| coração (m) | 心臓 | shinzō |
| sangue (m) | 血液 | ketsueki |
| artéria (f) | 動脈 | dōmyaku |
| veia (f) | 静脈 | jōmyaku |
| | | |
| cérebro (m) | 脳 | nō |
| nervo (m) | 神経 | shinkei |
| nervos (m pl) | 神経 | shinkei |
| vértebra (f) | 椎骨 | tsuikotsu |
| coluna (f) vertebral | 背骨 | sebone |
| | | |
| estômago (m) | 胃 | i |
| intestinos (m pl) | 腸 | chō |
| intestino (m) | 腸 | chō |
| fígado (m) | 肝臓 | kanzō |
| rim (m) | 腎臓 | jinzō |
| | | |
| osso (m) | 骨 | hone |
| esqueleto (m) | 骸骨 | gaikotsu |
| costela (f) | 肋骨 | rokkotsu |
| crânio (m) | 頭蓋骨 | zugaikotsu |
| | | |
| músculo (m) | 筋肉 | kinniku |
| bíceps (m) | 二頭筋 | ni tō suji |
| tríceps (m) | 三頭筋 | san tō suji |
| tendão (m) | 腱 | ken |
| articulação (f) | 関節 | kansetsu |

| pulmões (m pl) | 肺 | hai |
| órgãos (m pl) genitais | 生殖器 | seishoku ki |
| pele (f) | 肌 | hada |

## 31. Cabeça

| cabeça (f) | 頭 | atama |
| rosto, cara (f) | 顔 | kao |
| nariz (m) | 鼻 | hana |
| boca (f) | 口 | kuchi |

| olho (m) | 眼 | me |
| olhos (m pl) | 両眼 | ryōgan |
| pupila (f) | 瞳 | hitomi |
| sobrancelha (f) | 眉 | mayu |
| cílio (f) | まつげ | matsuge |
| pálpebra (f) | まぶた | mabuta |

| língua (f) | 舌 | shita |
| dente (m) | 歯 | ha |
| lábios (m pl) | 唇 | kuchibiru |
| maçãs (f pl) do rosto | 頬骨 | hōbone |
| gengiva (f) | 歯茎 | haguki |
| palato (m) | 口蓋 | kōgai |

| narinas (f pl) | 鼻孔 | bikō |
| queixo (m) | あご（頤） | ago |
| mandíbula (f) | 顎 | ago |
| bochecha (f) | 頬 | hō |

| testa (f) | 額 | hitai |
| têmpora (f) | こめかみ | komekami |
| orelha (f) | 耳 | mimi |
| costas (f pl) da cabeça | 後頭部 | kōtōbu |
| pescoço (m) | 首 | kubi |
| garganta (f) | 喉 | nodo |

| cabelo (m) | 髪の毛 | kaminoke |
| penteado (m) | 髪形 | kamigata |
| corte (m) de cabelo | 髪型 | kamigata |
| peruca (f) | かつら | katsura |

| bigode (m) | 口ひげ | kuchihige |
| barba (f) | あごひげ | agohige |
| ter (~ barba, etc.) | 生やしている | hayashi te iru |
| trança (f) | 三つ編み | mitsu ami |
| suíças (f pl) | もみあげ | momiage |

| ruivo (adj) | 赤毛の | akage no |
| grisalho (adj) | 白髪の | hakuhatsu no |
| careca (adj) | はげ頭の | hageatama no |
| calva (f) | はげた部分 | hage ta bubun |
| rabo-de-cavalo (m) | ポニーテール | ponītēru |
| franja (f) | 前髪 | maegami |

## 32. Corpo humano

| | | |
|---|---|---|
| mão (f) | 手 | te |
| braço (m) | 腕 | ude |
| | | |
| dedo (m) | 指 | yubi |
| dedo (m) do pé | つま先 | tsumasaki |
| polegar (m) | 親指 | oyayubi |
| dedo (m) mindinho | 小指 | koyubi |
| unha (f) | 爪 | tsume |
| | | |
| punho (m) | 拳 | kobushi |
| palma (f) | 手のひら | tenohira |
| pulso (m) | 手首 | tekubi |
| antebraço (m) | 前腕 | zen wan |
| cotovelo (m) | 肘 | hiji |
| ombro (m) | 肩 | kata |
| | | |
| perna (f) | 足 [脚] | ashi |
| pé (m) | 足 | ashi |
| joelho (m) | 膝 | hiza |
| panturrilha (f) | ふくらはぎ | fuku ra hagi |
| quadril (m) | 腰 | koshi |
| calcanhar (m) | かかと [踵] | kakato |
| | | |
| corpo (m) | 身体 | shintai |
| barriga (f), ventre (m) | 腹 | hara |
| peito (m) | 胸 | mune |
| seio (m) | 乳房 | chibusa |
| lado (m) | 脇腹 | wakibara |
| costas (dorso) | 背中 | senaka |
| região (f) lombar | 腰背部 | yōwa ibu |
| cintura (f) | 腰 | koshi |
| | | |
| umbigo (m) | へそ [臍] | heso |
| nádegas (f pl) | 臀部 | denbu |
| traseiro (m) | 尻 | shiri |
| | | |
| sinal (m), pinta (f) | 美人ぼくろ | bijinbokuro |
| sinal (m) de nascença | 母斑 | bohan |
| tatuagem (f) | タトゥー | tatū |
| cicatriz (f) | 傷跡 | kizuato |

# Vestuário & Acessórios

## 33. Roupa exterior. Casacos

| | | |
|---|---|---|
| roupa (f) | 洋服 | yōfuku |
| roupa (f) exterior | 上着 | uwagi |
| roupa (f) de inverno | 冬服 | fuyu fuku |
| | | |
| sobretudo (m) | オーバーコート | ōbā kōto |
| casaco (m) de pele | 毛皮のコート | kegawa no kōto |
| jaqueta (f) de pele | 毛皮のジャケット | kegawa no jaketto |
| casaco (m) acolchoado | ダウンコート | daun kōto |
| | | |
| casaco (m), jaqueta (f) | ジャケット | jaketto |
| impermeável (m) | レインコート | reinkōto |
| a prova d'água | 防水の | bōsui no |

## 34. Vestuário de homem & mulher

| | | |
|---|---|---|
| camisa (f) | ワイシャツ | waishatsu |
| calça (f) | ズボン | zubon |
| jeans (m) | ジーンズ | jīnzu |
| paletó, terno (m) | ジャケット | jaketto |
| terno (m) | 背広 | sebiro |
| | | |
| vestido (ex. ~ de noiva) | ドレス | doresu |
| saia (f) | スカート | sukāto |
| blusa (f) | ブラウス | burausu |
| casaco (m) de malha | ニットジャケット | nitto jaketto |
| casaco, blazer (m) | ジャケット | jaketto |
| | | |
| camiseta (f) | Tシャツ | tīshatsu |
| short (m) | 半ズボン | han zubon |
| training (m) | トラックスーツ | torakku sūtsu |
| roupão (m) de banho | バスローブ | basurōbu |
| pijama (m) | パジャマ | pajama |
| | | |
| suéter (m) | セーター | sētā |
| pulôver (m) | プルオーバー | puruōbā |
| | | |
| colete (m) | ベスト | besuto |
| fraque (m) | 燕尾服 | enbifuku |
| smoking (m) | タキシード | takishīdo |
| | | |
| uniforme (m) | 制服 | seifuku |
| roupa (f) de trabalho | 作業服 | sagyō fuku |
| macacão (m) | オーバーオール | ōbā ōru |
| jaleco (m), bata (f) | コート | kōto |

## 35. Vestuário. Roupa interior

| | | |
|---|---|---|
| roupa (f) íntima | 下着 | shitagi |
| cueca boxer (f) | ボクサーパンツ | bokusā pantsu |
| calcinha (f) | パンティー | pantī |
| camiseta (f) | タンクトップ | tanku toppu |
| meias (f pl) | 靴下 | kutsushita |
| | | |
| camisola (f) | ネグリジェ | negurije |
| sutiã (m) | ブラジャー | burajā |
| meias longas (f pl) | ニーソックス | nīsokkusu |
| meias-calças (f pl) | パンティストッキング | pantī sutokkingu |
| meias (~ de nylon) | ストッキング | sutokkingu |
| maiô (m) | 水着 | mizugi |

## 36. Adereços de cabeça

| | | |
|---|---|---|
| chapéu (m), touca (f) | 帽子 | bōshi |
| chapéu (m) de feltro | フェドーラ帽 | fedōra bō |
| boné (m) de beisebol | 野球帽 | yakyū bō |
| boina (~ italiana) | ハンチング帽 | hanchingu bō |
| | | |
| boina (ex. ~ basca) | ベレー帽 | berē bō |
| capuz (m) | フード | fūdo |
| chapéu panamá (m) | パナマ帽 | panama bō |
| touca (f) | ニット帽 | nitto bō |
| | | |
| lenço (m) | ヘッドスカーフ | heddo sukāfu |
| chapéu (m) feminino | 婦人帽子 | fujin bōshi |
| | | |
| capacete (m) de proteção | 安全ヘルメット | anzen herumetto |
| bibico (m) | 略帽 | rya ku bō |
| capacete (m) | ヘルメット | herumetto |
| | | |
| chapéu-coco (m) | 山高帽 | yamataka bō |
| cartola (f) | シルクハット | shiruku hatto |

## 37. Calçado

| | | |
|---|---|---|
| calçado (m) | 靴 | kutsu |
| botinas (f pl), sapatos (m pl) | アンクルブーツ | ankuru būtsu |
| sapatos (de salto alto, etc.) | パンプス | panpusu |
| botas (f pl) | ブーツ | būtsu |
| pantufas (f pl) | スリッパ | surippa |
| | | |
| tênis (~ Nike, etc.) | テニスシューズ | tenisu shūzu |
| tênis (~ Converse) | スニーカー | sunīkā |
| sandálias (f pl) | サンダル | sandaru |
| | | |
| sapateiro (m) | 靴修理屋 | kutsu shūri ya |
| salto (m) | かかと ［踵］ | kakato |

| | | |
|---|---|---|
| par (m) | 靴一足 | kutsu issoku |
| cadarço (m) | 靴ひも | kutsu himo |
| amarrar os cadarços | 靴ひもを結ぶ | kutsu himo wo musubu |
| calçadeira (f) | 靴べら | kutsubera |
| graxa (f) para calçado | 靴クリーム | kutsu kurīmu |

## 38. Têxtil. Tecidos

| | | |
|---|---|---|
| algodão (m) | 綿 | men |
| de algodão | 綿の | men no |
| linho (m) | 亜麻 | ama |
| de linho | 亜麻の | ama no |
| seda (f) | 絹 | kinu |
| de seda | 絹の | kinu no |
| lã (f) | 羊毛 | yōmō |
| de lã | 羊毛の | yōmō no |
| veludo (m) | ピロード | birōdo |
| camurça (f) | スエード | suēdo |
| veludo (m) cotelê | コーデュロイ | kōdyuroi |
| nylon (m) | ナイロン | nairon |
| de nylon | ナイロンの | nairon no |
| poliéster (m) | ポリエステル | poriesuteru |
| de poliéster | ポリエステルの | poriesuteru no |
| couro (m) | 革 | kawa |
| de couro | 革の | kawa no |
| pele (f) | 毛皮 | kegawa |
| de pele | 毛皮の | kegawa no |

## 39. Acessórios pessoais

| | | |
|---|---|---|
| luva (f) | 手袋 | tebukuro |
| mitenes (f pl) | ミトン | miton |
| cachecol (m) | マフラー | mafurā |
| óculos (m pl) | めがね [眼鏡] | megane |
| armação (f) | めがねのふち | megane no fuchi |
| guarda-chuva (m) | 傘 | kasa |
| bengala (f) | 杖 | tsue |
| escova (f) para o cabelo | ヘアブラシ | hea burashi |
| leque (m) | 扇子 | sensu |
| gravata (f) | ネクタイ | nekutai |
| gravata-borboleta (f) | 蝶ネクタイ | chō nekutai |
| suspensórios (m pl) | サスペンダー | sasupendā |
| lenço (m) | ハンカチ | hankachi |
| pente (m) | くし [櫛] | kushi |
| fivela (f) para cabelo | 髪留め | kami tome |

| | | |
|---|---|---|
| grampo (m) | ヘアピン | hea pin |
| fivela (f) | バックル | bakkuru |
| | | |
| cinto (m) | ベルト | beruto |
| alça (f) de ombro | ショルダーベルト | shorudā beruto |
| | | |
| bolsa (f) | バッグ | baggu |
| bolsa (feminina) | ハンドバッグ | hando baggu |
| mochila (f) | バックパック | bakku pakku |

## 40. Vestuário. Diversos

| | | |
|---|---|---|
| moda (f) | ファッション | fasshon |
| na moda (adj) | 流行の | ryūkō no |
| estilista (m) | ファッションデザイナー | fasshon dezainā |
| | | |
| colarinho (m) | 襟 | eri |
| bolso (m) | ポケット | poketto |
| de bolso | ポケットの | poketto no |
| manga (f) | 袖 | sode |
| ganchinho (m) | ハンガーループ | hangā rūpu |
| bragueta (f) | ズボンのファスナー | zubon no fasunā |
| | | |
| zíper (m) | チャック | chakku |
| colchete (m) | ファスナー | fasunā |
| botão (m) | ボタン | botan |
| botoeira (casa de botão) | ボタンの穴 | botan no ana |
| soltar-se (vr) | 取れる | toreru |
| | | |
| costurar (vi) | 縫う | nū |
| bordar (vt) | 刺繍する | shishū suru |
| bordado (m) | 刺繍 | shishū |
| agulha (f) | 縫い針 | nui bari |
| fio, linha (f) | 糸 | ito |
| costura (f) | 縫い目 | nuime |
| | | |
| sujar-se (vr) | 汚れる | yogoreru |
| mancha (f) | 染み | shimi |
| amarrotar-se (vr) | しわになる | shiwa ni naru |
| rasgar (vt) | 引き裂く | hikisaku |
| traça (f) | コイガ | koi ga |

## 41. Cuidados pessoais. Cosméticos

| | | |
|---|---|---|
| pasta (f) de dente | 歯磨き粉 | hamigakiko |
| escova (f) de dente | 歯ブラシ | haburashi |
| escovar os dentes | 歯を磨く | ha wo migaku |
| | | |
| gilete (f) | カミソリ［剃刀］ | kamisori |
| creme (m) de barbear | シェービングクリーム | shēbingu kurīmu |
| barbear-se (vr) | ひげを剃る | hige wo soru |
| sabonete (m) | せっけん［石鹸］ | sekken |

| | | |
|---|---|---|
| xampu (m) | シャンプー | shanpū |
| tesoura (f) | はさみ | hasami |
| lixa (f) de unhas | 爪やすり | tsume yasuri |
| corta-unhas (m) | 爪切り | tsume giri |
| pinça (f) | ピンセット | pinsetto |
| | | |
| cosméticos (m pl) | 化粧品 | keshō hin |
| máscara (f) | フェイスパック | feisu pakku |
| manicure (f) | マニキュア | manikyua |
| fazer as unhas | マニキュアをしてもらう | manikyua wo shi te morau |
| pedicure (f) | ペディキュア | pedikyua |
| | | |
| bolsa (f) de maquiagem | 化粧ポーチ | keshō pōchi |
| pó (de arroz) | フェイスパウダー | feisu pauda |
| pó (m) compacto | ファンデーション | fandēshon |
| blush (m) | チーク | chīku |
| | | |
| perfume (m) | 香水 | kōsui |
| água-de-colônia (f) | オードトワレ | ōdotoware |
| loção (f) | ローション | rō shon |
| colônia (f) | オーデコロン | ōdekoron |
| | | |
| sombra (f) de olhos | アイシャドウ | aishadō |
| delineador (m) | アイライナー | airainā |
| máscara (f), rímel (m) | マスカラ | masukara |
| | | |
| batom (m) | 口紅 | kuchibeni |
| esmalte (m) | ネイルポリッシュ | neiru porisshu |
| laquê (m), spray fixador (m) | ヘアスプレー | hea supurē |
| desodorante (m) | デオドラント | deodoranto |
| | | |
| creme (m) | クリーム | kurīmu |
| creme (m) de rosto | フェイスクリーム | feisu kurīmu |
| creme (m) de mãos | ハンドクリーム | hando kurīmu |
| creme (m) antirrugas | しわ取りクリーム | shiwa tori kurīmu |
| creme (m) de dia | 昼用クリーム | hiruyō kurīmu |
| creme (m) de noite | 夜用クリーム | yoruyō kurīmu |
| de dia | 昼用… | hiruyō … |
| da noite | 夜用… | yoruyō … |
| | | |
| absorvente (m) interno | タンポン | tanpon |
| papel (m) higiênico | トイレットペーパー | toiretto pēpā |
| secador (m) de cabelo | ヘアドライヤー | hea doraiyā |

## 42. Joalheria

| | | |
|---|---|---|
| joias (f pl) | 宝石類 | hōseki rui |
| precioso (adj) | 宝… | hō … |
| marca (f) de contraste | ホールマーク | hōrumaku |
| | | |
| anel (m) | 指輪 | yubiwa |
| aliança (f) | 結婚指輪 | kekkon yubiwa |
| pulseira (f) | 腕輪 | udewa |
| brincos (m pl) | イヤリング | iyaringu |

| colar (m) | ネックレス | nekkuresu |
| coroa (f) | 王冠 | ōkan |
| colar (m) de contas | ビーズネックレス | bīzu nekkuresu |

| diamante (m) | ダイヤモンド | daiyamondo |
| esmeralda (f) | エメラルド | emerarudo |
| rubi (m) | ルビー | rubī |
| safira (f) | サファイア | safaia |
| pérola (f) | 真珠 | shinju |
| âmbar (m) | 琥珀 | kohaku |

## 43. Relógios de pulso. Relógios

| relógio (m) de pulso | 時計 | tokei |
| mostrador (m) | ダイヤル | daiyaru |
| ponteiro (m) | 針 | hari |
| bracelete (em aço) | 金属ベルト | kinzoku beruto |
| bracelete (em couro) | 腕時計バンド | udedokei bando |

| pilha (f) | 電池 | denchi |
| acabar (vi) | 切れる | kireru |
| trocar a pilha | 電池を交換する | denchi wo kōkan suru |
| estar adiantado | 進んでいる | susundeiru |
| estar atrasado | 遅れている | okureteiru |

| relógio (m) de parede | 掛け時計 | kakedokei |
| ampulheta (f) | 砂時計 | sunadokei |
| relógio (m) de sol | 日時計 | hidokei |
| despertador (m) | 目覚まし時計 | mezamashi dokei |
| relojoeiro (m) | 時計職人 | tokei shokunin |
| reparar (vt) | 修理する | shūri suru |

# Alimentação. Nutrição

## 44. Comida

| | | |
|---|---|---|
| carne (f) | 肉 | niku |
| galinha (f) | 鶏 | niwatori |
| frango (m) | 若鶏 | wakadori |
| pato (m) | ダック | dakku |
| ganso (m) | ガチョウ | gachō |
| caça (f) | 獲物 | emono |
| peru (m) | 七面鳥 | shichimenchuō |
| | | |
| carne (f) de porco | 豚肉 | buta niku |
| carne (f) de vitela | 子牛肉 | kōshi niku |
| carne (f) de carneiro | 子羊肉 | kohitsuji niku |
| carne (f) de vaca | 牛肉 | gyū niku |
| carne (f) de coelho | 兎肉 | usagi niku |
| | | |
| linguiça (f), salsichão (m) | ソーセージ | sōsēji |
| salsicha (f) | ソーセージ | sōsēji |
| bacon (m) | ベーコン | bēkon |
| presunto (m) | ハム | hamu |
| pernil (m) de porco | ガモン | gamon |
| | | |
| patê (m) | パテ | pate |
| fígado (m) | レバー | rebā |
| guisado (m) | 挽肉 | hikiniku |
| língua (f) | タン | tan |
| | | |
| ovo (m) | 卵 | tamago |
| ovos (m pl) | 卵 | tamago |
| clara (f) de ovo | 卵の白身 | tamago no shiromi |
| gema (f) de ovo | 卵の黄身 | tamago no kimi |
| | | |
| peixe (m) | 魚 | sakana |
| mariscos (m pl) | 魚介 | gyokai |
| caviar (m) | キャビア | kyabia |
| | | |
| caranguejo (m) | カニ [蟹] | kani |
| camarão (m) | エビ | ebi |
| ostra (f) | カキ [牡蠣] | kaki |
| lagosta (f) | 伊勢エビ | ise ebi |
| polvo (m) | タコ | tako |
| lula (f) | イカ | ika |
| | | |
| esturjão (m) | チョウザメ | chōzame |
| salmão (m) | サケ [鮭] | sake |
| halibute (m) | ハリバット | haribatto |
| bacalhau (m) | タラ [鱈] | tara |
| cavala, sarda (f) | サバ [鯖] | saba |

| | | |
|---|---|---|
| atum (m) | マグロ［鮪］ | maguro |
| enguia (f) | ウナギ［鰻］ | unagi |
| | | |
| truta (f) | マス［鱒］ | masu |
| sardinha (f) | イワシ | iwashi |
| lúcio (m) | カワカマス | kawakamasu |
| arenque (m) | ニシン | nishin |
| | | |
| pão (m) | パン | pan |
| queijo (m) | チーズ | chīzu |
| açúcar (m) | 砂糖 | satō |
| sal (m) | 塩 | shio |
| | | |
| arroz (m) | 米 | kome |
| massas (f pl) | パスタ | pasuta |
| talharim, miojo (m) | 麺 | men |
| | | |
| manteiga (f) | バター | batā |
| óleo (m) vegetal | 植物油 | shokubutsu yu |
| óleo (m) de girassol | ひまわり油 | himawari yu |
| margarina (f) | マーガリン | māgarin |
| | | |
| azeitonas (f pl) | オリーブ | orību |
| azeite (m) | オリーブ油 | orību yu |
| | | |
| leite (m) | 乳、ミルク | nyū, miruku |
| leite (m) condensado | 練乳 | rennyū |
| iogurte (m) | ヨーグルト | yōguruto |
| creme (m) azedo | サワークリーム | sawā kurīmu |
| creme (m) de leite | クリーム | kurīmu |
| | | |
| maionese (f) | マヨネーズ | mayonēzu |
| creme (m) | バタークリーム | batā kurīmu |
| | | |
| grãos (m pl) de cereais | 穀物 | kokumotsu |
| farinha (f) | 小麦粉 | komugiko |
| enlatados (m pl) | 缶詰 | kanzume |
| | | |
| flocos (m pl) de milho | コーンフレーク | kōn furēku |
| mel (m) | 蜂蜜 | hachimitsu |
| geleia (m) | ジャム | jamu |
| chiclete (m) | チューインガム | chūin gamu |

## 45. Bebidas

| | | |
|---|---|---|
| água (f) | 水 | mizu |
| água (f) potável | 飲用水 | inyō sui |
| água (f) mineral | ミネラルウォーター | mineraru wōtā |
| | | |
| sem gás (adj) | 無炭酸の | mu tansan no |
| gaseificada (adj) | 炭酸の | tansan no |
| com gás | 発泡性の | happō sei no |
| gelo (m) | 氷 | kōri |
| com gelo | 氷入りの | kōri iri no |

| | | |
|---|---|---|
| não alcoólico (adj) | ノンアルコールの | non arukŌru no |
| refrigerante (m) | 炭酸飲料 | tansan inryō |
| refresco (m) | 清涼飲料水 | seiryōinryōsui |
| limonada (f) | レモネード | remonēdo |

| | | |
|---|---|---|
| bebidas (f pl) alcoólicas | アルコール | arukōru |
| vinho (m) | ワイン | wain |
| vinho (m) branco | 白ワイン | shiro wain |
| vinho (m) tinto | 赤ワイン | aka wain |

| | | |
|---|---|---|
| licor (m) | リキュール | rikyūru |
| champanhe (m) | シャンパン | shanpan |
| vermute (m) | ベルモット | berumotto |

| | | |
|---|---|---|
| uísque (m) | ウイスキー | uisukī |
| vodca (f) | ウォッカ | wokka |
| gim (m) | ジン | jin |
| conhaque (m) | コニャック | konyakku |
| rum (m) | ラム酒 | ramu shu |

| | | |
|---|---|---|
| café (m) | コーヒー | kōhī |
| café (m) preto | ブラックコーヒー | burakku kōhī |
| café (m) com leite | ミルク入りコーヒー | miruku iri kōhī |
| cappuccino (m) | カプチーノ | kapuchīno |
| café (m) solúvel | インスタントコーヒー | insutanto kōhī |

| | | |
|---|---|---|
| leite (m) | 乳、ミルク | nyū, miruku |
| coquetel (m) | カクテル | kakuteru |
| batida (f), milkshake (m) | ミルクセーキ | miruku sēki |

| | | |
|---|---|---|
| suco (m) | ジュース | jūsu |
| suco (m) de tomate | トマトジュース | tomato jūsu |
| suco (m) de laranja | オレンジジュース | orenji jūsu |
| suco (m) fresco | 搾りたてのジュース | shibori tate no jūsu |

| | | |
|---|---|---|
| cerveja (f) | ビール | bīru |
| cerveja (f) clara | ライトビール | raito bīru |
| cerveja (f) preta | 黒ビール | kuro bīru |

| | | |
|---|---|---|
| chá (m) | 茶 | cha |
| chá (m) preto | 紅茶 | kō cha |
| chá (m) verde | 緑茶 | ryoku cha |

## 46. Vegetais

| | | |
|---|---|---|
| vegetais (m pl) | 野菜 | yasai |
| verdura (f) | 青物 | aomono |

| | | |
|---|---|---|
| tomate (m) | トマト | tomato |
| pepino (m) | きゅうり [胡瓜] | kyūri |
| cenoura (f) | ニンジン [人参] | ninjin |
| batata (f) | ジャガイモ | jagaimo |
| cebola (f) | たまねぎ [玉葱] | tamanegi |
| alho (m) | ニンニク | ninniku |

| | | |
|---|---|---|
| couve (f) | キャベツ | kyabetsu |
| couve-flor (f) | カリフラワー | karifurawā |
| couve-de-bruxelas (f) | メキャベツ | mekyabetsu |
| brócolis (m pl) | ブロッコリー | burokkorī |
| | | |
| beterraba (f) | テーブルビート | tēburu bīto |
| berinjela (f) | ナス | nasu |
| abobrinha (f) | ズッキーニ | zukkīni |
| abóbora (f) | カボチャ | kabocha |
| nabo (m) | カブ | kabu |
| | | |
| salsa (f) | パセリ | paseri |
| endro, aneto (m) | ディル | diru |
| alface (f) | レタス | retasu |
| aipo (m) | セロリ | serori |
| aspargo (m) | アスパラガス | asuparagasu |
| espinafre (m) | ホウレンソウ | hōrensō |
| | | |
| ervilha (f) | エンドウ | endō |
| feijão (~ soja, etc.) | 豆類 | mamerui |
| milho (m) | トウモロコシ | tōmorokoshi |
| feijão (m) roxo | 金時豆 | kintoki mame |
| | | |
| pimentão (m) | コショウ | koshō |
| rabanete (m) | ハツカダイコン | hatsukadaikon |
| alcachofra (f) | アーティチョーク | ātichōku |

## 47. Frutos. Nozes

| | | |
|---|---|---|
| fruta (f) | 果物 | kudamono |
| maçã (f) | リンゴ | ringo |
| pera (f) | 洋梨 | yōnashi |
| limão (m) | レモン | remon |
| laranja (f) | オレンジ | orenji |
| morango (m) | イチゴ（苺） | ichigo |
| | | |
| tangerina (f) | マンダリン | mandarin |
| ameixa (f) | プラム | puramu |
| pêssego (m) | モモ［桃］ | momo |
| damasco (m) | アンズ［杏子］ | anzu |
| framboesa (f) | ラズベリー（木苺） | razuberī |
| abacaxi (m) | パイナップル | painappuru |
| | | |
| banana (f) | バナナ | banana |
| melancia (f) | スイカ | suika |
| uva (f) | ブドウ［葡萄］ | budō |
| ginja, cereja (f) | チェリー | cherī |
| ginja (f) | サワー チェリー | sawā cherī |
| cereja (f) | スイート チェリー | suīto cherī |
| melão (m) | メロン | meron |
| | | |
| toranja (f) | グレープフルーツ | gurēbu furūtsu |
| abacate (m) | アボカド | abokado |
| mamão (m) | パパイヤ | papaiya |

| | | |
|---|---|---|
| manga (f) | マンゴー | mangō |
| romã (f) | ザクロ | zakuro |
| | | |
| groselha (f) vermelha | フサスグリ | fusa suguri |
| groselha (f) negra | クロスグリ | kuro suguri |
| groselha (f) espinhosa | セイヨウスグリ | seiyō suguri |
| mirtilo (m) | ビルベリー | biruberī |
| amora (f) silvestre | ブラックベリー | burakku berī |
| | | |
| passa (f) | レーズン | rēzun |
| figo (m) | イチジク | ichijiku |
| tâmara (f) | デーツ | dētsu |
| | | |
| amendoim (m) | ピーナッツ | pīnattsu |
| amêndoa (f) | アーモンド | āmondo |
| noz (f) | クルミ（胡桃） | kurumi |
| avelã (f) | ヘーゼルナッツ | hēzeru nattsu |
| coco (m) | ココナッツ | koko nattsu |
| pistaches (m pl) | ピスタチオ | pisutachio |

## 48. Pão. Bolaria

| | | |
|---|---|---|
| pastelaria (f) | 菓子類 | kashi rui |
| pão (m) | パン | pan |
| biscoito (m), bolacha (f) | クッキー | kukkī |
| | | |
| chocolate (m) | チョコレート | chokorēto |
| de chocolate | チョコレートの | chokorēto no |
| bala (f) | キャンディー | kyandī |
| doce (bolo pequeno) | ケーキ | kēki |
| bolo (m) de aniversário | ケーキ | kēki |
| | | |
| torta (f) | パイ | pai |
| recheio (m) | フィリング | fIrIngu |
| | | |
| geleia (m) | ジャム | jamu |
| marmelada (f) | マーマレード | māmarēdo |
| wafers (m pl) | ワッフル | waffuru |
| sorvete (m) | アイスクリーム | aisukurīmu |
| pudim (m) | プディング | pudingu |

## 49. Pratos cozinhados

| | | |
|---|---|---|
| prato (m) | 料理 | ryōri |
| cozinha (~ portuguesa) | 料理 | ryōri |
| receita (f) | レシピ | reshipi |
| porção (f) | 一人前 | ichi ninmae |
| | | |
| salada (f) | サラダ | sarada |
| sopa (f) | スープ | sūpu |
| caldo (m) | ブイヨン | buiyon |
| sanduíche (m) | サンドイッチ | sandoicchi |

| ovos (m pl) fritos | 目玉焼き | medamayaki |
| hambúrguer (m) | ハンバーガー | hanbāgā |
| bife (m) | ビーフステーキ | bīfusutēki |

| acompanhamento (m) | 付け合わせ | tsukeawase |
| espaguete (m) | スパゲッティ | supagetti |
| purê (m) de batata | マッシュポテト | masshupoteto |
| pizza (f) | ピザ | piza |
| mingau (m) | ポリッジ | porijji |
| omelete (f) | オムレツ | omuretsu |

| fervido (adj) | 煮た | ni ta |
| defumado (adj) | 薫製の | kunsei no |
| frito (adj) | 揚げた | age ta |
| seco (adj) | 干した | hoshi ta |
| congelado (adj) | 冷凍の | reitō no |
| em conserva (adj) | 酢漬けの | suzuke no |

| doce (adj) | 甘い | amai |
| salgado (adj) | 塩味の | shioaji no |
| frio (adj) | 冷たい | tsumetai |
| quente (adj) | 熱い | atsui |
| amargo (adj) | 苦い | nigai |
| gostoso (adj) | 美味しい | oishī |

| cozinhar em água fervente | 水で煮る | mizu de niru |
| preparar (vt) | 料理をする | ryōri wo suru |
| fritar (vt) | 揚げる | ageru |
| aquecer (vt) | 温める | atatameru |

| salgar (vt) | 塩をかける | shio wo kakeru |
| apimentar (vt) | コショウをかける | koshō wo kakeru |
| ralar (vt) | すりおろす | suri orosu |
| casca (f) | 皮 | kawa |
| descascar (vt) | 皮をむく | kawa wo muku |

## 50. Especiarias

| sal (m) | 塩 | shio |
| salgado (adj) | 塩味の | shioaji no |
| salgar (vt) | 塩をかける | shio wo kakeru |

| pimenta-do-reino (f) | 黒コショウ | kuro koshō |
| pimenta (f) vermelha | 赤唐辛子 | aka tōgarashi |
| mostarda (f) | マスタード | masutādo |
| raiz-forte (f) | セイヨウワサビ | seiyō wasabi |

| condimento (m) | 調味料 | chōmiryō |
| especiaria (f) | 香辛料 | kōshinryō |
| molho (~ inglês) | ソース | sōsu |
| vinagre (m) | 酢、ビネガー | su, binegā |

| anis estrelado (m) | アニス | anisu |
| manjericão (m) | バジル | bajiru |

| | | |
|---|---|---|
| cravo (m) | クローブ | kurōbu |
| gengibre (m) | 生姜、ジンジャー | shōga, jinjā |
| coentro (m) | コリアンダー | koriandā |
| canela (f) | シナモン | shinamon |
| | | |
| gergelim (m) | ゴマ [胡麻] | goma |
| folha (f) de louro | ローリエ | rōrie |
| páprica (f) | パプリカ | papurika |
| cominho (m) | キャラウェイ | kyarawei |
| açafrão (m) | サフラン | safuran |

## 51. Refeições

| | | |
|---|---|---|
| comida (f) | 食べ物 | tabemono |
| comer (vt) | 食べる | taberu |
| | | |
| café (m) da manhã | 朝食 | chōshoku |
| tomar café da manhã | 朝食をとる | chōshoku wo toru |
| almoço (m) | 昼食 | chūshoku |
| almoçar (vi) | 昼食をとる | chūshoku wo toru |
| jantar (m) | 夕食 | yūshoku |
| jantar (vi) | 夕食をとる | yūshoku wo toru |
| | | |
| apetite (m) | 食欲 | shokuyoku |
| Bom apetite! | どうぞお召し上がり下さい！ | dōzo o meshiagarikudasai! |
| | | |
| abrir (~ uma lata, etc.) | 開ける | akeru |
| derramar (~ líquido) | こぼす | kobosu |
| derramar-se (vr) | こぼれる | koboreru |
| | | |
| ferver (vi) | 沸く | waku |
| ferver (vt) | 沸かす | wakasu |
| fervido (adj) | 沸騰させた | futtō sase ta |
| | | |
| esfriar (vt) | 冷やす | hiyasu |
| esfriar-se (vr) | 冷える | hieru |
| | | |
| sabor, gosto (m) | 味 | aji |
| fim (m) de boca | 後味 | atoaji |
| | | |
| emagrecer (vi) | ダイエットをする | daietto wo suru |
| dieta (f) | ダイエット | daietto |
| vitamina (f) | ビタミン | bitamin |
| caloria (f) | カロリー | karorī |
| | | |
| vegetariano (m) | ベジタリアン | bejitarian |
| vegetariano (adj) | ベジタリアン用の | bejitarian yōno |
| | | |
| gorduras (f pl) | 脂肪 | shibō |
| proteínas (f pl) | タンパク質 [蛋白質] | tanpaku shitsu |
| carboidratos (m pl) | 炭水化物 | tansuikabutsu |
| fatia (~ de limão, etc.) | スライス | suraisu |
| pedaço (~ de bolo) | 一切れ | ichi kire |
| migalha (f), farelo (m) | くず | kuzu |

## 52. Por a mesa

| | | |
|---|---|---|
| colher (f) | スプーン | supūn |
| faca (f) | ナイフ | naifu |
| garfo (m) | フォーク | fōku |
| | | |
| xícara (f) | カップ | kappu |
| prato (m) | 皿 | sara |
| pires (m) | ソーサー | sōsā |
| guardanapo (m) | ナフキン | nafukin |
| palito (m) | つまようじ［爪楊枝］ | tsumayōji |

## 53. Restaurante

| | | |
|---|---|---|
| restaurante (m) | レストラン | resutoran |
| cafeteria (f) | 喫茶店 | kissaten |
| bar (m), cervejaria (f) | パブ、バー | pabu, bā |
| salão (m) de chá | 喫茶店 | kissaten |
| | | |
| garçom (m) | ウェイター | weitā |
| garçonete (f) | ウェートレス | wētoresu |
| barman (m) | バーテンダー | bātendā |
| | | |
| cardápio (m) | メニュー | menyū |
| lista (f) de vinhos | ワインリスト | wain risuto |
| reservar uma mesa | テーブルを予約する | tēburu wo yoyaku suru |
| | | |
| prato (m) | 料理 | ryōri |
| pedir (vt) | 注文する | chūmon suru |
| fazer o pedido | 注文する | chūmon suru |
| | | |
| aperitivo (m) | アペリティフ | aperitifu |
| entrada (f) | 前菜 | zensai |
| sobremesa (f) | デザート | dezāto |
| | | |
| conta (f) | お勘定 | okanjō |
| pagar a conta | 勘定を払う | kanjō wo harau |
| dar o troco | 釣り銭を渡す | tsurisen wo watasu |
| gorjeta (f) | チップ | chippu |

# Família, parentes e amigos

## 54. Informação pessoal. Formulários

| | | |
|---|---|---|
| nome (m) | 名前 | namae |
| sobrenome (m) | 姓 | sei |
| data (f) de nascimento | 誕生日 | tanjō bi |
| local (m) de nascimento | 出生地 | shusseichi |
| nacionalidade (f) | 国籍 | kokuseki |
| lugar (m) de residência | 住所 | jūsho |
| país (m) | 国 | kuni |
| profissão (f) | 職業 | shokugyō |
| sexo (m) | 性 | sei |
| estatura (f) | 身長 | shinchō |
| peso (m) | 体重 | taijū |

## 55. Membros da família. Parentes

| | | |
|---|---|---|
| mãe (f) | 母親 | hahaoya |
| pai (m) | 父親 | chichioya |
| filho (m) | 息子 | musuko |
| filha (f) | 娘 | musume |
| caçula (f) | 下の娘 | shitano musume |
| caçula (m) | 下の息子 | shitano musuko |
| filha (f) mais velha | 長女 | chōjo |
| filho (m) mais velho | 長男 | chōnan |
| irmão (m) | 兄、弟、兄弟 | ani, otōto, kyoōdai |
| irmão (m) mais velho | 兄 | ani |
| irmão (m) mais novo | 弟 | otōto |
| irmã (f) | 姉、妹、姉妹 | ane, imōto, shimai |
| irmã (f) mais velha | 姉 | ane |
| irmã (f) mais nova | 妹 | imōto |
| primo (m) | 従兄弟 | itoko |
| prima (f) | 従姉妹 | itoko |
| mamãe (f) | お母さん | okāsan |
| papai (m) | お父さん | otōsan |
| pais (pl) | 親 | oya |
| criança (f) | 子供 | kodomo |
| crianças (f pl) | 子供 | kodomo |
| avó (f) | 祖母 | sobo |
| avô (m) | 祖父 | sofu |
| neto (m) | 孫息子 | mago musuko |

| neta (f) | 孫娘 | mago musume |
| netos (pl) | 孫 | mago |

| tio (m) | 伯父 | oji |
| tia (f) | 伯母 | oba |
| sobrinho (m) | 甥 | oi |
| sobrinha (f) | 姪 | mei |

| sogra (f) | 妻の母親 | tsuma no hahaoya |
| sogro (m) | 義父 | gifu |
| genro (m) | 娘の夫 | musume no otto |
| madrasta (f) | 継母 | keibo |
| padrasto (m) | 継父 | keifu |

| criança (f) de colo | 乳児 | nyūji |
| bebê (m) | 赤ん坊 | akanbō |
| menino (m) | 子供 | kodomo |

| mulher (f) | 妻 | tsuma |
| marido (m) | 夫 | otto |
| esposo (m) | 配偶者 | haigū sha |
| esposa (f) | 配偶者 | haigū sha |

| casado (adj) | 既婚の | kikon no |
| casada (adj) | 既婚の | kikon no |
| solteiro (adj) | 独身の | dokushin no |
| solteirão (m) | 独身男性 | dokushin dansei |
| divorciado (adj) | 離婚した | rikon shi ta |
| viúva (f) | 未亡人 | mibōjin |
| viúvo (m) | 男やもめ | otokoyamome |

| parente (m) | 親戚 | shinseki |
| parente (m) próximo | 近い親戚 | chikai shinseki |
| parente (m) distante | 遠い親戚 | tōi shinseki |
| parentes (m pl) | 親族 | shinzoku |

| órfão (m), órfã (f) | 孤児 | koji |
| tutor (m) | 後見人 | kōkennin |
| adotar (um filho) | 養子にする | yōshi ni suru |
| adotar (uma filha) | 養女にする | yōjo ni suru |

## 56. Amigos. Colegas de trabalho

| amigo (m) | 友達 | tomodachi |
| amiga (f) | 友達 | tomodachi |
| amizade (f) | 友情 | yūjō |
| ser amigos | 友達だ | tomodachi da |

| amigo (m) | 友達 | tomodachi |
| amiga (f) | 女友達 | onna tomodachi |
| parceiro (m) | パートナー | pātonā |

| chefe (m) | 長 | chō |
| superior (m) | 上司、上役 | jōshi, uwayaku |

| proprietário (m) | 経営者 | keieisha |
| subordinado (m) | 部下 | buka |
| colega (m, f) | 同僚 | dōryō |

| conhecido (m) | 知り合い | shiriai |
| companheiro (m) de viagem | 同調者 | dōchō sha |
| colega (m) de classe | クラスメート | kurasumēto |

| vizinho (m) | 隣人、近所 | rinjin, kinjo |
| vizinha (f) | 隣人、近所 | rinjin, kinjo |
| vizinhos (pl) | 隣人 | rinjin |

## 57. Homem. Mulher

| mulher (f) | 女性 | josei |
| menina (f) | 少女 | shōjo |
| noiva (f) | 花嫁 | hanayome |

| bonita, bela (adj) | 美しい | utsukushī |
| alta (adj) | 背が高い | se ga takai |
| esbelta (adj) | ほっそりした | hossori shi ta |
| baixa (adj) | 背が低い | se ga hikui |

| loira (f) | 金髪の女性 | kinpatsu no josei |
| morena (f) | 黒髪の女性 | kurokami no josei |

| de senhora | 婦人… | fujin … |
| virgem (f) | 処女 | shojo |
| grávida (adj) | 妊娠している | ninshin shi te iru |

| homem (m) | 男性 | dansei |
| loiro (m) | 金髪の男性 | kinpatsu no dansei |
| moreno (m) | 黒髪の男性 | kurokami no dansei |
| alto (adj) | 背が高い | se ga takai |
| baixo (adj) | 背が低い | se ga hikui |

| rude (adj) | 失礼な | shitsurei na |
| atarracado (adj) | がっしりした | gasshiri shi ta |
| robusto (adj) | たくましい | takumashī |
| forte (adj) | 強い | tsuyoi |
| força (f) | 体力 | tairyoku |

| gordo (adj) | 太った | futotta |
| moreno (adj) | 小麦肌の | komugi hada no |
| esbelto (adj) | マッチョの | maccho no |
| elegante (adj) | 上品な | jōhin na |

## 58. Idade

| idade (f) | 年齢 | nenrei |
| juventude (f) | 若さ | waka sa |
| jovem (adj) | 若い | wakai |

| mais novo (adj) | …より年下の | … yori toshishita no |
| mais velho (adj) | …より年上の | … yori toshiue no |

| jovem (m) | 若者 | wakamono |
| adolescente (m) | ティーンエージャー | tīnējā |
| rapaz (m) | 仲間 | nakama |

| velho (m) | 老人 | rōjin |
| velha (f) | 老婦人 | rō fujin |

| adulto | 大人 | otona |
| de meia-idade | 中年の | chūnen no |
| idoso, de idade (adj) | 年配の | nenpai no |
| velho (adj) | 老いた | oi ta |

| aposentadoria (f) | 退職 | taishoku |
| aposentar-se (vr) | 退職する | taishoku suru |
| aposentado (m) | 退職者 | taishoku sha |

## 59. Crianças

| criança (f) | 子供 | kodomo |
| crianças (f pl) | 子供 | kodomo |
| gêmeos (m pl), gêmeas (f pl) | 双子 | futago |

| berço (m) | 揺り籠 | yurikago |
| chocalho (m) | ガラガラ | garagara |
| fralda (f) | おしめ | oshime |

| chupeta (f), bico (m) | おしゃぶり | oshaburi |
| carrinho (m) de bebê | 乳母車 | ubaguruma |
| jardim (m) de infância | 幼稚園 | yōchien |
| babysitter, babá (f) | ベビーシッター | bebīshittā |

| infância (f) | 幼少期 | yōshō ki |
| boneca (f) | 人形 | ningyō |
| brinquedo (m) | 玩具 | omocha |
| jogo (m) de montar | 組み立ておもちゃ | kumitate omocha |

| bem-educado (adj) | 育ちの良い | sodachi no yoi |
| malcriado (adj) | 育ちの悪い | sodachi no warui |
| mimado (adj) | 甘やかされた | amayakasare ta |

| ser travesso | 悪戯をする | itazura wo suru |
| travesso, traquinas (adj) | 悪戯好きな | itazura zuki na |
| travessura (f) | 悪戯 | itazura |
| criança (f) travessa | 悪戯っ子 | itazurakko |

| obediente (adj) | 従順な | jūjun na |
| desobediente (adj) | 反抗的な | hankō teki na |

| dócil (adj) | 大人しい | otonashī |
| inteligente (adj) | 利口な | rikō na |
| prodígio (m) | 神童 | shindō |

## 60. Casais. Vida de família

| | | |
|---|---|---|
| beijar (vt) | キスする | kisu suru |
| beijar-se (vr) | キスする | kisu suru |
| família (f) | 家族 | kazoku |
| familiar (vida ~) | 家族の | kazoku no |
| casal (m) | 夫婦 | fūfu |
| matrimônio (m) | 結婚 | kekkon |
| lar (m) | 家庭 | katei |
| dinastia (f) | 王朝 | ōchō |

| | | |
|---|---|---|
| encontro (m) | デート | dēto |
| beijo (m) | キス | kisu |

| | | |
|---|---|---|
| amor (m) | 愛 | ai |
| amar (pessoa) | 愛する | aisuru |
| amado, querido (adj) | 愛しい | itoshī |

| | | |
|---|---|---|
| ternura (f) | 優しさ | yasashi sa |
| afetuoso (adj) | 優しい | yasashī |
| fidelidade (f) | 貞節 | teisetsu |
| fiel (adj) | 貞節な | teisetsu na |
| cuidado (m) | 世話 | sewa |
| carinhoso (adj) | 世話好きな | sewa zuki na |

| | | |
|---|---|---|
| recém-casados (pl) | 新婚夫婦 | shinkon fūfu |
| lua (f) de mel | ハネムーン | hanemūn |
| casar-se (com um homem) | 結婚する | kekkon suru |
| casar-se (com uma mulher) | 結婚する | kekkon suru |

| | | |
|---|---|---|
| casamento (m) | 結婚式 | kekkonshiki |
| bodas (f pl) de ouro | 金婚式 | kinkonshiki |
| aniversário (m) | 記念日 | kinen bi |

| | | |
|---|---|---|
| amante (m) | 恋人 | koibito |
| amante (f) | 愛人 | aijin |

| | | |
|---|---|---|
| adultério (m), traição (f) | 不倫 | furin |
| cometer adultério | 不倫する | furin suru |
| ciumento (adj) | 焼きもち焼きの | yakimochi yaki no |
| ser ciumento, -a | 焼きもちを焼く | yakimochi wo yaku |
| divórcio (m) | 離婚 | rikon |
| divorciar-se (vr) | 離婚する | rikon suru |

| | | |
|---|---|---|
| brigar (discutir) | 口論する | kōron suru |
| fazer as pazes | 仲直りする | nakanaori suru |
| juntos (ir ~) | 一緒に | issho ni |
| sexo (m) | セックス | sekkusu |

| | | |
|---|---|---|
| felicidade (f) | 幸福 | kōfuku |
| feliz (adj) | 幸福な | kōfuku na |
| infelicidade (f) | 不幸 | fukō |
| infeliz (adj) | 不幸な | fukō na |

# Caráter. Sentimentos. Emoções

## 61. Sentimentos. Emoções

| | | |
|---|---|---|
| sentimento (m) | 感情 | kanjō |
| sentimentos (m pl) | 感情 | kanjō |
| sentir (vt) | 感じる | kanjiru |
| | | |
| fome (f) | 空腹 | kūfuku |
| ter fome | 腹をすかす | hara wo sukasu |
| sede (f) | 渇き | kawaki |
| ter sede | 喉が渇く | nodo ga kawaku |
| sonolência (f) | 眠気 | nemuke |
| estar sonolento | 眠気を催す | nemuke wo moyōsu |
| | | |
| cansaço (m) | 疲れ | tsukare |
| cansado (adj) | 疲れた | tsukare ta |
| ficar cansado | 疲れる | tsukareru |
| | | |
| humor (m) | 気分 | kibun |
| tédio (m) | 退屈 | taikutsu |
| entediar-se (vr) | 退屈する | taikutsu suru |
| reclusão (isolamento) | 隠遁 | inton |
| isolar-se (vr) | 隠遁する | inton suru |
| | | |
| preocupar (vt) | 心配させる | shinpai saseru |
| estar preocupado | 心配する | shinpai suru |
| preocupação (f) | 心配 | shinpai |
| ansiedade (f) | 不安 | fuan |
| preocupado (adj) | 気をとられている | ki wo torarete iru |
| estar nervoso | 緊張する | kinchō suru |
| entrar em pânico | パニックに陥る | panikku ni ochīru |
| | | |
| esperança (f) | 希望 | kibō |
| esperar (vt) | 希望する | kibō suru |
| | | |
| certeza (f) | 確かさ | tashika sa |
| certo, seguro de … | 確かに | tashika ni |
| indecisão (f) | 不確かさ | futashika sa |
| indeciso (adj) | 不確かな | futashika na |
| | | |
| bêbado (adj) | 酔った | yotta |
| sóbrio (adj) | 酔っていない | yotte inai |
| fraco (adj) | 弱い | yowai |
| feliz (adj) | 幸福な | kōfuku na |
| assustar (vt) | 怖がらせる | kowagara seru |
| fúria (f) | 憤激 | fungeki |
| ira, raiva (f) | 激怒 | gekido |
| depressão (f) | 落ち込み | ochikomi |
| desconforto (m) | 不快感 | fukai kan |

| conforto (m) | 心地よさ | kokochiyo sa |
| arrepender-se (vr) | 後悔する | kōkai suru |
| arrependimento (m) | 後悔 | kōkai |
| azar (m), má sorte (f) | 不運 | fuun |
| tristeza (f) | 悲しさ | kanashi sa |

| vergonha (f) | 恥 | haji |
| alegria (f) | 喜び | yorokobi |
| entusiasmo (m) | 熱意 | netsui |
| entusiasta (m) | 熱意を持っている人 | netsui wo motte iru hito |
| mostrar entusiasmo | 熱意を示す | netsui wo shimesu |

## 62. Caráter. Personalidade

| caráter (m) | 性格 | seikaku |
| falha (f) de caráter | 性格の欠点 | seikaku no ketten |
| mente (f) | 精神 | seishin |
| razão (f) | 理性 | risei |

| consciência (f) | 良心 | ryōshin |
| hábito, costume (m) | 習慣 | shūkan |
| habilidade (f) | 能力 | nōryoku |
| saber (~ nadar, etc.) | できる | dekiru |

| paciente (adj) | 我慢強い | gamanzuyoi |
| impaciente (adj) | 気が短い | ki ga mijikai |
| curioso (adj) | 好奇心の強い | kōki shin no tsuyoi |
| curiosidade (f) | 好奇心 | kōki shin |

| modéstia (f) | 謙遜 | kenson |
| modesto (adj) | 謙遜な | kenson na |
| imodesto (adj) | 慎みのない | tsutsushimi no nai |

| preguiça (f) | 怠惰 | taida |
| preguiçoso (adj) | 怠惰な | taida na |
| preguiçoso (m) | 怠惰な人 | taida na hito |

| astúcia (f) | 狡猾さ | kōkatsu sa |
| astuto (adj) | 狡猾な | kōkatsu na |
| desconfiança (f) | 疑惑 | giwaku |
| desconfiado (adj) | 疑いの | utagai no |

| generosidade (f) | 気前のよさ | kimae no yo sa |
| generoso (adj) | 気前のよい | kimae no yoi |
| talentoso (adj) | 才能のある | sainō no aru |
| talento (m) | 才能 | sainō |

| corajoso (adj) | 勇敢な | yūkan na |
| coragem (f) | 勇敢さ | yūkan sa |
| honesto (adj) | 正直な | shōjiki na |
| honestidade (f) | 正直 | shōjiki |

| prudente, cuidadoso (adj) | 用心して | yōjin shi te |
| valoroso (adj) | 勇ましい | isamashī |

| sério (adj) | 真剣な | shinken na |
| severo (adj) | 厳しい | kibishī |

| decidido (adj) | 決断力のある | ketsudan ryoku no aru |
| indeciso (adj) | 優柔不断な | yūjūfudan na |
| tímido (adj) | 内気な | uchiki na |
| timidez (f) | 内気 | uchiki |

| confiança (f) | 信用 | shinyō |
| confiar (vt) | 信用する | shinyō suru |
| crédulo (adj) | 信じやすい | shinji yasui |

| sinceramente | 心から | kokorokara |
| sincero (adj) | 心からの | kokorokara no |
| sinceridade (f) | 誠実 | seijitsu |
| aberto (adj) | 率直な | socchoku na |

| calmo (adj) | 平静な | heisei na |
| franco (adj) | 正直な | shōjiki na |
| ingênuo (adj) | うぶな | ubu na |
| distraído (adj) | 上の空な | uwanosora na |
| engraçado (adj) | おかしな | okashina |

| ganância (f) | 欲張り | yokubari |
| ganancioso (adj) | 欲張りの | yokubari no |
| avarento, sovina (adj) | けちな | kechi na |
| mal (adj) | 悪い | warui |
| teimoso (adj) | 頑固な | ganko na |
| desagradável (adj) | 感じの悪い | kanji no warui |

| egoísta (m) | わがまま | wagamama |
| egoísta (adj) | わがままな | wagamama na |
| covarde (m) | 臆病者 | okubyō mono |
| covarde (adj) | 臆病な | okubyō na |

## 63. O sono. Sonhos

| dormir (vi) | 眠る | nemuru |
| sono (m) | 眠り | nemuri |
| sonho (m) | 夢 | yume |
| sonhar (ver sonhos) | 夢を見る | yume wo miru |
| sonolento (adj) | 眠い | nemui |

| cama (f) | ベッド、寝台 | beddo, shindai |
| colchão (m) | マットレス | mattoresu |
| cobertor (m) | 毛布 | mōfu |
| travesseiro (m) | 枕 | makura |
| lençol (m) | シーツ、敷布 | shītsu, shikifu |

| insônia (f) | 不眠症 | fuminshō |
| sem sono (adj) | 眠れない | nemure nai |
| sonífero (m) | 睡眠薬 | suiminyaku |
| tomar um sonífero | 睡眠薬を服用する | suiminyaku wo fukuyō suru |
| estar sonolento | 眠気を催す | nemuke wo moyōsu |

| | | |
|---|---|---|
| bocejar (vi) | あくびをする | akubi wo suru |
| ir para a cama | 就寝する | shūshin suru |
| fazer a cama | ベッドを整える | beddo wo totonoeru |
| adormecer (vi) | 寝入る | neiru |
| | | |
| pesadelo (m) | 悪夢 | akumu |
| ronco (m) | いびき［鼾］ | ibiki |
| roncar (vi) | いびきをかく | ibiki wo kaku |
| | | |
| despertador (m) | 目覚まし時計 | mezamashi dokei |
| acordar, despertar (vt) | 起こす | okosu |
| acordar (vi) | 起きる | okiru |
| levantar-se (vr) | 起床する | kishō suru |
| lavar-se (vr) | 洗面する | senmen suru |

## 64. Humor. Riso. Alegria

| | | |
|---|---|---|
| humor (m) | ユーモア | yūmoa |
| senso (m) de humor | ユーモアのセンス | yūmoa no sensu |
| divertir-se (vr) | 楽しむ | tanoshimu |
| alegre (adj) | うれしい［嬉しい］ | ureshī |
| diversão (f) | 楽しみ | tanoshimi |
| | | |
| sorriso (m) | ほほえみ［微笑み］ | hohoemi |
| sorrir (vi) | ほほえむ［微笑む］ | hohoemu |
| começar a rir | 笑いだす | waraidasu |
| rir (vi) | 笑う | warau |
| riso (m) | 笑い声 | waraigoe |
| | | |
| anedota (f) | 逸話 | itsuwa |
| engraçado (adj) | おかしな | okashina |
| ridículo, cômico (adj) | おかしな | okashina |
| | | |
| brincar (vi) | 冗談を言う | jōdan wo iu |
| piada (f) | 冗談 | jōdan |
| alegria (f) | 喜び | yorokobi |
| regozijar-se (vr) | 喜ぶ | yorokobu |
| alegre (adj) | 喜ばしい | yorokobashī |

## 65. Discussão, conversação. Parte 1

| | | |
|---|---|---|
| comunicação (f) | 連絡 | renraku |
| comunicar-se (vr) | 連絡する | renraku suru |
| | | |
| conversa (f) | 会話 | kaiwa |
| diálogo (m) | 対話 | taiwa |
| discussão (f) | 討論 | tōron |
| debate (m) | 議論 | giron |
| debater (vt) | 議論する | giron suru |
| | | |
| interlocutor (m) | 対話者 | taiwa sha |
| tema (m) | 話題 | wadai |

| | | |
|---|---|---|
| ponto (m) de vista | 視点 | shiten |
| opinião (f) | 意見 | iken |
| discurso (m) | 演説、スピーチ | enzetsu, supīchi |
| | | |
| discussão (f) | 討議 | tōgi |
| discutir (vt) | 討議する | tōgi suru |
| conversa (f) | 対話 | taiwa |
| conversar (vi) | 話す | hanasu |
| reunião (f) | 打ち合わせ | uchiawase |
| encontrar-se (vr) | 会う | au |
| | | |
| provérbio (m) | ことわざ [諺] | kotowaza |
| ditado, provérbio (m) | 格言 | kakugen |
| adivinha (f) | 謎 | nazo |
| dizer uma adivinha | 謎かけをする | nazo kake wo suru |
| senha (f) | パスワード | pasuwādo |
| segredo (m) | 秘密 | himitsu |
| | | |
| juramento (m) | 誓い | chikai |
| jurar (vi) | 誓う | chikau |
| promessa (f) | 約束 | yakusoku |
| prometer (vt) | 約束する | yakusoku suru |
| | | |
| conselho (m) | 助言 | jogen |
| aconselhar (vt) | 助言する | jogen suru |
| seguir o conselho | 助言に従う | jogen ni shitagau |
| escutar (~ os conselhos) | 従う | shitagau |
| | | |
| novidade, notícia (f) | ニュース | nyūsu |
| sensação (f) | センセーション | sensēshon |
| informação (f) | データ | dēta |
| conclusão (f) | 結論 | ketsuron |
| voz (f) | 声 | koe |
| elogio (m) | 褒め言葉 | home kotoba |
| amável, querido (adj) | 親切な | shinsetsu na |
| | | |
| palavra (f) | 単語 | tango |
| frase (f) | 句 | ku |
| resposta (f) | 回答 | kaitō |
| verdade (f) | 真実 | shinjitsu |
| mentira (f) | うそ [嘘] | uso |
| | | |
| pensamento (m) | 思索 | shisaku |
| ideia (f) | 考え | kangae |
| fantasia (f) | 空想 | kūsō |

## 66. Discussão, conversação. Parte 2

| | | |
|---|---|---|
| estimado, respeitado (adj) | 尊敬すべき | sonkei su beki |
| respeitar (vt) | 尊敬する | sonkei suru |
| respeito (m) | 尊敬 | sonkei |
| Estimado ..., Caro ... | …様 | ... sama |
| apresentar (alguém a alguém) | 紹介する | shōkai suru |

| | | |
|---|---|---|
| conhecer (vt) | 知り合う | shiriau |
| intenção (f) | 意図 | ito |
| tencionar (~ fazer algo) | 意図する | ito suru |
| desejo (de boa sorte) | よろしくとの言葉 | yoroshiku to no kotoba |
| desejar (ex. ~ boa sorte) | 祈る | inoru |
| | | |
| surpresa (f) | 驚き | odoroki |
| surpreender (vt) | 驚かす | odorokasu |
| surpreender-se (vr) | 驚く | odoroku |
| | | |
| dar (vt) | 手渡す | tewatasu |
| pegar (tomar) | 取る | toru |
| devolver (vt) | 返す | kaesu |
| retornar (vt) | 戻す | modosu |
| | | |
| desculpar-se (vr) | 謝る | ayamaru |
| desculpa (f) | 謝罪 | shazai |
| perdoar (vt) | 許す | yurusu |
| | | |
| falar (vi) | 話す | hanasu |
| escutar (vt) | 聴く | kiku |
| ouvir até o fim | 最後まで聞く | saigo made kiku |
| entender (compreender) | 理解する | rikai suru |
| | | |
| mostrar (vt) | 見せる | miseru |
| olhar para ... | …を見る | … wo miru |
| chamar (alguém para ...) | 呼ぶ | yobu |
| perturbar, distrair (vt) | 気を散らす | ki wo chirasu |
| perturbar (vt) | 邪魔をする | jama wo suru |
| entregar (~ em mãos) | 渡す | watasu |
| | | |
| pedido (m) | 要請 | yōsei |
| pedir (ex. ~ ajuda) | 要請する | yōsei suru |
| exigência (f) | 要求 | yōkyū |
| exigir (vt) | 要求する | yōkyū suru |
| | | |
| insultar (chamar nomes) | からかう | karakau |
| zombar (vt) | あざ笑う | azawarau |
| zombaria (f) | あざ笑い | azawarai |
| alcunha (f), apelido (m) | あだ名 | adana |
| | | |
| insinuação (f) | ほのめかし | honomekashi |
| insinuar (vt) | ほのめかす | honomekasu |
| querer dizer | 意味する | imi suru |
| | | |
| descrição (f) | 記述すること | kijutsu suru koto |
| descrever (vt) | 記述する | kijutsu suru |
| elogio (m) | 称賛 | shōsan |
| elogiar (vt) | 称賛する | shōsan suru |
| | | |
| desapontamento (m) | 失望 | shitsubō |
| desapontar (vt) | 失望させる | shitsubō saseru |
| desapontar-se (vr) | 失望する | shitsubō suru |
| | | |
| suposição (f) | 仮定 | katei |
| supor (vt) | 仮定する | katei suru |

| | | |
|---|---|---|
| advertência (f) | 警告 | keikoku |
| advertir (vt) | 警告する | keikoku suru |

## 67. Discussão, conversação. Parte 3

| | | |
|---|---|---|
| convencer (vt) | 説得する | settoku suru |
| acalmar (vt) | 落ち着かせる | ochitsukaseru |
| | | |
| silêncio (o ~ é de ouro) | 沈黙 | chinmoku |
| ficar em silêncio | 沈黙を守る | chinmoku wo mamoru |
| sussurrar (vt) | ささやく | sasayaku |
| sussurro (m) | ささやき | sasayaki |
| | | |
| francamente | 率直に | socchoku ni |
| na minha opinião ... | 私の見解では | watashi no kenkai de wa |
| | | |
| detalhe (~ da história) | 詳細 | shōsai |
| detalhado (adj) | 詳細な | shōsai na |
| detalhadamente | 詳細に | shōsai ni |
| | | |
| dica (f) | 暗示 | anji |
| dar uma dica | 暗示する | anji suru |
| | | |
| olhar (m) | 目つき | me tsuki |
| dar uma olhada | 見る | miru |
| fixo (olhada ~a) | 長い | nagai |
| piscar (vi) | まばたきする | mabataki suru |
| piscar (vt) | ウィンクする | winku suru |
| acenar com a cabeça | うなずく | unazuku |
| | | |
| suspiro (m) | ため息［ためいき］ | tameiki |
| suspirar (vi) | ため息をつく | tameiki wo tsuku |
| estremecer (vi) | 身震いする | miburui suru |
| gesto (m) | 身ぶり | miburi |
| tocar (com as mãos) | 触れる | fureru |
| agarrar (~ pelo braço) | 握る | nigiru |
| bater de leve | 軽くたたく | karuku tataku |
| | | |
| Cuidado! | 危ない！ | abunai! |
| Sério? | 本当ですか？ | hontō desu ka ? |
| Tem certeza? | 本当に？ | hontōni ? |
| Boa sorte! | 幸運を！ | kōun o! |
| Entendi! | 分かった！ | wakatta! |
| Que pena! | 残念！ | zannen! |

## 68. Acordo. Recusa

| | | |
|---|---|---|
| consentimento (~ mútuo) | 同意 | dōi |
| consentir (vi) | 同意する | dōi suru |
| aprovação (f) | 承認 | shōnin |
| aprovar (vt) | 承認する | shōnin suru |
| recusa (f) | 拒絶 | kyozetsu |

| | | |
|---|---|---|
| negar-se a … | 拒絶する | kyozetsu suru |
| Ótimo! | すごい！ | sugoi! |
| Tudo bem! | 了解！ | ryōkai! |
| Está bem! De acordo! | オーケー！ | ōkē! |

| | | |
|---|---|---|
| proibido (adj) | 禁止の | kinshi no |
| é proibido | 禁止されています | kinshi sare te i masu |
| é impossível | それは無理だ | sore wa murida |
| incorreto (adj) | 正しくない | tadashiku nai |

| | | |
|---|---|---|
| rejeitar (~ um pedido) | 拒絶する | kyozetsu suru |
| apoiar (vt) | 支援する | shien suru |
| aceitar (desculpas, etc.) | 受け入れる | ukeireru |

| | | |
|---|---|---|
| confirmar (vt) | 確認する | kakunin suru |
| confirmação (f) | 確認 | kakunin |
| permissão (f) | 許可 | kyoka |
| permitir (vt) | 許可する | kyoka suru |
| decisão (f) | 決断 | ketsudan |
| não dizer nada | 沈黙する | chinmoku suru |

| | | |
|---|---|---|
| condição (com uma ~) | 条件 | jōken |
| pretexto (m) | 言い訳 | īwake |
| elogio (m) | 称賛 | shōsan |
| elogiar (vt) | 称賛する | shōsan suru |

## 69. Sucesso. Boa sorte. Insucesso

| | | |
|---|---|---|
| êxito, sucesso (m) | 成功 | seikō |
| com êxito | 成功して | seikō shite |
| bem sucedido (adj) | 成功した | seikō shita |

| | | |
|---|---|---|
| sorte (fortuna) | 幸運 | koūn |
| Boa sorte! | 幸運を！ | kōun o! |
| de sorte | 運のいい | unnoï |
| sortudo, felizardo (adj) | 幸運な | kōun na |

| | | |
|---|---|---|
| fracasso (m) | 失敗 | shippai |
| pouca sorte (f) | 不幸 | fukō |
| azar (m), má sorte (f) | 不運 | fuun |

| | | |
|---|---|---|
| mal sucedido (adj) | 不成功の | fu seikō no |
| catástrofe (f) | 大失敗 | dai shippai |

| | | |
|---|---|---|
| orgulho (m) | 誇り | hokori |
| orgulhoso (adj) | 誇りに思う | hokori ni omō |
| estar orgulhoso, -a | …を誇りに思う | … wo hokori ni omō |

| | | |
|---|---|---|
| vencedor (m) | 勝利者 | shōri sha |
| vencer (vi, vt) | 勝つ | katsu |
| perder (vt) | 負ける | makeru |
| tentativa (f) | 試み | kokoromi |
| tentar (vt) | 試みる | kokoromiru |
| chance (m) | 機会 | kikai |

## 70. Conflitos. Emoções negativas

| | | |
|---|---|---|
| grito (m) | 叫び | sakebi |
| gritar (vi) | 叫ぶ | sakebu |
| começar a gritar | 叫びだす | sakebidasu |
| discussão (f) | 口論 | kōron |
| brigar (discutir) | 口論する | kōron suru |
| escândalo (m) | 喧嘩 [けんか] | kenka |
| criar escândalo | 喧嘩する | kenka suru |
| conflito (m) | 抗争 | kōsō |
| mal-entendido (m) | 誤解 | gokai |
| insulto (m) | 侮辱 | bujoku |
| insultar (vt) | 侮辱する | bujoku suru |
| insultado (adj) | 侮辱された | bujoku sare ta |
| ofensa (f) | 恨み | urami |
| ofender (vt) | 感情を害する | kanjō wo gaisuru |
| ofender-se (vr) | …に感情を害する | … ni kanjō wo gaisuru |
| indignação (f) | 憤慨 | fungai |
| indignar-se (vr) | 憤慨する | fungai suru |
| queixa (f) | 不平 | fuhei |
| queixar-se (vr) | 不平を言う | fuhei wo iu |
| desculpa (f) | 謝罪 | shazai |
| desculpar-se (vr) | 謝罪する | shazai suru |
| pedir perdão | 謝る | ayamaru |
| crítica (f) | 批判 | hihan |
| criticar (vt) | 批判する | hihan suru |
| acusação (f) | 責め | seme |
| acusar (vt) | 責める | semeru |
| vingança (f) | 復讐 | fukushū |
| vingar (vt) | 復讐する | fukushū suru |
| vingar-se de | 仕返しをする | shikaeshi wo suru |
| desprezo (m) | 軽蔑 | keibetsu |
| desprezar (vt) | 軽蔑する | keibetsu suru |
| ódio (m) | 憎しみ | nikushimi |
| odiar (vt) | 憎む | nikumu |
| nervoso (adj) | 緊張した | kinchō shita |
| estar nervoso | 緊張する | kinchō suru |
| zangado (adj) | 怒って | okotte |
| zangar (vt) | 怒らせる | okoraseru |
| humilhação (f) | 屈辱 | kutsujoku |
| humilhar (vt) | 屈辱を与える | kutsujoku wo ataeru |
| humilhar-se (vr) | 面目を失う | menboku wo ushinau |
| choque (m) | 衝撃 | shōgeki |
| chocar (vt) | 衝撃を与える | shōgeki wo ataeru |
| aborrecimento (m) | 不愉快なこと | fuyukai na koto |

| | | |
|---|---|---|
| desagradável (adj) | 不愉快な | fuyukai na |
| medo (m) | 恐れ | osore |
| terrível (tempestade, etc.) | ひどい | hidoi |
| assustador (ex. história ~a) | 怖い | kowai |
| horror (m) | 恐怖 | kyōfu |
| horrível (crime, etc.) | 恐ろしい | osoroshī |
| | | |
| começar a tremer | 震え始める | furue hajimeru |
| chorar (vi) | 泣く | naku |
| começar a chorar | 泣きだす | nakidasu |
| lágrima (f) | 涙 | namida |
| | | |
| falta (f) | 責任 | sekinin |
| culpa (f) | 罪悪感 | zaiaku kan |
| desonra (f) | 不名誉 | fumeiyo |
| protesto (m) | 抗議 | kōgi |
| estresse (m) | ストレス | sutoresu |
| | | |
| perturbar (vt) | 邪魔をする | jama wo suru |
| zangar-se com ... | 腹を立てる | hara wo tateru |
| zangado (irritado) | 腹を立てた | hara wo tate ta |
| terminar (vt) | 終わらせる | owaraseru |
| praguejar | しかる | shikaru |
| | | |
| assustar-se | 恐れる | osoreru |
| golpear (vt) | ぶつ | butsu |
| brigar (na rua, etc.) | 喧嘩をする | kenka wo suru |
| | | |
| resolver (o conflito) | 解決する | kaiketsu suru |
| descontente (adj) | 不満な | fuman na |
| furioso (adj) | 激怒した | gekido shi ta |
| | | |
| Não está bem! | 良くないよ！ | yoku nai yo! |
| É ruim! | いけないことだぞ！ | ike nai koto da zo! |

# Medicina

## 71. Doenças

| | | |
|---|---|---|
| doença (f) | 病気 | byōki |
| estar doente | 病気になる | byōki ni naru |
| saúde (f) | 健康 | kenkō |
| | | |
| nariz (m) escorrendo | 鼻水 | hanamizu |
| amigdalite (f) | 狭心症 | kyōshinshō |
| resfriado (m) | 風邪 | kaze |
| ficar resfriado | 風邪をひく | kaze wo hiku |
| | | |
| bronquite (f) | 気管支炎 | kikanshien |
| pneumonia (f) | 肺炎 | haien |
| gripe (f) | インフルエンザ | infuruenza |
| | | |
| míope (adj) | 近視の | kinshi no |
| presbita (adj) | 遠視の | enshi no |
| estrabismo (m) | 斜視 | shashi |
| estrábico, vesgo (adj) | 斜視の | shashi no |
| catarata (f) | 白内障 | hakunaishō |
| glaucoma (m) | 緑内障 | ryokunaishō |
| | | |
| AVC (m), apoplexia (f) | 脳卒中 | nōsocchū |
| ataque (m) cardíaco | 心臓発作 | shinzō hossa |
| enfarte (m) do miocárdio | 心筋梗塞 | shinkinkōsoku |
| paralisia (f) | まひ［麻痺］ | mahi |
| paralisar (vt) | まひさせる | mahi saseru |
| | | |
| alergia (f) | アレルギー | arerugī |
| asma (f) | ぜんそく［喘息］ | zensoku |
| diabetes (f) | 糖尿病 | tōnyō byō |
| | | |
| dor (f) de dente | 歯痛 | shitsū |
| cárie (f) | カリエス | kariesu |
| | | |
| diarreia (f) | 下痢 | geri |
| prisão (f) de ventre | 便秘 | benpi |
| desarranjo (m) intestinal | 胃のむかつき | i no mukatsuki |
| intoxicação (f) alimentar | 食中毒 | shokuchūdoku |
| intoxicar-se | 食中毒にかかる | shokuchūdoku ni kakaru |
| | | |
| artrite (f) | 関節炎 | kansetsu en |
| raquitismo (m) | くる病 | kuru yamai |
| reumatismo (m) | リューマチ | ryūmachi |
| arteriosclerose (f) | アテローム性動脈硬化 | ate rōmu sei dōmyaku kōka |
| | | |
| gastrite (f) | 胃炎 | ien |
| apendicite (f) | 虫垂炎 | chūsuien |

| colecistite (f) | 胆嚢炎 | tannō en |
| úlcera (f) | 潰瘍 | kaiyō |

| sarampo (m) | 麻疹 | hashika |
| rubéola (f) | 風疹 | fūshin |
| icterícia (f) | 黄疸 | ōdan |
| hepatite (f) | 肝炎 | kanen |

| esquizofrenia (f) | 統合失調症 | tōgō shicchō shō |
| raiva (f) | 恐水病 | kyōsuibyō |
| neurose (f) | 神経症 | shinkeishō |
| contusão (f) cerebral | 脳震とう（脳震盪） | nōshintō |

| câncer (m) | がん［癌］ | gan |
| esclerose (f) | 硬化症 | kōka shō |
| esclerose (f) múltipla | 多発性硬化症 | tahatsu sei kōka shō |

| alcoolismo (m) | アルコール依存症 | arukōru izon shō |
| alcoólico (m) | アルコール依存症患者 | arukōru izon shō kanja |
| sífilis (f) | 梅毒 | baidoku |
| AIDS (f) | エイズ | eizu |

| tumor (m) | 腫瘍 | shuyō |
| maligno (adj) | 悪性の | akusei no |
| benigno (adj) | 良性の | ryōsei no |

| febre (f) | 発熱 | hatsunetsu |
| malária (f) | マラリア | mararia |
| gangrena (f) | 壊疽 | eso |
| enjoo (m) | 船酔い | fune yoi |
| epilepsia (f) | てんかん［癲癇］ | tenkan |

| epidemia (f) | 伝染病 | densen byō |
| tifo (m) | チフス | chifusu |
| tuberculose (f) | 結核 | kekkaku |
| cólera (f) | コレラ | korora |
| peste (f) bubônica | ペスト | pesuto |

## 72. Sintomas. Tratamentos. Parte 1

| sintoma (m) | 兆候 | chōkō |
| temperatura (f) | 体温 | taion |
| febre (f) | 熱 | netsu |
| pulso (m) | 脈拍 | myakuhaku |

| vertigem (f) | 目まい［眩暈］ | memai |
| quente (testa, etc.) | 熱い | atsui |
| calafrio (m) | 震え | furue |
| pálido (adj) | 青白い | aojiroi |

| tosse (f) | 咳 | seki |
| tossir (vi) | 咳をする | seki wo suru |
| espirrar (vi) | くしゃみをする | kushami wo suru |
| desmaio (m) | 気絶 | kizetsu |

| | | |
|---|---|---|
| desmaiar (vi) | 気絶する | kizetsu suru |
| mancha (f) preta | 打ち身 | uchimi |
| galo (m) | たんこぶ | tankobu |
| machucar-se (vr) | あざができる | aza ga dekiru |
| contusão (f) | 打撲傷 | dabokushō |
| machucar-se (vr) | 打撲する | daboku suru |
| | | |
| mancar (vi) | 足を引きずる | ashi wo hikizuru |
| deslocamento (f) | 脱臼 | dakkyū |
| deslocar (vt) | 脱臼する | dakkyū suru |
| fratura (f) | 骨折 | kossetsu |
| fraturar (vt) | 骨折する | kossetsu suru |
| | | |
| corte (m) | 切り傷 | kirikizu |
| cortar-se (vr) | 切り傷を負う | kirikizu wo ō |
| hemorragia (f) | 出血 | shukketsu |
| | | |
| queimadura (f) | 火傷 | yakedo |
| queimar-se (vr) | 火傷する | yakedo suru |
| | | |
| picar (vt) | 刺す | sasu |
| picar-se (vr) | 自分を刺す | jibun wo sasu |
| lesionar (vt) | けがする | kega suru |
| lesão (m) | けが [怪我] | kega |
| ferida (f), ferimento (m) | 負傷 | fushō |
| trauma (m) | 外傷 | gaishō |
| | | |
| delirar (vi) | 熱に浮かされる | netsu ni ukasareru |
| gaguejar (vi) | どもる | domoru |
| insolação (f) | 日射病 | nisshabyō |

## 73. Sintomas. Tratamentos. Parte 2

| | | |
|---|---|---|
| dor (f) | 痛み | itami |
| farpa (no dedo, etc.) | とげ [棘] | toge |
| | | |
| suor (m) | 汗 | ase |
| suar (vi) | 汗をかく | ase wo kaku |
| vômito (m) | 嘔吐 | ōto |
| convulsões (f pl) | けいれん [痙攣] | keiren |
| | | |
| grávida (adj) | 妊娠している | ninshin shi te iru |
| nascer (vi) | 生まれる | umareru |
| parto (m) | 分娩 | bumben |
| dar à luz | 分娩する | bumben suru |
| aborto (m) | 妊娠中絶 | ninshin chūzetsu |
| | | |
| respiração (f) | 呼吸 | kokyū |
| inspiração (f) | 息を吸うこと | iki wo sū koto |
| expiração (f) | 息を吐くこと | iki wo haku koto |
| expirar (vi) | 息を吐く | iki wo haku |
| inspirar (vi) | 息を吸う | iki wo sū |
| inválido (m) | 障害者 | shōgai sha |
| aleijado (m) | 身障者 | shinshōsha |

| | | |
|---|---|---|
| drogado (m) | 麻薬中毒者 | mayaku chūdoku sha |
| surdo (adj) | ろうの [聾の] | rō no |
| mudo (adj) | 口のきけない | kuchi no kike nai |
| surdo-mudo (adj) | ろうあの [聾唖の] | rōa no |

| | | |
|---|---|---|
| louco, insano (adj) | 狂気の | kyōki no |
| louco (m) | 狂人 | kyōjin |
| louca (f) | 狂女 | kyōjo |
| ficar louco | 気が狂う | ki ga kurū |

| | | |
|---|---|---|
| gene (m) | 遺伝子 | idenshi |
| imunidade (f) | 免疫 | meneki |
| hereditário (adj) | 遺伝性の | iden sei no |
| congênito (adj) | 先天性の | senten sei no |

| | | |
|---|---|---|
| vírus (m) | ウィルス | wirusu |
| micróbio (m) | 細菌 | saikin |
| bactéria (f) | バクテリア | bakuteria |
| infecção (f) | 伝染 | densen |

## 74. Sintomas. Tratamentos. Parte 3

| | | |
|---|---|---|
| hospital (m) | 病院 | byōin |
| paciente (m) | 患者 | kanja |

| | | |
|---|---|---|
| diagnóstico (m) | 診断 | shindan |
| cura (f) | 療養 | ryōyō |
| tratamento (m) médico | 治療 | chiryō |
| curar-se (vr) | 治療を受ける | chiryō wo ukeru |
| tratar (vt) | 治療する | chiryō suru |
| cuidar (pessoa) | 看護する | kango suru |
| cuidado (m) | 看護 | kango |

| | | |
|---|---|---|
| operação (f) | 手術 | shujutsu |
| enfaixar (vt) | 包帯をする | hōtai wo suru |
| enfaixamento (m) | 包帯を巻くこと | hōtai wo maku koto |

| | | |
|---|---|---|
| vacinação (f) | 予防接種 | yobō sesshu |
| vacinar (vt) | 予防接種をする | yobō sesshu wo suru |
| injeção (f) | 注射 | chūsha |
| dar uma injeção | 注射する | chūsha suru |

| | | |
|---|---|---|
| ataque (~ de asma, etc.) | 発作 | hossa |
| amputação (f) | 切断手術 | setsudan shujutsu |
| amputar (vt) | 切断する | setsudan suru |
| coma (f) | 昏睡 | konsui |
| estar em coma | 昏睡状態になる | konsui jōtai ni naru |
| reanimação (f) | 集中治療 | shūchū chiryō |

| | | |
|---|---|---|
| recuperar-se (vr) | 回復する | kaifuku suru |
| estado (~ de saúde) | 体調 | taichō |
| consciência (perder a ~) | 意識 | ishiki |
| memória (f) | 記憶 | kioku |
| tirar (vt) | 抜く | nuku |

| obturação (f) | 詰め物 | tsume mono |
| obturar (vt) | 詰め物をする | tsume mono wo suru |
| hipnose (f) | 催眠術 | saimin jutsu |
| hipnotizar (vt) | 催眠術をかける | saimin jutsu wo kakeru |

## 75. Médicos

| médico (m) | 医者 | isha |
| enfermeira (f) | 看護師 | kangoshi |
| médico (m) pessoal | 町医者 | machīsha |
| dentista (m) | 歯科医 | shikai |
| oculista (m) | 眼科医 | gankai |
| terapeuta (m) | 内科医 | naikai |
| cirurgião (m) | 外科医 | gekai |
| psiquiatra (m) | 精神科医 | seishin kai |
| pediatra (m) | 小児科医 | shōnikai |
| psicólogo (m) | 心理学者 | shinri gakusha |
| ginecologista (m) | 婦人科医 | fujin kai |
| cardiologista (m) | 心臓内科医 | shinzō naikai |

## 76. Medicina. Drogas. Acessórios

| medicamento (m) | 薬 | kusuri |
| remédio (m) | 治療薬 | chiryō yaku |
| receitar (vt) | 処方する | shohō suru |
| receita (f) | 処方 | shohō |
| comprimido (m) | 錠剤 | jōzai |
| unguento (m) | 軟膏 | nankō |
| ampola (f) | アンプル | anpuru |
| solução, preparado (m) | 調合薬 | chōgō yaku |
| xarope (m) | シロップ | shiroppu |
| cápsula (f) | 丸剤 | gan zai |
| pó (m) | 粉薬 | konagusuri |
| atadura (f) | 包帯 | hōtai |
| algodão (m) | 脱脂綿 | dasshimen |
| iodo (m) | ヨード | yōdo |
| curativo (m) adesivo | ばんそうこう ［絆創膏］ | bansōkō |
| conta-gotas (m) | アイドロッパー | aidoroppā |
| termômetro (m) | 体温計 | taionkei |
| seringa (f) | 注射器 | chūsha ki |
| cadeira (f) de rodas | 車椅子 | kurumaisu |
| muletas (f pl) | 松葉杖 | matsubazue |
| analgésico (m) | 痛み止め | itami tome |
| laxante (m) | 下剤 | gezai |

| álcool (m) | エタノール | etanoru |
| ervas (f pl) medicinais | 薬草 | yakusō |
| de ervas (chá ~) | 薬草の | yakusō no |

## 77. Fumar. Produtos tabágicos

| tabaco (m) | タバコ [煙草] | tabako |
| cigarro (m) | タバコ | tabako |
| charuto (m) | 葉巻 | hamaki |
| cachimbo (m) | パイプ | paipu |
| maço (~ de cigarros) | 箱 | hako |

| fósforos (m pl) | マッチ | macchi |
| caixa (f) de fósforos | マッチ箱 | macchi bako |
| isqueiro (m) | ライター | raitā |
| cinzeiro (m) | 灰皿 | haizara |
| cigarreira (f) | シガレットケース | shigaretto kēsu |

| piteira (f) | シガレットフォルダー | shigaretto forudā |
| filtro (m) | フィルター | firutā |

| fumar (vi, vt) | 喫煙する | kitsuen suru |
| acender um cigarro | タバコに火を付ける | tabako ni hi wo tsukeru |
| tabagismo (m) | 喫煙 | kitsuen |
| fumante (m) | 喫煙者 | kitsuen sha |

| bituca (f) | 煙草の吸い残り | tabako no sui nokori |
| fumaça (f) | 煙 | kemuri |
| cinza (f) | 灰 | hai |

# HABITAT HUMANO

## Cidade

### 78. Cidade. Vida na cidade

| | | |
|---|---|---|
| cidade (f) | 市、町 | shi, machi |
| capital (f) | 首都 | shuto |
| aldeia (f) | 村 | mura |
| mapa (m) da cidade | 市街地図 | shigai chizu |
| centro (m) da cidade | 中心街 | chūshin gai |
| subúrbio (m) | 郊外 | kōgai |
| suburbano (adj) | 郊外の | kōgai no |
| periferia (f) | 町外れ | machihazure |
| arredores (m pl) | 近郊 | kinkō |
| quarteirão (m) | 街区 | gaiku |
| quarteirão (m) residencial | 住宅街 | jūtaku gai |
| tráfego (m) | 交通 | kōtsū |
| semáforo (m) | 信号 | shingō |
| transporte (m) público | 公共交通機関 | kōkyō kōtsū kikan |
| cruzamento (m) | 交差点 | kōsaten |
| faixa (f) | 横断歩道 | ōdan hodō |
| túnel (m) subterrâneo | 地下道 | chikadō |
| cruzar, atravessar (vt) | 横断する | ōdan suru |
| pedestre (m) | 歩行者 | hokō sha |
| calçada (f) | 歩道 | hodō |
| ponte (f) | 橋 | hashi |
| margem (f) do rio | 堤防 | teibō |
| fonte (f) | 噴水 | funsui |
| alameda (f) | 散歩道 | sanpomichi |
| parque (m) | 公園 | kōen |
| bulevar (m) | 大通り | ōdōri |
| praça (f) | 広場 | hiroba |
| avenida (f) | アヴェニュー | avenyū |
| rua (f) | 通り | tōri |
| travessa (f) | わき道 [脇道] | wakimichi |
| beco (m) sem saída | 行き止まり | ikidomari |
| casa (f) | 家屋 | kaoku |
| edifício, prédio (m) | 建物 | tatemono |
| arranha-céu (m) | 摩天楼 | matenrō |
| fachada (f) | ファサード | fasādo |
| telhado (m) | 屋根 | yane |

| janela (f) | 窓 | mado |
| arco (m) | アーチ | āchi |
| coluna (f) | 柱 | hashira |
| esquina (f) | 角 | kado |

| vitrine (f) | ショーウインドー | shōuindō |
| letreiro (m) | 店看板 | mise kanban |
| cartaz (do filme, etc.) | ポスター | posutā |
| cartaz (m) publicitário | 広告ポスター | kōkoku posutā |
| painel (m) publicitário | 広告掲示板 | kōkoku keijiban |

| lixo (m) | ゴミ［ごみ］ | gomi |
| lata (f) de lixo | ゴミ入れ | gomi ire |
| jogar lixo na rua | ゴミを投げ捨てる | gomi wo nagesuteru |
| aterro (m) sanitário | ゴミ捨て場 | gomi suteba |

| orelhão (m) | 電話ボックス | denwa bokkusu |
| poste (m) de luz | 街灯柱 | gaitō bashira |
| banco (m) | ベンチ | benchi |

| polícia (m) | 警官 | keikan |
| polícia (instituição) | 警察 | keisatsu |
| mendigo, pedinte (m) | こじき | kojiki |
| desabrigado (m) | ホームレス | hōmuresu |

## 79. Instituições urbanas

| loja (f) | 店、…屋 | mise, …ya |
| drogaria (f) | 薬局 | yakkyoku |
| ótica (f) | 眼鏡店 | megane ten |
| centro (m) comercial | ショッピングモール | shoppingu mōru |
| supermercado (m) | スーパーマーケット | sūpāmāketto |

| padaria (f) | パン屋 | panya |
| padeiro (m) | パン職人 | pan shokunin |
| pastelaria (f) | 菓子店 | kashi ten |
| mercearia (f) | 食料品店 | shokuryō hin ten |
| açougue (m) | 肉屋 | nikuya |

| fruteira (f) | 八百屋 | yaoya |
| mercado (m) | 市場 | ichiba |

| cafeteria (f) | 喫茶店 | kissaten |
| restaurante (m) | レストラン | resutoran |
| bar (m) | バブ | pabu |
| pizzaria (f) | ピザ屋 | piza ya |

| salão (m) de cabeleireiro | 美容院 | biyō in |
| agência (f) dos correios | 郵便局 | yūbin kyoku |
| lavanderia (f) | クリーニング屋 | kurīningu ya |
| estúdio (m) fotográfico | 写真館 | shashin kan |

| sapataria (f) | 靴屋 | kutsuya |
| livraria (f) | 本屋 | honya |

| | | |
|---|---|---|
| loja (f) de artigos esportivos | スポーツ店 | supōtsu ten |
| costureira (m) | 洋服直し専門店 | yōfuku naoshi senmon ten |
| aluguel (m) de roupa | 貸衣裳店 | kashi ishō ten |
| videolocadora (f) | レンタルビデオ店 | rentarubideo ten |
| | | |
| circo (m) | サーカス | sākasu |
| jardim (m) zoológico | 動物園 | dōbutsu en |
| cinema (m) | 映画館 | eiga kan |
| museu (m) | 博物館 | hakubutsukan |
| biblioteca (f) | 図書館 | toshokan |
| | | |
| teatro (m) | 劇場 | gekijō |
| ópera (f) | オペラハウス | opera hausu |
| boate (casa noturna) | ナイトクラブ | naito kurabu |
| cassino (m) | カジノ | kajino |
| | | |
| mesquita (f) | モスク | mosuku |
| sinagoga (f) | シナゴーグ | shinagōgu |
| catedral (f) | 大聖堂 | dai seidō |
| templo (m) | 寺院 | jīn |
| igreja (f) | 教会 | kyōkai |
| | | |
| faculdade (f) | 大学 | daigaku |
| universidade (f) | 大学 | daigaku |
| escola (f) | 学校 | gakkō |
| | | |
| prefeitura (f) | 県庁舎 | ken chōsha |
| câmara (f) municipal | 市役所 | shiyaku sho |
| hotel (m) | ホテル | hoteru |
| banco (m) | 銀行 | ginkō |
| | | |
| embaixada (f) | 大使館 | taishikan |
| agência (f) de viagens | 旅行代理店 | ryokō dairi ten |
| agência (f) de informações | 案内所 | annai sho |
| casa (f) de câmbio | 両替所 | ryōgae sho |
| | | |
| metrô (m) | 地下鉄 | chikatetsu |
| hospital (m) | 病院 | byōin |
| | | |
| posto (m) de gasolina | ガソリンスタンド | gasorin sutando |
| parque (m) de estacionamento | 駐車場 | chūsha jō |

## 80. Sinais

| | | |
|---|---|---|
| letreiro (m) | 店看板 | mise kanban |
| aviso (m) | 看板 | kanban |
| cartaz, pôster (m) | ポスター | posutā |
| placa (f) de direção | 方向看板 | hōkō kanban |
| seta (f) | 矢印 | yajirushi |
| | | |
| aviso (advertência) | 注意 | chūi |
| sinal (m) de aviso | 警告表示 | keikoku hyōji |
| avisar, advertir (vt) | 警告する | keikoku suru |
| dia (m) de folga | 定休日 | teikyū bi |

| | | |
|---|---|---|
| horário (~ dos trens, etc.) | 営業時間の看板 | eigyō jikan no kanban |
| horário (m) | 営業時間 | eigyō jikan |
| | | |
| BEM-VINDOS! | ようこそ | yōkoso |
| ENTRADA | 入口 | iriguchi |
| SAÍDA | 出口 | deguchi |
| | | |
| EMPURRE | 押す | osu |
| PUXE | 引く | hiku |
| ABERTO | 営業中 | eigyō chū |
| FECHADO | 休業日 | kyūgyōbi |
| | | |
| MULHER | 女性 | josei |
| HOMEM | 男性 | dansei |
| | | |
| DESCONTOS | 割引 | waribiki |
| SALDOS, PROMOÇÃO | バーゲンセール | bāgen sēru |
| NOVIDADE! | 新発売！ | shin hatsubai! |
| GRÁTIS | 無料 | muryō |
| | | |
| ATENÇÃO! | ご注意！ | go chūi! |
| NÃO HÁ VAGAS | 満室 | manshitsu |
| RESERVADO | 御予約席 | go yoyaku seki |
| | | |
| ADMINISTRAÇÃO | 支配人 | shihainin |
| SOMENTE PESSOAL AUTORIZADO | 関係者以外立入禁止 | kankei sha igai tachīrikinshi |
| | | |
| CUIDADO CÃO FEROZ | 猛犬注意 | mōken chūi |
| PROIBIDO FUMAR! | 禁煙 | kinen |
| NÃO TOCAR | 手を触れるな | te wo fureru na |
| | | |
| PERIGOSO | 危険 | kiken |
| PERIGO | 危険 | kiken |
| ALTA TENSÃO | 高電圧 | kō denatsu |
| PROIBIDO NADAR | 水泳禁止 | suiei kinshi |
| COM DEFEITO | 故障中 | koshō chū |
| | | |
| INFLAMÁVEL | 可燃性物質 | kanen sei busshitsu |
| PROIBIDO | 禁止 | kinshi |
| ENTRADA PROIBIDA | 通り抜け禁止 | tōrinuke kinshi |
| CUIDADO TINTA FRESCA | ペンキ塗りたて | penki nuritate |

## 81. Transportes urbanos

| | | |
|---|---|---|
| ônibus (m) | バス | basu |
| bonde (m) elétrico | 路面電車 | romen densha |
| trólebus (m) | トロリーバス | tororībasu |
| rota (f), itinerário (m) | 路線 | rosen |
| número (m) | 番号 | bangō |
| | | |
| ir de ... (carro, etc.) | …で行く | ... de iku |
| entrar no ... | 乗る | noru |
| descer do ... | 降りる | oriru |

| | | |
|---|---|---|
| parada (f) | 停 | toma |
| próxima parada (f) | 次の停車駅 | tsugi no teishaeki |
| terminal (m) | 終着駅 | shūchakueki |
| horário (m) | 時刻表 | jikoku hyō |
| esperar (vt) | 待つ | matsu |
| | | |
| passagem (f) | 乗車券 | jōsha ken |
| tarifa (f) | 運賃 | unchin |
| | | |
| bilheteiro (m) | 販売員 | hanbai in |
| controle (m) de passagens | 集札 | shū satsu |
| revisor (m) | 車掌 | shashō |
| | | |
| atrasar-se (vr) | 遅れる | okureru |
| perder (o autocarro, etc.) | 逃す | nogasu |
| estar com pressa | 急ぐ | isogu |
| | | |
| táxi (m) | タクシー | takushī |
| taxista (m) | タクシーの運転手 | takushī no unten shu |
| de táxi (ir ~) | タクシーで | takushī de |
| ponto (m) de táxis | タクシー乗り場 | takushī noriba |
| chamar um táxi | タクシーを呼ぶ | takushī wo yobu |
| pegar um táxi | タクシーに乗る | takushī ni noru |
| | | |
| tráfego (m) | 交通 | kōtsū |
| engarrafamento (m) | 渋滞 | jūtai |
| horas (f pl) de pico | ラッシュアワー | rasshuawā |
| estacionar (vi) | 駐車する | chūsha suru |
| estacionar (vt) | 駐車する | chūsha suru |
| parque (m) de estacionamento | 駐車場 | chūsha jō |
| | | |
| metrô (m) | 地下鉄 | chikatetsu |
| estação (f) | 駅 | eki |
| ir de metrô | 地下鉄で行く | chikatetsu de iku |
| trem (m) | 列車 | ressha |
| estação (f) de trem | 鉄道駅 | tetsudō eki |

## 82. Turismo

| | | |
|---|---|---|
| monumento (m) | 記念碑 | kinen hi |
| fortaleza (f) | 要塞 | yōsai |
| palácio (m) | 宮殿 | kyūden |
| castelo (m) | 城 | shiro |
| torre (f) | 塔 | tō |
| mausoléu (m) | マウソレウム | mausoreumu |
| | | |
| arquitetura (f) | 建築 | kenchiku |
| medieval (adj) | 中世の | chūsei no |
| antigo (adj) | 古代の | kodai no |
| nacional (adj) | 国の | kuni no |
| famoso, conhecido (adj) | 有名な | yūmei na |
| | | |
| turista (m) | 観光客 | kankō kyaku |
| guia (pessoa) | ガイド | gaido |

| | | |
|---|---|---|
| excursão (f) | 小旅行 | shō ryokō |
| mostrar (vt) | 案内する | annai suru |
| contar (vt) | 話をする | hanashi wo suru |
| | | |
| encontrar (vt) | 見つける | mitsukeru |
| perder-se (vr) | 道に迷う | michi ni mayō |
| mapa (~ do metrô) | 地図 | chizu |
| mapa (~ da cidade) | 地図 | chizu |
| | | |
| lembrança (f), presente (m) | 土産 | miyage |
| loja (f) de presentes | 土産品店 | miyage hin ten |
| tirar fotos, fotografar | 写真に撮る | shashin ni toru |
| fotografar-se (vr) | 写真を撮られる | shashin wo torareru |

## 83. Compras

| | | |
|---|---|---|
| comprar (vt) | 買う | kau |
| compra (f) | 買い物 | kaimono |
| fazer compras | 買い物に行く | kaimono ni iku |
| compras (f pl) | ショッピング | shoppingu |
| | | |
| estar aberta (loja) | 開いている | hiraite iru |
| estar fechada | 閉まっている | shimatte iru |
| | | |
| calçado (m) | 履物 | hakimono |
| roupa (f) | 洋服 | yōfuku |
| cosméticos (m pl) | 化粧品 | keshō hin |
| alimentos (m pl) | 食料品 | shokuryō hin |
| presente (m) | 土産 | miyage |
| | | |
| vendedor (m) | 店員、売り子 | tenin, uriko |
| vendedora (f) | 店員、売り子 | tenin, uriko |
| | | |
| caixa (f) | レジ | roji |
| espelho (m) | 鏡 | kagami |
| balcão (m) | カウンター | kauntā |
| provador (m) | 試着室 | shichaku shitsu |
| | | |
| provar (vt) | 試着する | shichaku suru |
| servir (roupa, caber) | 合う | au |
| gostar (apreciar) | 好む | konomu |
| | | |
| preço (m) | 価格 | kakaku |
| etiqueta (f) de preço | 値札 | nefuda |
| custar (vt) | かかる | kakaru |
| Quanto? | いくら？ | ikura ? |
| desconto (m) | 割引 | waribiki |
| | | |
| não caro (adj) | 安価な | anka na |
| barato (adj) | 安い | yasui |
| caro (adj) | 高い | takai |
| É caro | それは高い | sore wa takai |
| aluguel (m) | レンタル | rentaru |
| alugar (roupas, etc.) | レンタルする | rentaru suru |

| crédito (m) | 信用取引 | shinyō torihiki |
| a crédito | 付けで | tsuke de |

## 84. Dinheiro

| dinheiro (m) | お金 | okane |
| câmbio (m) | 両替 | ryōgae |
| taxa (f) de câmbio | 為替レート | kawase rēto |
| caixa (m) eletrônico | ATM | ētīemu |
| moeda (f) | コイン | koin |

| dólar (m) | ドル | doru |
| euro (m) | ユーロ | yūro |

| lira (f) | リラ | rira |
| marco (m) | ドイツマルク | doitsu maruku |
| franco (m) | フラン | furan |
| libra (f) esterlina | スターリング・ポンド | sutāringu pondo |
| iene (m) | 円 | en |

| dívida (f) | 債務 | saimu |
| devedor (m) | 債務者 | saimu sha |
| emprestar (vt) | 貸す | kasu |
| pedir emprestado | 借りる | kariru |

| banco (m) | 銀行 | ginkō |
| conta (f) | 口座 | kōza |
| depositar (vt) | 預金する | yokin suru |
| depositar na conta | 口座に預金する | kōza ni yokin suru |
| sacar (vt) | 引き出す | hikidasu |

| cartão (m) de crédito | クレジットカード | kurejitto kādo |
| dinheiro (m) vivo | 現金 | genkin |
| cheque (m) | 小切手 | kogitte |
| passar um cheque | 小切手を書く | kogitte wo kaku |
| talão (m) de cheques | 小切手帳 | kogitte chō |

| carteira (f) | 財布 | saifu |
| niqueleira (f) | 小銭入れ | kozeni ire |
| cofre (m) | 金庫 | kinko |

| herdeiro (m) | 相続人 | sōzokunin |
| herança (f) | 相続 | sōzoku |
| fortuna (riqueza) | 財産 | zaisan |

| arrendamento (m) | 賃貸 | chintai |
| aluguel (pagar o ~) | 家賃 | yachin |
| alugar (vt) | 借りる | kariru |

| preço (m) | 価格 | kakaku |
| custo (m) | 費用 | hiyō |
| soma (f) | 合計金額 | gōkei kingaku |
| gastar (vt) | お金を使う | okane wo tsukau |
| gastos (m pl) | 出費 | shuppi |

| | | |
|---|---|---|
| economizar (vi) | 倹約する | kenyaku suru |
| econômico (adj) | 節約の | setsuyaku no |
| | | |
| pagar (vt) | 払う | harau |
| pagamento (m) | 支払い | shiharai |
| troco (m) | おつり | o tsuri |
| | | |
| imposto (m) | 税 | zei |
| multa (f) | 罰金 | bakkin |
| multar (vt) | 罰金を科す | bakkin wo kasu |

## 85. Correios. Serviço postal

| | | |
|---|---|---|
| agência (f) dos correios | 郵便局 | yūbin kyoku |
| correio (m) | 郵便物 | yūbin butsu |
| carteiro (m) | 郵便配達人 | yūbin haitatsu jin |
| horário (m) | 営業時間 | eigyō jikan |
| | | |
| carta (f) | 手紙 | tegami |
| carta (f) registada | 書留郵便 | kakitome yūbin |
| cartão (m) postal | はがき［葉書］ | hagaki |
| telegrama (m) | 電報 | denpō |
| encomenda (f) | 小包 | kozutsumi |
| transferência (f) de dinheiro | 送金 | sōkin |
| | | |
| receber (vt) | 受け取る | uketoru |
| enviar (vt) | 送る | okuru |
| envio (m) | 送信 | sōshin |
| | | |
| endereço (m) | 住所 | jūsho |
| código (m) postal | 郵便番号 | yūbin bangō |
| remetente (m) | 送り主 | okurinushi |
| destinatário (m) | 受取人 | uketorinin |
| | | |
| nome (m) | 名前 | namae |
| sobrenome (m) | 姓 | sei |
| | | |
| tarifa (f) | 郵便料金 | yūbin ryōkin |
| ordinário (adj) | 通常の | tsūjō no |
| econômico (adj) | エコノミー航空 | ekonomīkōkū |
| | | |
| peso (m) | 重さ | omo sa |
| pesar (estabelecer o peso) | 量る | hakaru |
| envelope (m) | 封筒 | fūtō |
| selo (m) postal | 郵便切手 | yūbin kitte |
| colar o selo | 封筒に切手を貼る | fūtō ni kitte wo haru |

# Moradia. Casa. Lar

## 86. Casa. Habitação

| | | |
|---|---|---|
| casa (f) | 家屋 | kaoku |
| em casa | 家で、自宅で | iede, jitaku de |
| pátio (m), quintal (f) | 中庭 | nakaniwa |
| cerca, grade (f) | 柵 | saku |
| | | |
| tijolo (m) | 煉瓦 | renga |
| de tijolos | 煉瓦の | renga no |
| pedra (f) | 石 | ishi |
| de pedra | 石造の | sekizō no |
| concreto (m) | コンクリート | konkurīto |
| concreto (adj) | コンクリートの | konkurīto no |
| | | |
| novo (adj) | 新築の | shinchiku no |
| velho (adj) | 古い | furui |
| decrépito (adj) | 老朽化した | rōkyū ka shi ta |
| moderno (adj) | 現代的な | gendai teki na |
| de vários andares | 多層の | tasō no |
| alto (adj) | 高い | takai |
| | | |
| andar (m) | 階 | kai |
| de um andar | 一階建ての | ikkai date no |
| | | |
| térreo (m) | 1階 | ikkai |
| andar (m) de cima | 最上階 | saijōkai |
| | | |
| telhado (m) | 屋根 | yane |
| chaminé (f) | 煙突 | entotsu |
| | | |
| telha (f) | 屋根瓦 | yanegawara |
| de telha | 瓦… | kawara … |
| sótão (m) | 屋根裏 | yaneura |
| | | |
| janela (f) | 窓 | mado |
| vidro (m) | ガラス | garasu |
| | | |
| parapeito (m) | 窓台 | mado dai |
| persianas (f pl) | 鎧戸 | yoroido |
| | | |
| parede (f) | 壁 | kabe |
| varanda (f) | バルコニー | barukonī |
| calha (f) | 縦樋 | tatedoi |
| | | |
| em cima | 上の階で | ue no kai de |
| subir (vi) | 上の階へ行く | ue no kai e iku |
| descer (vi) | 下りる | oriru |
| mudar-se (vr) | 移転する | iten suru |

## 87. Casa. Entrada. Elevador

| | | |
|---|---|---|
| entrada (f) | 入口 | iriguchi |
| escada (f) | 階段 | kaidan |
| degraus (m pl) | 階段 | kaidan |
| corrimão (m) | 手すり | tesuri |
| hall (m) de entrada | ロビー | robī |
| | | |
| caixa (f) de correio | 郵便受け | yūbin uke |
| lata (f) do lixo | ゴミ収納庫 | gomishūnōko |
| calha (f) de lixo | ダストシュート | dasuto shūto |
| | | |
| elevador (m) | エレベーター | erebētā |
| elevador (m) de carga | 貨物用エレベーター | kamotsu yō erebētā |
| cabine (f) | エレベーターケージ | erebētā keiji |
| pegar o elevador | エレベーターに乗る | erebētā ni noru |
| | | |
| apartamento (m) | アパート | apāto |
| residentes (pl) | 居住者 | kyojū sha |
| vizinho (m) | 隣人 | rinjin |
| vizinha (f) | 隣人 | rinjin |
| vizinhos (pl) | 隣人 | rinjin |

## 88. Casa. Eletricidade

| | | |
|---|---|---|
| eletricidade (f) | 電気 | denki |
| lâmpada (f) | 電球 | denkyū |
| interruptor (m) | スイッチ | suicchi |
| fusível, disjuntor (m) | ヒューズ | hyūzu |
| | | |
| fio, cabo (m) | 電線、ケーブル | densen, kēburu |
| instalação (f) elétrica | 電気配線 | denki haisen |
| medidor (m) de eletricidade | 電気メーター | denki mētā |
| indicação (f), registro (m) | 検針値 | kenshin chi |

## 89. Casa. Portas. Fechaduras

| | | |
|---|---|---|
| porta (f) | ドア | doa |
| portão (m) | ゲート | gēto |
| maçaneta (f) | ドアノブ | doa nobu |
| destrancar (vt) | 鍵を開ける | kagi wo akeru |
| abrir (vt) | 開ける | akeru |
| fechar (vt) | 閉める | shimeru |
| | | |
| chave (f) | 鍵 | kagi |
| molho (m) | 束 | taba |
| ranger (vi) | きしむ | kishimu |
| rangido (m) | きしむ音 | kishimu oto |
| dobradiça (f) | 蝶番 | chōtsugai |
| capacho (m) | 玄関マット | genkan matto |
| fechadura (f) | 錠 | jō |

| buraco (m) da fechadura | 健穴 | kagiana |
| barra (f) | かんぬき | kannuki |
| fecho (ferrolho pequeno) | 掛け金ラッチ | kakekin racchi |
| cadeado (m) | 南京錠 | nankinjō |

| tocar (vt) | ベルを鳴らす | beru wo narasu |
| toque (m) | 音 | oto |
| campainha (f) | ドアベル | doa beru |
| botão (m) | 玄関ブザー | genkan buzā |
| batida (f) | ノック | nokku |
| bater (vi) | ノックする | nokku suru |

| código (m) | コード | kōdo |
| fechadura (f) de código | ダイヤル錠 | daiyaru jō |
| interfone (m) | インターホン | intāhon |
| número (m) | 番号 | bangō |
| placa (f) de porta | 表札 | hyōsatsu |
| olho (m) mágico | ドアアイ | doaai |

## 90. Casa de campo

| aldeia (f) | 村 | mura |
| horta (f) | 菜園 | saien |
| cerca (f) | 垣根 | kakine |
| cerca (f) de piquete | ピケットフェンス | piketto fensu |
| portão (f) do jardim | くぐり戸 | kugurito |

| celeiro (m) | 穀倉 | kokusō |
| adega (f) | 地下室 | chika shitsu |
| galpão, barracão (m) | 納屋 | naya |
| poço (m) | 井戸 | ido |

| fogão (m) | 窯 | kama |
| atiçar o fogo | 火を炊く | hi wo taku |
| lenha (carvão ou ~) | 薪 | takigi |
| acha, lenha (f) | 丸太 | maruta |

| varanda (f) | ベランダ | beranda |
| alpendre (m) | テラス | terasu |
| degraus (m pl) de entrada | 入り口の階段 | irikuchi no kaidan |
| balanço (m) | ブランコ | buranko |

## 91. Moradia. Mansão

| casa (f) de campo | 田舎の邸宅 | inaka no teitaku |
| vila (f) | 別荘 | bessō |
| ala (~ do edifício) | 翼棟 | yokutō |

| jardim (m) | 庭 | niwa |
| parque (m) | 庭園 | teien |
| estufa (f) | 温室 | onshitsu |
| cuidar de ... | 手入れをする | teire wo suru |

| piscina (f) | プール | pūru |
|---|---|---|
| academia (f) de ginástica | ジム | jimu |
| quadra (f) de tênis | テニスコート | tenisu kōto |
| cinema (m) | ホームシアター | hōmu shiatā |
| garagem (f) | 車庫 | shako |

| propriedade (f) privada | 私有地 | shiyūchi |
|---|---|---|
| terreno (m) privado | 民有地 | minyū chi |

| advertência (f) | 警告 | keikoku |
|---|---|---|
| sinal (m) de aviso | 警告表示 | keikoku hyōji |

| guarda (f) | 警備 | keibi |
|---|---|---|
| guarda (m) | 警備員 | keibi in |
| alarme (m) | 強盗警報機 | gōtō keihō ki |

## 92. Castelo. Palácio

| castelo (m) | 城 | shiro |
|---|---|---|
| palácio (m) | 宮殿 | kyūden |
| fortaleza (f) | 要塞 | yōsai |
| muralha (f) | 城壁 | jōheki |
| torre (f) | 塔 | tō |
| calabouço (m) | 天守閣 | tenshukaku |

| grade (f) levadiça | 落とし格子 | otoshi gōshi |
|---|---|---|
| passagem (f) subterrânea | 地下道 | chikadō |
| fosso (m) | 堀 | hori |
| corrente, cadeia (f) | 鎖 | kusari |
| seteira (f) | 矢狭間 | ya hazama |

| magnífico (adj) | 華麗な | karei na |
|---|---|---|
| majestoso (adj) | 壮大な | sōdai na |
| inexpugnável (adj) | 難攻不落の | nankōfuraku no |
| medieval (adj) | 中世の | chūsei no |

## 93. Apartamento

| apartamento (m) | アパート | apāto |
|---|---|---|
| quarto, cômodo (m) | 部屋 | heya |
| quarto (m) de dormir | 寝室 | shinshitsu |
| sala (f) de jantar | 食堂 | shokudō |
| sala (f) de estar | 居間 | ima |
| escritório (m) | 書斎 | shosai |

| sala (f) de entrada | 玄関 | genkan |
|---|---|---|
| banheiro (m) | 浴室 | yokushitsu |
| lavabo (m) | トイレ | toire |

| teto (m) | 天井 | tenjō |
|---|---|---|
| chão, piso (m) | 床 | yuka |
| canto (m) | 隅 | sumi |

## 94. Apartamento. Limpeza

| | | |
|---|---|---|
| arrumar, limpar (vt) | 掃除する | sōji suru |
| guardar (no armário, etc.) | しまう | shimau |
| pó (m) | ほこり | hokori |
| empoeirado (adj) | ほこりっぽい | hokori ppoi |
| tirar o pó | ほこりを払う | hokori wo harau |
| aspirador (m) | 掃除機 | sōji ki |
| aspirar (vt) | 掃除機をかける | sōji ki wo kakeru |
| | | |
| varrer (vt) | 掃く | haku |
| sujeira (f) | ごみ | gomi |
| arrumação, ordem (f) | 整頓 | seiton |
| desordem (f) | 散らかっていること | chirakatte iru koto |
| | | |
| esfregão (m) | モップ | moppu |
| pano (m), trapo (m) | ダストクロス | dasuto kurosu |
| vassoura (f) | ほうき | hōki |
| pá (f) de lixo | ちりとり | chiritori |

## 95. Mobiliário. Interior

| | | |
|---|---|---|
| mobiliário (m) | 家具 | kagu |
| mesa (f) | テーブル | tēburu |
| cadeira (f) | 椅子 | isu |
| cama (f) | ベッド | beddo |
| sofá, divã (m) | ソファ | sofa |
| poltrona (f) | 肘掛け椅子 | hijikake isu |
| | | |
| estante (f) | 書棚 | shodana |
| prateleira (f) | 棚 | tana |
| | | |
| guarda-roupas (m) | ワードローブ | wādo rōbu |
| cabide (m) de parede | ウォールハンガー | wōru hangā |
| cabideiro (m) de pé | コートスタンド | kōto sutando |
| | | |
| cômoda (f) | チェスト | chesuto |
| mesinha (f) de centro | コーヒーテーブル | kōhī tēburu |
| | | |
| espelho (m) | 鏡 | kagami |
| tapete (m) | カーペット | kāpetto |
| tapete (m) pequeno | マット | matto |
| | | |
| lareira (f) | 暖炉 | danro |
| vela (f) | ろうそく | rōsoku |
| castiçal (m) | ろうそく立て | rōsoku date |
| | | |
| cortinas (f pl) | カーテン | kāten |
| papel (m) de parede | 壁紙 | kabegami |
| persianas (f pl) | ブラインド | buraindo |
| | | |
| luminária (f) de mesa | テーブルランプ | tēburu ranpu |
| luminária (f) de parede | ウォールランプ | wōru ranpu |

| abajur (m) de pé | フロアスタンド | furoa sutando |
| lustre (m) | シャンデリア | shanderia |

| pé (de mesa, etc.) | 脚 | ashi |
| braço, descanso (m) | 肘掛け | hijikake |
| costas (f pl) | 背もたれ | semotare |
| gaveta (f) | 引き出し | hikidashi |

## 96. Quarto de dormir

| roupa (f) de cama | 寝具 | shingu |
| travesseiro (m) | 枕 | makura |
| fronha (f) | 枕カバー | makura kabā |
| cobertor (m) | 毛布 | mōfu |
| lençol (m) | シーツ | shītsu |
| colcha (f) | ベッドカバー | beddo kabā |

## 97. Cozinha

| cozinha (f) | 台所 | daidokoro |
| gás (m) | ガス | gasu |
| fogão (m) a gás | ガスコンロ | gasu konro |
| fogão (m) elétrico | 電気コンロ | denki konro |
| forno (m) | オーブン | ōbun |
| forno (m) de micro-ondas | 電子レンジ | denshi renji |

| geladeira (f) | 冷蔵庫 | reizōko |
| congelador (m) | 冷凍庫 | reitōko |
| máquina (f) de lavar louça | 食器洗い機 | shokkiarai ki |

| moedor (m) de carne | 肉挽き器 | niku hiki ki |
| espremedor (m) | ジューサー | jūsā |
| torradeira (f) | トースター | tōsutā |
| batedeira (f) | ハンドミキサー | hando mikisā |

| máquina (f) de café | コーヒーメーカー | kōhī mēkā |
| cafeteira (f) | コーヒーポット | kōhī potto |
| moedor (m) de café | コーヒーグラインダー | kōhī guraindā |

| chaleira (f) | やかん | yakan |
| bule (m) | 急須 | kyūsu |
| tampa (f) | 蓋 [ふた] | futa |
| coador (m) de chá | 茶漉し | chakoshi |

| colher (f) | さじ [匙] | saji |
| colher (f) de chá | 茶さじ | cha saji |
| colher (f) de sopa | 大さじ [大匙] | ōsaji |
| garfo (m) | フォーク | fōku |
| faca (f) | ナイフ | naifu |

| louça (f) | 食器 | shokki |
| prato (m) | 皿 | sara |

| pires (m) | ソーサー | sōsā |
| cálice (m) | ショットグラス | shotto gurasu |
| copo (m) | コップ | koppu |
| xícara (f) | カップ | kappu |

| açucareiro (m) | 砂糖入れ | satō ire |
| saleiro (m) | 塩入れ | shio ire |
| pimenteiro (m) | 胡椒入れ | koshō ire |
| manteigueira (f) | バター皿 | batā zara |

| panela (f) | 両手鍋 | ryō tenabe |
| frigideira (f) | フライパン | furaipan |
| concha (f) | おたま | o tama |
| coador (m) | 水切りボール | mizukiri bōru |
| bandeja (f) | 配膳盆 | haizen bon |

| garrafa (f) | ボトル | botoru |
| pote (m) de vidro | ジャー、瓶 | jā, bin |
| lata (~ de cerveja) | 缶 | kan |

| abridor (m) de garrafa | 栓抜き | sen nuki |
| abridor (m) de latas | 缶切り | kankiri |
| saca-rolhas (m) | コルク抜き | koruku nuki |
| filtro (m) | フィルター | firutā |
| filtrar (vt) | フィルターにかける | firutā ni kakeru |

| lixo (m) | ゴミ［ごみ］ | gomi |
| lixeira (f) | ゴミ箱 | gomibako |

## 98. Casa de banho

| banheiro (m) | 浴室 | yokushitsu |
| água (f) | 水 | mizu |
| torneira (f) | 蛇口 | jaguchi |
| água (f) quente | 温水 | onsui |
| água (f) fria | 冷水 | reisui |

| pasta (f) de dente | 歯磨き粉 | hamigakiko |
| escovar os dentes | 歯を磨く | ha wo migaku |
| escova (f) de dente | 歯ブラシ | haburashi |

| barbear-se (vr) | ひげを剃る | hige wo soru |
| espuma (f) de barbear | シェービングフォーム | shēbingu fōmu |
| gilete (f) | 剃刀 | kamisori |

| lavar (vt) | 洗う | arau |
| tomar banho | 風呂に入る | furo ni hairu |
| chuveiro (m), ducha (f) | シャワー | shawā |
| tomar uma ducha | シャワーを浴びる | shawā wo abiru |

| banheira (f) | 浴槽 | yokusō |
| vaso (m) sanitário | トイレ、便器 | toire, benki |
| pia (f) | 洗面台 | senmen dai |
| sabonete (m) | 石鹸 | sekken |

| saboneteira (f) | 石鹸皿 | sekken zara |
| esponja (f) | スポンジ | suponji |
| xampu (m) | シャンプー | shanpū |
| toalha (f) | タオル | taoru |
| roupão (m) de banho | バスローブ | basurōbu |

| lavagem (f) | 洗濯 | sentaku |
| lavadora (f) de roupas | 洗濯機 | sentaku ki |
| lavar a roupa | 洗濯する | sentaku suru |
| detergente (m) | 洗剤 | senzai |

## 99. Eletrodomésticos

| televisor (m) | テレビ | terebi |
| gravador (m) | テープレコーダー | tēpurekōdā |
| videogravador (m) | ビデオ | bideo |
| rádio (m) | ラジオ | rajio |
| leitor (m) | プレーヤー | purēyā |

| projetor (m) | ビデオプロジェクター | bideo purojekutā |
| cinema (m) em casa | ホームシアター | hōmu shiatā |
| DVD Player (m) | DVDプレーヤー | dībuidī purēyā |
| amplificador (m) | アンプ | anpu |
| console (f) de jogos | ゲーム機 | gēmu ki |

| câmera (f) de vídeo | ビデオカメラ | bideo kamera |
| máquina (f) fotográfica | カメラ | kamera |
| câmera (f) digital | デジタルカメラ | dejitaru kamera |

| aspirador (m) | 掃除機 | sōji ki |
| ferro (m) de passar | アイロン | airon |
| tábua (f) de passar | アイロン台 | airondai |

| telefone (m) | 電話 | denwa |
| celular (m) | 携帯電話 | keitai denwa |
| máquina (f) de escrever | タイプライター | taipuraitā |
| máquina (f) de costura | ミシン | mishin |

| microfone (m) | マイクロフォン | maikurofon |
| fone (m) de ouvido | ヘッドホン | heddohon |
| controle remoto (m) | リモコン | rimokon |

| CD (m) | CD（シーディー） | shīdī |
| fita (f) cassete | カセットテープ | kasettotēpu |
| disco (m) de vinil | レコード | rekōdo |

## 100. Reparações. Renovação

| renovação (f) | リフォーム | rifōmu |
| renovar (vt), fazer obras | リフォームする | rifōmu suru |
| reparar (vt) | 修理する | shūri suru |
| consertar (vt) | 整頓する | seiton suru |

| | | |
|---|---|---|
| refazer (vt) | やり直す | yarinaosu |
| tinta (f) | 塗料 | toryō |
| pintar (vt) | 塗る | nuru |
| pintor (m) | ペンキ屋 | penki ya |
| pincel (m) | はけ [刷毛] | hake |

| | | |
|---|---|---|
| cal (f) | しっくい | shikkui |
| caiar (vt) | しっくいを塗る | shikkui wo nuru |

| | | |
|---|---|---|
| papel (m) de parede | 壁紙 | kabegami |
| colocar papel de parede | 壁紙を貼る | kabegami wo haru |
| verniz (m) | ニス | nisu |
| envernizar (vt) | ニスを塗る | nisu wo nuru |

## 101. Canalizações

| | | |
|---|---|---|
| água (f) | 水 | mizu |
| água (f) quente | 温水 | onsui |
| água (f) fria | 冷水 | reisui |
| torneira (f) | 蛇口 | jaguchi |

| | | |
|---|---|---|
| gota (f) | 一滴 | itteki |
| gotejar (vi) | ポタポタと落ちる | potapota to ochiru |
| vazar (vt) | 漏れる | moreru |
| vazamento (m) | 漏れ | more |
| poça (f) | 水溜り | mizutamari |

| | | |
|---|---|---|
| tubo (m) | 管 | kan |
| válvula (f) | バルブ | barubu |
| entupir-se (vr) | 詰まっている | tsumatte iru |

| | | |
|---|---|---|
| ferramentas (f pl) | 工具 | kōgu |
| chave (f) inglesa | モンキーレンチ | monkī renchi |
| desenroscar (vt) | 緩める | yurumeru |
| enroscar (vt) | 締める | shimeru |

| | | |
|---|---|---|
| desentupir (vt) | 詰まりを取る | tsumari wo toru |
| encanador (m) | 配管工 | haikan kō |
| porão (m) | 地下室 | chika shitsu |
| rede (f) de esgotos | 下水道 | gesuidō |

## 102. Fogo. Deflagração

| | | |
|---|---|---|
| incêndio (m) | 火 | hi |
| chama (f) | 炎 | honoo |
| faísca (f) | 火花 | hibana |
| fumaça (f) | 煙 | kemuri |
| tocha (f) | たいまつ [松明] | taimatsu |
| fogueira (f) | 焚火 | takibi |

| | | |
|---|---|---|
| gasolina (f) | ガソリン | gasorin |
| querosene (m) | 灯油 | tōyu |

| inflamável (adj) | 可燃性の | kanen sei no |
| explosivo (adj) | 爆発性の | bakuhatsu sei no |
| PROIBIDO FUMAR! | 禁煙 | kinen |

| segurança (f) | 安全性 | anzen sei |
| perigo (m) | 危険 | kiken |
| perigoso (adj) | 危険な | kiken na |

| incendiar-se (vr) | 火がつく | higatsuku |
| explosão (f) | 爆発 | bakuhatsu |
| incendiar (vt) | 放火する | hōka suru |
| incendiário (m) | 放火犯人 | hōka hannin |
| incêndio (m) criminoso | 放火 | hōka |

| flamejar (vi) | 燃え盛る | moesakaru |
| queimar (vi) | 燃える | moeru |
| queimar tudo (vi) | 焼き尽くす | yakitsukusu |

| chamar os bombeiros | 消防署に電話する | shōbōsho ni denwasuru |
| bombeiro (m) | 消防士 | shōbō shi |
| caminhão (m) de bombeiros | 消防車 | shōbōsha |
| corpo (m) de bombeiros | 消防署 | shōbō sho |
| escada (f) extensível | 屈折はしご | kussetsu hashigo |

| mangueira (f) | 消防用ホース | shōbō yō hōsu |
| extintor (m) | 消火器 | shōka ki |
| capacete (m) | ヘルメット | herumetto |
| sirene (f) | サイレン | sairen |

| gritar (vi) | 叫ぶ | sakebu |
| chamar por socorro | 助けを求める | tasuke wo motomeru |
| socorrista (m) | 救助員 | kyūjo in |
| salvar, resgatar (vt) | 救助する | kyūjo suru |

| chegar (vi) | 到着する | tōchaku suru |
| apagar (vt) | 火を消す | hi wo kesu |
| água (f) | 水 | mizu |
| areia (f) | 砂 | suna |

| ruínas (f pl) | 焼け跡 | yakeato |
| ruir (vi) | 崩壊する | hōkai suru |
| desmoronar (vi) | 崩れ落ちる | kuzureochiru |
| desabar (vi) | 崩れる | kuzureru |

| fragmento (m) | 残骸の破片 | zangai no hahen |
| cinza (f) | 灰 | hai |

| sufocar (vi) | 窒息死する | chissokushi suru |
| perecer (vi) | 枯れる | kareru |

# ATIVIDADES HUMANAS

## Emprego. Negócios. Parte 1

### 103. Escritório. O trabalho no escritório

| | | |
|---|---|---|
| escritório (~ de advogados) | オフィス | ofisu |
| escritório (do diretor, etc.) | 室 | shitsu |
| recepção (f) | 受付 | uketsuke |
| secretário (m) | 秘書 | hisho |
| secretária (f) | 秘書 | hisho |
| | | |
| diretor (m) | 責任者 | sekinin sha |
| gerente (m) | マネージャー | manējā |
| contador (m) | 会計士 | kaikeishi |
| empregado (m) | 社員 | shain |
| | | |
| mobiliário (m) | 家具 | kagu |
| mesa (f) | デスク | desuku |
| cadeira (f) | ワーキングチェア | wākingu chea |
| gaveteiro (m) | キャビネット | kyabinetto |
| cabideiro (m) de pé | コートスタンド | kōto sutando |
| | | |
| computador (m) | コンピューター | konpyūtā |
| impressora (f) | プリンター | purintā |
| fax (m) | ファックス | fakkusu |
| fotocopiadora (f) | コピー機 | kopī ki |
| | | |
| papel (m) | 用紙 | yōshi |
| artigos (m pl) de escritório | 事務用品 | jimu yōhin |
| tapete (m) para mouse | マウスパッド | mausu paddo |
| folha (f) | 一枚の紙 | ichimai no kami |
| pasta (f) | バインダー | baindā |
| | | |
| catálogo (m) | カタログ | katarogu |
| lista (f) telefônica | 電話帳 | denwa chō |
| documentação (f) | 付随資料 | fuzui shiryō |
| brochura (f) | パンフレット | panfuretto |
| panfleto (m) | チラシ | chirashi |
| amostra (f) | 見本 | mihon |
| | | |
| formação (f) | 研修 | kenshū |
| reunião (f) | 会議 | kaigi |
| hora (f) de almoço | 昼食時間 | chūshoku jikan |
| | | |
| fazer uma cópia | コピーする | kopī suru |
| tirar cópias | 複数部コピーする | fukusū bu kopī suru |
| receber um fax | ファックスを受け取る | fakkusu wo uketoru |
| enviar um fax | ファクスを送る | fakusu wo okuru |

| fazer uma chamada | 電話する | denwa suru |
| responder (vt) | 出る | deru |
| passar (vt) | 電話をつなぐ | denwa wo tsunagu |

| marcar (vt) | 段取りをつける | dandori wo tsukeru |
| demonstrar (vt) | デモをする | demo wo suru |
| estar ausente | 欠席する | kesseki suru |
| ausência (f) | 欠席 | kesseki |

## 104. Processos negociais. Parte 1

| negócio (m) | 商売 | shōbai |
| ocupação (f) | 職業 | shokugyō |
| firma, empresa (f) | 会社 | kaisha |
| companhia (f) | 会社 | kaisha |
| corporação (f) | 法人 | hōjin |
| empresa (f) | 企業 | kigyō |
| agência (f) | 代理店 | dairi ten |

| acordo (documento) | 合意書 | gōi sho |
| contrato (m) | 契約 | keiyaku |
| acordo (transação) | 取引 | torihiki |
| pedido (m) | 注文 | chūmon |
| termos (m pl) | 条件 | jōken |

| por atacado | 卸売で | oroshiuri de |
| por atacado (adj) | 卸売の | oroshiuri no |
| venda (f) por atacado | 卸売り | oroshiuri |
| a varejo | 小売の | kōri no |
| venda (f) a varejo | 小売り | kōri |

| concorrente (m) | 競争相手 | kyōsō aite |
| concorrência (f) | 競争 | kyōsō |
| competir (vi) | 競争する | kyōsō suru |

| sócio (m) | パートナー | pātonā |
| parceria (f) | 協力関係 | kyōryoku kankei |

| crise (f) | 危機 | kiki |
| falência (f) | 破産 | hasan |
| entrar em falência | 破産する | hasan suru |
| dificuldade (f) | 困難 | konnan |
| problema (m) | 問題 | mondai |
| catástrofe (f) | 大失敗 | dai shippai |

| economia (f) | 景気 | keiki |
| econômico (adj) | 景気の | keiki no |
| recessão (f) econômica | 景気後退 | keiki kōtai |

| objetivo (m) | 目標 | mokuhyō |
| tarefa (f) | 任務 | ninmu |

| comerciar (vi, vt) | 商売をする | shōbai wo suru |
| rede (de distribuição) | 網 | mō |

| estoque (m) | 在庫 | zaiko |
| sortimento (m) | 仕分け | shiwake |

| líder (m) | トップ企業 | toppu kigyō |
| grande (~ empresa) | 大手の | ōte no |
| monopólio (m) | 独占 | dokusen |

| teoria (f) | 理論 | riron |
| prática (f) | 実務 | jitsumu |
| experiência (f) | 経験 | keiken |
| tendência (f) | 傾向 | keikō |
| desenvolvimento (m) | 発展 | hatten |

## 105. Processos negociais. Parte 2

| rentabilidade (f) | 利益 | rieki |
| rentável (adj) | 利益のある | rieki no aru |

| delegação (f) | 代表団 | daihyō dan |
| salário, ordenado (m) | 給料 | kyūryō |
| corrigir (~ um erro) | 直す | naosu |
| viagem (f) de negócios | 出張 | shucchō |
| comissão (f) | 歩合 | buai |

| controlar (vt) | 支配する | shihai suru |
| conferência (f) | 会議 | kaigi |
| licença (f) | 免許 | menkyo |
| confiável (adj) | 信頼できる | shinrai dekiru |

| empreendimento (m) | 開始 | kaishi |
| norma (f) | 標準 | hyōjun |
| circunstância (f) | 状況 | jōkyō |
| dever (do empregado) | 職務 | shokumu |

| empresa (f) | 組織 | soshiki |
| organização (f) | 主催 | shusai |
| organizado (adj) | 主催された | shusai sare ta |
| anulação (f) | 取り消し | torikeshi |
| anular, cancelar (vt) | 取り消す | torikesu |
| relatório (m) | 報告 | hōkoku |

| patente (f) | 特許 | tokkyo |
| patentear (vt) | 特許を取る | tokkyo wo toru |
| planejar (vt) | 計画する | keikaku suru |

| bônus (m) | ボーナス | bōnasu |
| profissional (adj) | 専門的な | senmon teki na |
| procedimento (m) | 手順 | tejun |

| examinar (~ a questão) | 調べ上げる | shirabe ageru |
| cálculo (m) | 計算 | keisan |
| reputação (f) | 評判 | hyōban |
| risco (m) | リスク | risuku |
| dirigir (~ uma empresa) | 管理する | kanri suru |

| | | |
|---|---|---|
| informação (f) | 情報 | jōhō |
| propriedade (f) | 財産 | zaisan |
| união (f) | 連合 | rengō |
| | | |
| seguro (m) de vida | 生命保険 | seimei hoken |
| fazer um seguro | 保険をかける | hoken wo kakeru |
| seguro (m) | 保険 | hoken |
| | | |
| leilão (m) | 競売 | kyōbai |
| notificar (vt) | 通知する | tsūchi suru |
| gestão (f) | マネージメント | manējimento |
| serviço (indústria de ~s) | サービス | sābisu |
| | | |
| fórum (m) | 公開討論会 | kōkai tōron kai |
| funcionar (vi) | 機能する | kinō suru |
| estágio (m) | 段階 | dankai |
| jurídico, legal (adj) | 法律の | hōritsu no |
| advogado (m) | 弁護士 | bengoshi |

## 106. Produção. Trabalhos

| | | |
|---|---|---|
| usina (f) | 工場 | kōba |
| fábrica (f) | 製造所 | seizō sho |
| oficina (f) | 作業場 | sagyōba |
| local (m) de produção | 生産現場 | seisan genba |
| | | |
| indústria (f) | 産業 | sangyō |
| industrial (adj) | 産業の | sangyō no |
| indústria (f) pesada | 重工業 | jūkōgyō |
| indústria (f) ligeira | 軽工業 | keikōgyō |
| | | |
| produção (f) | 生産物 | seisan butsu |
| produzir (vt) | 製造する | seisan suru |
| matérias-primas (f pl) | 原料 | genryō |
| | | |
| chefe (m) de obras | 職長 | shokuchō |
| equipe (f) | 作業チーム | sagyō chīmu |
| operário (m) | 作業員 | sagyō in |
| | | |
| dia (m) de trabalho | 営業日 | eigyōbi |
| intervalo (m) | 休憩 | kyūkei |
| reunião (f) | 会議 | kaigi |
| discutir (vt) | 討議する | tōgi suru |
| | | |
| plano (m) | 計画 | keikaku |
| cumprir o plano | 計画を実行する | keikaku wo jikkō suru |
| taxa (f) de produção | 生産率 | seisan ritsu |
| qualidade (f) | 質 | shitsu |
| controle (m) | 検査 | kensa |
| controle (m) da qualidade | 品質管理 | hinshitsu kanri |
| | | |
| segurança (f) no trabalho | 労働安全 | rōdō anzen |
| disciplina (f) | 規律 | kiritsu |
| infração (f) | 違反 | ihan |

| violar (as regras) | 違反する | ihan suru |
| greve (f) | ストライキ | sutoraiki |
| grevista (m) | ストライキをする人 | sutoraiki wo suru hito |
| estar em greve | ストライキをする | sutoraiki wo suru |
| sindicato (m) | 労働組合 | rōdō kumiai |

| inventar (vt) | 発明する | hatsumei suru |
| invenção (f) | 発明 | hatsumei |
| pesquisa (f) | 研究 | kenkyū |
| melhorar (vt) | 改善する | kaizen suru |
| tecnologia (f) | 技術 | gijutsu |
| desenho (m) técnico | 製図 | seizu |

| carga (f) | 積み荷 | tsumini |
| carregador (m) | 荷役作業員 | niyakusa gyōin |
| carregar (o caminhão, etc.) | 積む | tsumu |
| carregamento (m) | 荷役 | niyaku |
| descarregar (vt) | 下ろす | orosu |
| descarga (f) | 荷下ろし［荷卸し］ | ni oroshi |

| transporte (m) | 輸送 | yusō |
| companhia (f) de transporte | 輸送会社 | yusō gaisha |
| transportar (vt) | 輸送する | yusō suru |

| vagão (m) de carga | 貨車 | kasha |
| tanque (m) | タンク | tanku |
| caminhão (m) | トラック | torakku |

| máquina (f) operatriz | 工作機械 | kōsaku kikai |
| mecanismo (m) | 機械 | kikai |

| resíduos (m pl) industriais | 産業廃棄物 | sangyō haiki butsu |
| embalagem (f) | 包装 | hōsō |
| embalar (vt) | 梱包する | konpō suru |

## 107. Contrato. Acordo

| contrato (m) | 契約 | keiyaku |
| acordo (m) | 合意書 | gōi sho |
| adendo, anexo (m) | 補遺 | hoi |

| assinar o contrato | 契約書に署名する | keiyaku sho ni shomei suru |
| assinatura (f) | 署名 | shomei |
| assinar (vt) | 署名する | shomei suru |
| carimbo (m) | 捺印 | natsuin |

| objeto (m) do contrato | 契約の目的物 | keiyaku no mokuteki butsu |
| cláusula (f) | 条項 | jōkō |
| partes (f pl) | 当事者 | tōjisha |
| domicílio (m) legal | 法的住所 | hōteki jūsho |

| violar o contrato | 契約を破棄する | keiyaku wo haki suru |
| obrigação (f) | 義務 | gimu |
| responsabilidade (f) | 責任 | sekinin |

| força (f) maior | 不可抗力 | fukakōryoku |
|---|---|---|
| litígio (m), disputa (f) | 係争 | keisō |
| multas (f pl) | 違約金 | iyaku kin |

## 108. Importação & Exportação

| importação (f) | 輸入 | yunyū |
|---|---|---|
| importador (m) | 輸入業者 | yunyū gyōsha |
| importar (vt) | 輸入する | yunyū suru |
| de importação | 輸入の | yunyū no |

| exportação (f) | 輸出 | yushutsu |
|---|---|---|
| exportador (m) | 輸出業者 | yushutsu gyōsha |
| exportar (vt) | 輸出する | yushutsu suru |
| de exportação | 輸出の | yushutsu no |

| mercadoria (f) | 品物 | shinamono |
|---|---|---|
| lote (de mercadorias) | 委託 | itaku |

| peso (m) | 重量 | jūryō |
|---|---|---|
| volume (m) | 体積 | taiseki |
| metro (m) cúbico | 立法メートル | rippō mētoru |

| produtor (m) | メーカー | mēkā |
|---|---|---|
| companhia (f) de transporte | 輸送会社 | yusō gaisha |
| contêiner (m) | コンテナ | kontena |

| fronteira (f) | 国境 | kokkyō |
|---|---|---|
| alfândega (f) | 税関 | zeikan |
| taxa (f) alfandegária | 関税 | kanzei |
| funcionário (m) da alfândega | 税関吏 | zeikanri |
| contrabando (atividade) | 密輸 | mitsuyu |
| contrabando (produtos) | 密輸された商品 | mitsuyu sare ta shōhin |

## 109. Finanças

| ação (f) | 株 | kabu |
|---|---|---|
| obrigação (f) | 債券 | saiken |
| nota (f) promissória | 為替手形 | kawase tegata |

| bolsa (f) de valores | 証券取引所 | shōken torihiki sho |
|---|---|---|
| cotação (m) das ações | 株価 | kabuka |

| tornar-se mais barato | 安くなる | yasuku naru |
|---|---|---|
| tornar-se mais caro | 高くなる | takaku naru |

| parte (f) | 株式保有 | kabushiki hoyū |
|---|---|---|
| participação (f) majoritária | 企業支配権 | kigyō shihai ken |
| investimento (m) | 投資 | tōshi |
| investir (vt) | 投資する | tōshi suru |
| porcentagem (f) | 百分率 | hyakubunritsu |
| juros (m pl) | 利子 | rishi |

| | | |
|---|---|---|
| lucro (m) | 利益 | rieki |
| lucrativo (adj) | 利益のある | rieki no aru |
| imposto (m) | 税 | zei |

| | | |
|---|---|---|
| divisa (f) | 通貨 | tsūka |
| nacional (adj) | 国の | kuni no |
| câmbio (m) | 両替 | ryōgae |

| | | |
|---|---|---|
| contador (m) | 会計士 | kaikeishi |
| contabilidade (f) | 会計 | kaikei |

| | | |
|---|---|---|
| falência (f) | 破産 | hasan |
| falência, quebra (f) | 破綻 | hatan |
| ruína (f) | 破産 | hasan |
| estar quebrado | 破産する | hasan suru |
| inflação (f) | インフレ | infure |
| desvalorização (f) | 平価切り下げ | heika kirisage |

| | | |
|---|---|---|
| capital (m) | 資本 | shihon |
| rendimento (m) | 収益 | shūeki |
| volume (m) de negócios | 売上高 | uriage daka |
| recursos (m pl) | 財源 | zaigen |
| recursos (m pl) financeiros | 貨幣資産 | kahei shisan |
| despesas (f pl) gerais | 諸経費 | shokeihi |
| reduzir (vt) | 削減する | sakugen suru |

## 110. Marketing

| | | |
|---|---|---|
| marketing (m) | マーケティング | māketingu |
| mercado (m) | 市場 | shijō |
| segmento (m) do mercado | 市場区分 | shijō kubun |
| produto (m) | 製品 | seihin |
| mercadoria (f) | 品物 | shinamono |

| | | |
|---|---|---|
| marca (f) | ブランド | burando |
| marca (f) registrada | 商標 | shōhyō |
| logotipo (m) | ロゴタイプ | rogo taipu |
| logo (m) | ロゴ | rogo |

| | | |
|---|---|---|
| demanda (f) | 需要 | juyō |
| oferta (f) | 供給 | kyōkyū |

| | | |
|---|---|---|
| necessidade (f) | 必要 | hitsuyō |
| consumidor (m) | 消費者 | shōhi sha |

| | | |
|---|---|---|
| análise (f) | 分析 | bunseki |
| analisar (vt) | 分析する | bunseki suru |

| | | |
|---|---|---|
| posicionamento (m) | ポジショニング | pojishoningu |
| posicionar (vt) | ポジショニングする | pojishoningu suru |

| | | |
|---|---|---|
| preço (m) | 価格 | kakaku |
| política (f) de preços | 価格政策 | kakaku seisaku |
| formação (f) de preços | 価格形成 | kakaku keisei |

## 111. Publicidade

| publicidade (f) | 広告 | kōkoku |
| fazer publicidade | 広告する | kōkoku suru |
| orçamento (m) | 予算 | yosan |

| anúncio (m) | 広告 | kōkoku |
| publicidade (f) na TV | テレビ広告 | terebi kōkoku |
| publicidade (f) na rádio | ラジオ広告 | rajio kōkoku |
| publicidade (f) exterior | 屋外広告 | okugai kōkoku |

| comunicação (f) de massa | マスメディア | masumedia |
| periódico (m) | 定期刊行物 | teiki kankō butsu |
| imagem (f) | イメージ | imēji |

| slogan (m) | スローガン | surōgan |
| mote (m), lema (f) | モットー | mottō |

| campanha (f) | キャンペーン | kyanpēn |
| campanha (f) publicitária | 広告キャンペーン | kōkoku kyanpēn |
| grupo (m) alvo | ターゲット・オーディエンス | tāgetto ōdiensu |

| cartão (m) de visita | 名刺 | meishi |
| panfleto (m) | チラシ | chirashi |
| brochura (f) | パンフレット | panfuretto |
| folheto (m) | 小冊子 | shō sasshi |
| boletim (~ informativo) | ニュースレター | nyūsuretā |

| letreiro (m) | 店看板 | mise kanban |
| cartaz, pôster (m) | ポスター | posutā |
| painel (m) publicitário | 広告掲示板 | kōkoku keijiban |

## 112. Banca

| banco (m) | 銀行 | ginkō |
| balcão (f) | 支店 | shiten |

| consultor (m) bancário | 銀行員 | ginkōin |
| gerente (m) | 長 | chō |

| conta (f) | 口座 | kōza |
| número (m) da conta | 口座番号 | kōza bangō |
| conta (f) corrente | 当座預金口座 | tōza yokin kōza |
| conta (f) poupança | 貯蓄預金口座 | chochiku yokin kōza |

| abrir uma conta | 口座を開く | kōza wo hiraku |
| fechar uma conta | 口座を解約する | kōza wo kaiyaku suru |
| depositar na conta | 口座に預金する | kōza ni yokin suru |
| sacar (vt) | 引き出す | hikidasu |

| depósito (m) | 預金 | yokin |
| fazer um depósito | 預金する | yokin suru |
| transferência (f) bancária | 送金 | sōkin |

| transferir (vt) | 送金する | sōkin suru |
| soma (f) | 合計金額 | gōkei kingaku |
| Quanto? | いくら？ | ikura ? |

| assinatura (f) | 署名 | shomei |
| assinar (vt) | 署名する | shomei suru |

| cartão (m) de crédito | クレジットカード | kurejitto kādo |
| senha (f) | コード | kōdo |
| número (m) do cartão de crédito | クレジットカード番号 | kurejitto kādo bangō |
| caixa (m) eletrônico | ATM | ētīemu |

| cheque (m) | 小切手 | kogitte |
| passar um cheque | 小切手を書く | kogitte wo kaku |
| talão (m) de cheques | 小切手帳 | kogitte chō |

| empréstimo (m) | 融資 | yūshi |
| pedir um empréstimo | 融資を申し込む | yūshi wo mōshikomu |
| obter empréstimo | 融資を受ける | yūshi wo ukeru |
| dar um empréstimo | 融資を行う | yūshi wo okonau |
| garantia (f) | 保障 | hoshō |

## 113. Telefone. Conversação telefônica

| telefone (m) | 電話 | denwa |
| celular (m) | 携帯電話 | keitai denwa |
| secretária (f) eletrônica | 留守番電話 | rusuban denwa |

| fazer uma chamada | 電話する | denwa suru |
| chamada (f) | 電話 | denwa |

| discar um número | 電話番号をダイアルする | denwa bangō wo daiaru suru |
| Alô! | もしもし | moshimoshi |
| perguntar (vt) | 問う | tō |
| responder (vt) | 出る | deru |

| ouvir (vt) | 聞く | kiku |
| bem | 良く | yoku |
| mal | 良くない | yoku nai |
| ruído (m) | 電波障害 | denpa shōgai |

| fone (m) | 受話器 | juwaki |
| pegar o telefone | 電話に出る | denwa ni deru |
| desligar (vi) | 電話を切る | denwa wo kiru |

| ocupado (adj) | 話し中 | hanashi chū |
| tocar (vi) | 鳴る | naru |
| lista (f) telefônica | 電話帳 | denwa chō |
| local (adj) | 市内の | shinai no |
| chamada (f) local | 市内電話 | shinai denwa |
| de longa distância | 市外の | shigai no |
| chamada (f) de longa distância | 市外電話 | shigai denwa |

| | | |
|---|---|---|
| internacional (adj) | 国際の | kokusai no |
| chamada (f) internacional | 国際電話 | kokusai denwa |

## 114. Telefone móvel

| | | |
|---|---|---|
| celular (m) | 携帯電話 | keitai denwa |
| tela (f) | ディスプレイ | disupurei |
| botão (m) | ボタン | botan |
| cartão SIM (m) | SIMカード | shimu kādo |
| bateria (f) | 電池 | denchi |
| descarregar-se (vr) | 切れる | kireru |
| carregador (m) | 充電器 | jūden ki |
| menu (m) | メニュー | menyū |
| configurações (f pl) | 設定 | settei |
| melodia (f) | メロディー | merodī |
| escolher (vt) | 選択する | sentaku suru |
| calculadora (f) | 電卓 | dentaku |
| correio (m) de voz | ボイスメール | boisu mēru |
| despertador (m) | 目覚まし | mezamashi |
| contatos (m pl) | 連絡先 | renraku saki |
| mensagem (f) de texto | テキストメッセージ | tekisuto messēji |
| assinante (m) | 加入者 | kanyū sha |

## 115. Estacionário

| | | |
|---|---|---|
| caneta (f) | ボールペン | bōrupen |
| caneta (f) tinteiro | 万年筆 | mannenhitsu |
| lápis (m) | 鉛筆 | enpitsu |
| marcador (m) de texto | 蛍光ペン | keikō pen |
| caneta (f) hidrográfica | フェルトペン | feruto pen |
| bloco (m) de notas | メモ帳 | memo chō |
| agenda (f) | 手帳 | techō |
| régua (f) | 定規 | jōgi |
| calculadora (f) | 電卓 | dentaku |
| borracha (f) | 消しゴム | keshigomu |
| alfinete (m) | 画鋲 | gabyō |
| clipe (m) | ゼムクリップ | zemu kurippu |
| cola (f) | 糊 | nori |
| grampeador (m) | ホッチキス | hocchikisu |
| furador (m) de papel | パンチ | panchi |
| apontador (m) | 鉛筆削り | enpitsu kezuri |

## 116. Vários tipos de documentos

| relatório (m) | 報告 | hōkoku |
|---|---|---|
| acordo (m) | 合意書 | gōi sho |
| ficha (f) de inscrição | 申込書 | mōshikomi sho |
| autêntico (adj) | 本物の | honmono no |
| crachá (m) | 名札 | nafuda |
| cartão (m) de visita | 名刺 | meishi |

| certificado (m) | 証明書 | shōmei sho |
|---|---|---|
| cheque (m) | 小切手 | kogitte |
| conta (f) | お勘定 | okanjō |
| constituição (f) | 憲法 | kenpō |

| contrato (m) | 契約 | keiyaku |
|---|---|---|
| cópia (f) | コピー | kopī |
| exemplar (~ assinado) | 写し | utsushi |

| declaração (f) alfandegária | 税関申告 | zeikan shinkoku |
|---|---|---|
| documento (m) | 書類 | shorui |
| carteira (f) de motorista | 運転免許証 | unten menkyo shō |
| adendo, anexo (m) | 補遺 | hoi |
| questionário (m) | 記入用紙 | kinyū yōshi |

| carteira (f) de identidade | 身分証明 | mibun shōmei |
|---|---|---|
| inquérito (m) | 依頼 | irai |
| convite (m) | 招待状 | shōtai jō |
| fatura (f) | 送り状 | okurijō |

| lei (f) | 法律 | hōritsu |
|---|---|---|
| carta (correio) | 手紙 | tegami |
| papel (m) timbrado | レターヘッド | retā heddo |
| lista (f) | リスト | risuto |
| manuscrito (m) | 原稿 | genkō |
| boletim (~ informativo) | ニュースレター | nyūsuretā |
| bilhete (mensagem breve) | メモ | memo |

| passe (m) | 入場許可証 | nyūjō kyoka shō |
|---|---|---|
| passaporte (m) | パスポート | pasupōto |
| permissão (f) | 許可証 | kyoka shō |
| currículo (m) | 履歴書 | rireki sho |
| nota (f) promissória | 借用証書 | shakuyō shōsho |
| recibo (m) | 領収書 | ryōshūsho |
| talão (f) | レシート | reshīto |
| relatório (m) | 報告 | hōkoku |

| mostrar (vt) | 見せる | miseru |
|---|---|---|
| assinar (vt) | 署名する | shomei suru |
| assinatura (f) | 署名 | shomei |
| carimbo (m) | 捺印 | natsuin |
| texto (m) | 文章 | bunshō |
| ingresso (m) | チケット | chiketto |

| riscar (vt) | 消す | kesu |
|---|---|---|
| preencher (vt) | 記入する | kinyū suru |

| carta (f) de porte | 運送状 | unsō jō |
| testamento (m) | 遺言状 | yuigon jō |

## 117. Tipos de negócios

| serviços (m pl) de contabilidade | 会計サービス | kaikei sābisu |
| publicidade (f) | 広告 | kōkoku |
| agência (f) de publicidade | 広告代理店 | kōkoku dairi ten |
| ar (m) condicionado | エアコン | eakon |
| companhia (f) aérea | 航空会社 | kōkū gaisha |

| bebidas (f pl) alcoólicas | アルコール飲料 | arukōru inryō |
| comércio (m) de antiguidades | 骨董品 | kottō hin |
| galeria (f) de arte | 画廊 | garō |
| serviços (m pl) de auditoria | 監査サービス | kansa sābisu |

| negócios (m pl) bancários | 銀行業 | ginkō gyō |
| bar (m) | バー | bā |
| salão (m) de beleza | 美容院 | biyō in |
| livraria (f) | 本屋 | honya |
| cervejaria (f) | ビール醸造所 | bīru jōzō jo |
| centro (m) de escritórios | ビジネスセンター | bijinesu sentā |
| escola (f) de negócios | ビジネススクール | bijinesu sukūru |

| cassino (m) | カジノ | kajino |
| construção (f) | 建設業 | kensetsu gyō |
| consultoria (f) | コンサルタント業 | konsarutanto gyō |

| clínica (f) dentária | 歯科医院 | shika īn |
| design (m) | デザイン | dezain |
| drogaria (f) | 薬局 | yakkyoku |
| lavanderia (f) | クリーニング屋 | kurīningu ya |
| agência (f) de emprego | 職業紹介所 | shokugyō shōkai sho |

| serviços (m pl) financeiros | 金融サービス | kinyū sābisu |
| alimentos (m pl) | 食品 | shokuhin |
| funerária (f) | 葬儀社 | sōgi sha |
| mobiliário (m) | 家具 | kagu |
| roupa (f) | 衣服 | ifuku |
| hotel (m) | ホテル | hoteru |

| sorvete (m) | アイスクリーム | aisukurīmu |
| indústria (f) | 産業 | sangyō |
| seguro (~ de vida, etc.) | 保険 | hoken |
| internet (f) | インターネット | intānetto |
| investimento (m) | 投資 | tōshi |

| joalheiro (m) | 宝石商 | hōsekishō |
| joias (f pl) | 宝石 | hōseki |
| lavanderia (f) | 洗濯屋 | sentaku ya |
| assessorias (f pl) jurídicas | 法律事務所 | hōritsu jimusho |
| indústria (f) ligeira | 軽工業 | keikōgyō |
| revista (f) | 雑誌 | zasshi |

| vendas (f pl) por catálogo | 通信販売 | tsūshin hanbai |
| medicina (f) | 医療 | iryō |
| cinema (m) | 映画館 | eiga kan |
| museu (m) | 博物館 | hakubutsukan |

| agência (f) de notícias | 通信社 | tsūshin sha |
| jornal (m) | 新聞 | shinbun |
| boate (casa noturna) | ナイトクラブ | naito kurabu |

| petróleo (m) | 油 | abura |
| serviços (m pl) de remessa | 宅配便 | takuhai bin |
| indústria (f) farmacêutica | 製薬会社 | seiyaku kaisha |
| tipografia (f) | 印刷業 | insatsu gyō |
| editora (f) | 出版社 | shuppan sha |

| rádio (m) | ラジオ | rajio |
| imobiliário (m) | 不動産 | fudōsan |
| restaurante (m) | レストラン | resutoran |

| empresa (f) de segurança | 警備会社 | keibi gaisha |
| esporte (m) | スポーツ | supōtsu |
| bolsa (f) de valores | 証券取引所 | shōken torihiki sho |
| loja (f) | 店、…屋 | mise, …ya |
| supermercado (m) | スーパーマーケット | sūpāmāketto |
| piscina (f) | プール | pūru |

| alfaiataria (f) | 仕立て屋 | shitateya |
| televisão (f) | テレビ | terebi |
| teatro (m) | 劇場 | gekijō |
| comércio (m) | 取引 | torihiki |
| serviços (m pl) de transporte | 輸送 | yusō |
| viagens (f pl) | 旅行 | ryokō |

| veterinário (m) | 獣医 | jūi |
| armazém (m) | 倉庫 | sōko |
| recolha (f) do lixo | ごみ収集 | gomi shūshū |

# Emprego. Negócios. Parte 2

## 118. Espetáculo. Feira

| | | |
|---|---|---|
| feira, exposição (f) | 博覧会 | hakuran kai |
| feira (f) comercial | 見本市 | mihonichi |
| | | |
| participação (f) | 参加 | sanka |
| participar (vi) | 参加する | sanka suru |
| participante (m) | 参加者 | sanka sha |
| | | |
| diretor (m) | 責任者 | sekinin sha |
| direção (f) | 事務局 | jimu kyoku |
| organizador (m) | 主催者 | shusai sha |
| organizar (vt) | 主催する | shusai suru |
| | | |
| ficha (f) de inscrição | 申込書 | mōshikomi sho |
| preencher (vt) | 記入する | kinyū suru |
| detalhes (m pl) | 詳細 | shōsai |
| informação (f) | 案内 | annai |
| | | |
| preço (m) | 出展料 | shutten ryō |
| incluindo | …込み、…を含む | … komi , … wo fukumu |
| incluir (vt) | 含める | fukumeru |
| pagar (vt) | 払う | harau |
| taxa (f) de inscrição | 登録料 | tōroku ryō |
| | | |
| entrada (f) | 入り口 | iriguchi |
| pavilhão (m), salão (f) | 展示館 | tenji kan |
| inscrever (vt) | 登録する | tōroku suru |
| crachá (m) | 名札 | nafuda |
| | | |
| stand (m) | 小間、ブース | koma, būsu |
| reservar (vt) | 予約する | yoyaku suru |
| | | |
| vitrine (f) | ショーケース | shōkēsu |
| lâmpada (f) | スポットライト | supottoraito |
| design (m) | デザイン | dezain |
| pôr (posicionar) | 置く | oku |
| ser colocado, -a | 置かれる | okareru |
| | | |
| distribuidor (m) | 代理店 | dairi ten |
| fornecedor (m) | 供給者 | kyōkyū sha |
| fornecer (vt) | 供給する | kyōkyū suru |
| | | |
| país (m) | 国 | kuni |
| estrangeiro (adj) | 外国の | gaikoku no |
| produto (m) | 製品 | seihin |
| associação (f) | 協会 | kyōkai |
| sala (f) de conferência | 会議場 | kaigi jō |

| | | |
|---|---|---|
| congresso (m) | 会議 | kaigi |
| concurso (m) | コンテスト | kontesuto |

| | | |
|---|---|---|
| visitante (m) | 来場者 | raijō sha |
| visitar (vt) | 見に行く | mi ni iku |
| cliente (m) | 客 | kyaku |

## 119. Media

| | | |
|---|---|---|
| jornal (m) | 新聞 | shinbun |
| revista (f) | 雑誌 | zasshi |
| imprensa (f) | 報道機関 | hōdō kikan |
| rádio (m) | ラジオ | rajio |
| estação (f) de rádio | ラジオ局 | rajio kyoku |
| televisão (f) | テレビ | terebi |

| | | |
|---|---|---|
| apresentador (m) | アンカーマン | ankāman |
| locutor (m) | ニュースキャスター | nyūsu kyasutā |
| comentarista (m) | コメンテーター | komentētā |

| | | |
|---|---|---|
| jornalista (m) | 記者 | kisha |
| correspondente (m) | 特派員 | tokuhain |
| repórter (m) fotográfico | 新聞カメラマン | shinbun kameraman |
| repórter (m) | 取材記者 | shuzai kisha |

| | | |
|---|---|---|
| redator (m) | 編集者 | henshū sha |
| redator-chefe (m) | 編集長 | henshū chō |

| | | |
|---|---|---|
| assinar a ... | 予約購読する | yoyaku kōdoku suru |
| assinatura (f) | 予約購読 | yoyaku kōdoku |
| assinante (m) | 購読者 | kōdoku sha |
| ler (vt) | 読む | yomu |
| leitor (m) | 読者 | dokusha |

| | | |
|---|---|---|
| tiragem (f) | 発行部数 | hakkō busū |
| mensal (adj) | 毎月の | maitsuki no |
| semanal (adj) | 毎週の | maishū no |
| número (jornal, revista) | 号 | gō |
| recente, novo (adj) | 最新の | saishin no |

| | | |
|---|---|---|
| manchete (f) | 大見出し | dai midashi |
| pequeno artigo (m) | 短い記事 | mijikai kiji |
| coluna (~ semanal) | 欄 | ran |
| artigo (m) | 記事 | kiji |
| página (f) | 頁 | pēji |

| | | |
|---|---|---|
| reportagem (f) | 報告 | hōkoku |
| evento (festa, etc.) | 出来事 | dekigoto |
| sensação (f) | センセーション | sensēshon |
| escândalo (m) | スキャンダル | sukyandaru |
| escandaloso (adj) | スキャンダラスな | sukyandarasu na |
| grande (adj) | 大きな | ōkina |
| programa (m) | 番組 | bangumi |
| entrevista (f) | インタビュー | intabyū |

| transmissão (f) ao vivo | 生放送 | namahōsō |
| canal (m) | チャンネル | channeru |

## 120. Agricultura

| agricultura (f) | 農業 | nōgyō |
| camponês (m) | 小作人 | kosaku jin |
| camponesa (f) | 女小作人 | jo kosaku jin |
| agricultor, fazendeiro (m) | 農業経営者 | nōgyō keiei sha |

| trator (m) | トラクター | torakutā |
| colheitadeira (f) | ハーベスター | hābesutā |

| arado (m) | プラウ | purau |
| arar (vt) | 耕す | tagayasu |
| campo (m) lavrado | 耕地 | kōchi |
| sulco (m) | 畝間 | unema |

| semear (vt) | 種をまく | tane wo maku |
| plantadeira (f) | 種まき機 | tanemaki ki |
| semeadura (f) | 種まき | tanemaki |

| foice (m) | 大鎌 | ōgama |
| cortar com foice | 大鎌で刈る | ōgama de karu |

| pá (f) | シャベル | shaberu |
| cavar (vt) | 掘る | horu |

| enxada (f) | くわ［鍬］ | kuwa |
| capinar (vt) | くわで掘る | kuwa de horu |
| erva (f) daninha | 雑草 | zassō |

| regador (m) | じょうろ | jōro |
| regar (plantas) | 水をやる | mizu wo yaru |
| rega (f) | 水やり | mizu yari |

| forquilha (f) | ピッチフォーク | picchi fōku |
| ancinho (m) | 熊手 | kumade |

| fertilizante (m) | 肥料 | hiryō |
| fertilizar (vt) | 肥やす | koyasu |
| estrume, esterco (m) | 肥やし | koyashi |

| campo (m) | 畑 | hatake |
| prado (m) | 草原 | sōgen |
| horta (f) | 菜園 | saien |
| pomar (m) | 果樹園 | kaju en |

| pastar (vt) | 放牧する | hōboku suru |
| pastor (m) | 牧夫 | bokufu |
| pastagem (f) | 牧草地 | bokusō chi |

| pecuária (f) | 牧畜 | bokuchiku |
| criação (f) de ovelhas | 牧羊 | bokuyō |

| | | |
|---|---|---|
| plantação (f) | プランテーション | purantēshon |
| canteiro (m) | 畝 | une |
| estufa (f) | ビニールハウス | binīru hausu |
| seca (f) | 干ばつ | kanbatsu |
| seco (verão ~) | 干ばつの | kanbatsu no |
| grão (m) | 穀物 | kokumotsu |
| cereais (m pl) | 禾穀類 | kakokurui |
| colher (vt) | 収穫する | shūkaku suru |
| moleiro (m) | 製粉業者 | seifun gyōsha |
| moinho (m) | 製粉所 | seifun sho |
| moer (vt) | 挽く | hiku |
| farinha (f) | 小麦粉 | komugiko |
| palha (f) | わら [藁] | wara |

## 121. Construção. Processo de construção

| | | |
|---|---|---|
| canteiro (m) de obras | 建設現場 | kensetsu genba |
| construir (vt) | 建設する | kensetsu suru |
| construtor (m) | 建設作業員 | kensetsu sagyō in |
| projeto (m) | プロジェクト | purojekuto |
| arquiteto (m) | 建築士 | kenchiku shi |
| operário (m) | 労働者 | rōdō sha |
| fundação (f) | 基礎 | kiso |
| telhado (m) | 屋根 | yane |
| estaca (f) | 基礎杭 | kiso kui |
| parede (f) | 壁 | kabe |
| colunas (f pl) de sustentação | 鉄筋 | tekkin |
| andaime (m) | 足場 | ashiba |
| concreto (m) | コンクリート | konkurīto |
| granito (m) | 花崗岩 | kakōgan |
| pedra (f) | 石 | ishi |
| tijolo (m) | 煉瓦 | renga |
| areia (f) | 砂 | suna |
| cimento (m) | セメント | semento |
| emboço, reboco (m) | しっくい | shikkui |
| emboçar, rebocar (vt) | しっくいを塗る | shikkui wo nuru |
| tinta (f) | 塗料 | toryō |
| pintar (vt) | 塗る | nuru |
| barril (m) | 樽 | taru |
| grua (f), guindaste (m) | クレーン、起重機 | kurēn, kijūki |
| erguer (vt) | 上げる | ageru |
| baixar (vt) | 下げる | sageru |
| buldózer (m) | ブルドーザー | burudōzā |
| escavadora (f) | バックホー | bakkuhō |

| caçamba (f) | バケット | baketto |
| escavar (vt) | 掘る | horu |
| capacete (m) de proteção | 安全ヘルメット | anzen herumetto |

## 122. Ciência. Investigação. Cientistas

| ciência (f) | 科学 | kagaku |
| científico (adj) | 科学の | kagaku no |
| cientista (m) | 科学者 | kagaku sha |
| teoria (f) | 理論 | riron |

| axioma (m) | 公理 | kōri |
| análise (f) | 分析 | bunseki |
| analisar (vt) | 分析する | bunseki suru |
| argumento (m) | 論拠 | ronkyo |
| substância (f) | 物質 | busshitsu |

| hipótese (f) | 仮説 | kasetsu |
| dilema (m) | ジレンマ | jirenma |
| tese (f) | 論文 | ronbun |
| dogma (m) | 定説 | teisetsu |

| doutrina (f) | 教義 | kyōgi |
| pesquisa (f) | 研究 | kenkyū |
| pesquisar (vt) | 研究する | kenkyū suru |
| testes (m pl) | 検査すること | kensa suru koto |
| laboratório (m) | 研究室 | kenkyū shitsu |

| método (m) | 方法 | hōhō |
| molécula (f) | 分子 | bunshi |
| monitoramento (m) | モニタリング | monitaringu |
| descoberta (f) | 発見 | hakken |

| postulado (m) | 仮定 | katei |
| princípio (m) | 原理 | genri |
| prognóstico (previsão) | 予想 | yosō |
| prognosticar (vt) | 予想する | yosō suru |

| síntese (f) | 合成 | gōsei |
| tendência (f) | 傾向 | keikō |
| teorema (m) | 定理 | teiri |

| ensinamentos (m pl) | 教え | oshie |
| fato (m) | 事実 | jijitsu |

| expedição (f) | 探検 | tanken |
| experiência (f) | 実験 | jikken |

| acadêmico (m) | アカデミー会員 | akademī kaīn |
| bacharel (m) | 学士 | gakushi |
| doutor (m) | 博士 | hakase |
| professor (m) associado | 准教授 | jun kyōju |
| mestrado (m) | 修士 | shūshi |
| professor (m) | 教授 | kyōju |

# Profissões e ocupações

## 123. Procura de emprego. Demissão

| | | |
|---|---|---|
| trabalho (m) | 仕事 | shigoto |
| equipe (f) | 部員 | buin |
| pessoal (m) | 従業員 | jyūgyōin |
| carreira (f) | 職歴 | shokureki |
| perspectivas (f pl) | 見通し | mitōshi |
| habilidades (f pl) | 専門技術 | senmon gijutsu |
| seleção (f) | 選考 | senkō |
| agência (f) de emprego | 職業紹介所 | shokugyō shōkai sho |
| currículo (m) | 履歴書 | rireki sho |
| entrevista (f) de emprego | 面接 | mensetsu |
| vaga (f) | 欠員 | ketsuin |
| salário (m) | 給料 | kyūryō |
| salário (m) fixo | 固定給 | kotei kyū |
| pagamento (m) | 給与 | kyūyo |
| cargo (m) | 地位 | chī |
| dever (do empregado) | 職務 | shokumu |
| gama (f) de deveres | 職務範囲 | shokumu hani |
| ocupado (adj) | 忙しい | isogashī |
| despedir, demitir (vt) | 解雇する | kaiko suru |
| demissão (f) | 解雇 | kaiko |
| desemprego (m) | 失業 | shitsugyō |
| desempregado (m) | 失業者 | shitsugyō sha |
| aposentadoria (f) | 退職 | taishoku |
| aposentar-se (vr) | 退職する | taishoku suru |

## 124. Gente de negócios

| | | |
|---|---|---|
| diretor (m) | 責任者 | sekinin sha |
| gerente (m) | 管理者 | kanri sha |
| patrão, chefe (m) | ボス | bosu |
| superior (m) | 上司 | jōshi |
| superiores (m pl) | 上司 | jōshi |
| presidente (m) | 社長 | shachō |
| chairman (m) | 会長 | kaichō |
| substituto (m) | 副部長 | fuku buchō |
| assistente (m) | 助手 | joshu |

| secretário (m) | 秘書 | hisho |
| secretário (m) pessoal | 個人秘書 | kojin hisho |

| homem (m) de negócios | ビジネスマン | bijinesuman |
| empreendedor (m) | 企業家 | kigyō ka |
| fundador (m) | 創立者 | sōritsu sha |
| fundar (vt) | 創立する | sōritsu suru |

| principiador (m) | 共同出資者 | kyōdō shusshi sha |
| parceiro, sócio (m) | パートナー | pātonā |
| acionista (m) | 株主 | kabunushi |

| milionário (m) | 百万長者 | hyakuman chōja |
| bilionário (m) | 億万長者 | okuman chōja |
| proprietário (m) | 経営者 | keieisha |
| proprietário (m) de terras | 土地所有者 | tochi shoyū sha |

| cliente (m) | クライアント | kuraianto |
| cliente (m) habitual | 常連客 | jōren kyaku |
| comprador (m) | 買い手 | kaite |
| visitante (m) | 来客 | raikyaku |

| profissional (m) | 熟練者 | jukuren sha |
| perito (m) | エキスパート | ekisupāto |
| especialista (m) | 専門家 | senmon ka |

| banqueiro (m) | 銀行家 | ginkō ka |
| corretor (m) | 仲買人 | nakagainin |

| caixa (m, f) | レジ係 | reji gakari |
| contador (m) | 会計士 | kaikeishi |
| guarda (m) | 警備員 | keibi in |

| investidor (m) | 投資者 | tōshi sha |
| devedor (m) | 債務者 | saimu sha |
| credor (m) | 債権者 | saiken sha |
| mutuário (m) | 借り主 | karinushı |

| importador (m) | 輸入業者 | yunyū gyōsha |
| exportador (m) | 輸出業者 | yushutsu gyōsha |

| produtor (m) | メーカー | mēkā |
| distribuidor (m) | 代理店 | dairi ten |
| intermediário (m) | 中間業者 | chūkan gyōsha |

| consultor (m) | コンサルタント | konsarutanto |
| representante comercial | 販売外交員 | hanbai gaikōin |
| agente (m) | 代理人 | dairinin |
| agente (m) de seguros | 保険代理人 | hoken dairinin |

## 125. Profissões de serviços

| cozinheiro (m) | 料理人 | ryōri jin |
| chefe (m) de cozinha | シェフ | shefu |

| padeiro (m) | パン職人 | pan shokunin |
| barman (m) | バーテンダー | bātendā |
| garçom (m) | ウェイター | weitā |
| garçonete (f) | ウェートレス | wĕtoresu |

| advogado (m) | 弁護士 | bengoshi |
| jurista (m) | 法律顧問 | hōritsu komon |
| notário (m) | 公証人 | kōshō nin |

| eletricista (m) | 電気工事士 | denki kōji shi |
| encanador (m) | 配管工 | haikan kō |
| carpinteiro (m) | 大工 | daiku |

| massagista (m) | マッサージ師 | massāji shi |
| massagista (f) | 女性マッサージ師 | josei massāji shi |
| médico (m) | 医者 | isha |

| taxista (m) | タクシーの運転手 | takushĭ no unten shu |
| condutor (automobilista) | 運転手 | unten shu |
| entregador (m) | 宅配業者 | takuhai gyōsha |

| camareira (f) | 客室係 | kyakushitsu gakari |
| guarda (m) | 警備員 | keibi in |
| aeromoça (f) | 客室乗務員 | kyakushitsu jōmu in |

| professor (m) | 教師 | kyōshi |
| bibliotecário (m) | 図書館員 | toshokan in |
| tradutor (m) | 翻訳者 | honyaku sha |
| intérprete (m) | 通訳者 | tsūyaku sha |
| guia (m) | ガイド | gaido |

| cabeleireiro (m) | 美容師 | biyō shi |
| carteiro (m) | 郵便配達人 | yūbin haitatsu jin |
| vendedor (m) | 店員 | tenin |

| jardineiro (m) | 庭師 | niwashi |
| criado (m) | 使用人 | shiyōnin |
| criada (f) | メイド | meido |
| empregada (f) de limpeza | 掃除婦 | sōjifu |

## 126. Profissões militares e postos

| soldado (m) raso | 二等兵 | nitōhei |
| sargento (m) | 軍曹 | gunsō |
| tenente (m) | 中尉 | chūi |
| capitão (m) | 大尉 | taĭ |

| major (m) | 少佐 | shōsa |
| coronel (m) | 大佐 | taisa |
| general (m) | 将官 | shōkan |
| marechal (m) | 元帥 | gensui |
| almirante (m) | 提督 | teitoku |
| militar (m) | 軍人 | gunjin |
| soldado (m) | 兵士 | heishi |

| | | |
|---|---|---|
| oficial (m) | 士官 | shikan |
| comandante (m) | 指揮官 | shiki kan |

| | | |
|---|---|---|
| guarda (m) de fronteira | 国境警備兵 | kokkyō keibi hei |
| operador (m) de rádio | 通信士 | tsūshin shi |
| explorador (m) | 斥候 | sekkō |
| sapador-mineiro (m) | 工兵 | kōhei |
| atirador (m) | 射手 | shashu |
| navegador (m) | 航空士 | kōkū shi |

## 127. Oficiais. Padres

| | | |
|---|---|---|
| rei (m) | 国王 | kokuō |
| rainha (f) | 女王 | joō |

| | | |
|---|---|---|
| príncipe (m) | 王子 | ōji |
| princesa (f) | 王妃 | ōhi |

| | | |
|---|---|---|
| czar (m) | ツァーリ | tsāri |
| czarina (f) | 女帝 | nyotei |

| | | |
|---|---|---|
| presidente (m) | 大統領 | daitōryō |
| ministro (m) | 長官 | chōkan |
| primeiro-ministro (m) | 首相 | shushō |
| senador (m) | 上院議員 | jōin gīn |

| | | |
|---|---|---|
| diplomata (m) | 外交官 | gaikō kan |
| cônsul (m) | 領事 | ryōji |
| embaixador (m) | 大使 | taishi |
| conselheiro (m) | 顧問 | komon |

| | | |
|---|---|---|
| funcionário (m) | 公務員 | kōmuin |
| prefeito (m) | 知事 | chiji |
| Presidente (m) da Câmara | 市長 | shichō |

| | | |
|---|---|---|
| juiz (m) | 裁判官 | saibankan |
| procurador (m) | 検察官 | kensatsukan |

| | | |
|---|---|---|
| missionário (m) | 宣教師 | senkyōshi |
| monge (m) | 修道士 | shūdō shi |
| abade (m) | 修道院長 | shūdōin chō |
| rabino (m) | ラビ | rabi |

| | | |
|---|---|---|
| vizir (m) | ワズィール | wazīru |
| xá (m) | シャー | shā |
| xeique (m) | シャイフ | shaifu |

## 128. Profissões agrícolas

| | | |
|---|---|---|
| abelheiro (m) | 養蜂家 | yōhōka |
| pastor (m) | 牛飼い | ushikai |
| agrônomo (m) | 農学者 | nōgaku sha |

| | | |
|---|---|---|
| criador (m) de gado | 牧畜業者 | bokuchiku gyōsha |
| veterinário (m) | 獣医 | jūi |
| | | |
| agricultor, fazendeiro (m) | 農業経営者 | nōgyō keiei sha |
| vinicultor (m) | ワイン生産者 | wain seisan sha |
| zoólogo (m) | 動物学者 | dōbutsu gakusha |
| vaqueiro (m) | カウボーイ | kaubōi |

## 129. Profissões artísticas

| | | |
|---|---|---|
| ator (m) | 俳優 | haiyū |
| atriz (f) | 女優 | joyū |
| | | |
| cantor (m) | 歌手 | kashu |
| cantora (f) | 歌手 | kashu |
| | | |
| bailarino (m) | ダンサー | dansā |
| bailarina (f) | ダンサー | dansā |
| | | |
| artista (m) | 芸能人 | geinōjin |
| artista (f) | 芸能人 | geinōjin |
| | | |
| músico (m) | 音楽家 | ongakuka |
| pianista (m) | ピアニスト | pianisuto |
| guitarrista (m) | ギターリスト | gitā risuto |
| | | |
| maestro (m) | 指揮者 | shiki sha |
| compositor (m) | 作曲家 | sakkyoku ka |
| empresário (m) | マネージャー | manējā |
| | | |
| diretor (m) de cinema | 映画監督 | eiga kantoku |
| produtor (m) | プロデューサー | purodyūsā |
| roteirista (m) | 台本作家 | daihon sakka |
| crítico (m) | 評論家 | hyōron ka |
| | | |
| escritor (m) | 作家 | sakka |
| poeta (m) | 詩人 | shijin |
| escultor (m) | 彫刻家 | chōkoku ka |
| pintor (m) | 画家 | gaka |
| | | |
| malabarista (m) | 手品師 | tejina shi |
| palhaço (m) | 道化師 | dōkeshi |
| acrobata (m) | 曲芸師 | kyokugei shi |
| ilusionista (m) | 手品師 | tejina shi |

## 130. Várias profissões

| | | |
|---|---|---|
| médico (m) | 医者 | isha |
| enfermeira (f) | 看護師 | kangoshi |
| psiquiatra (m) | 精神科医 | seishin kai |
| dentista (m) | 歯科医 | shikai |
| cirurgião (m) | 外科医 | gekai |

| | | |
|---|---|---|
| astronauta (m) | 宇宙飛行士 | uchū hikō shi |
| astrônomo (m) | 天文学者 | tenmongaku sha |
| piloto (m) | パイロット | pairotto |
| | | |
| motorista (m) | 運転手 | unten shu |
| maquinista (m) | 機関士 | kikan shi |
| mecânico (m) | 修理士 | shūri shi |
| | | |
| mineiro (m) | 鉱山労働者 | kōzan rōdō sha |
| operário (m) | 労働者 | rōdō sha |
| serralheiro (m) | 金工 | kinkō |
| marceneiro (m) | 家具大工 | kagu daiku |
| torneiro (m) | 旋盤工 | senban kō |
| construtor (m) | 建設作業員 | kensetsu sagyō in |
| soldador (m) | 溶接工 | yōsetsu kō |
| | | |
| professor (m) | 教授 | kyōju |
| arquiteto (m) | 建築士 | kenchiku shi |
| historiador (m) | 歴史家 | rekishi ka |
| cientista (m) | 科学者 | kagaku sha |
| físico (m) | 物理学者 | butsuri gakusha |
| químico (m) | 化学者 | kagaku sha |
| | | |
| arqueólogo (m) | 考古学者 | kōkogakusha |
| geólogo (m) | 地質学者 | chishitsu gakusha |
| pesquisador (cientista) | 研究者 | kenkyū sha |
| | | |
| babysitter, babá (f) | ベビーシッター | bebīshittā |
| professor (m) | 教育者 | kyōiku sha |
| | | |
| redator (m) | 編集者 | henshū sha |
| redator-chefe (m) | 編集長 | henshū chō |
| correspondente (m) | 特派員 | tokuhain |
| datilógrafa (f) | タイピスト | taipisuto |
| | | |
| designer (m) | デザイナー | dezainā |
| especialista (m) em informática | コンピュータ専門家 | konpyūta senmon ka |
| programador (m) | プログラマー | puroguramā |
| engenheiro (m) | 技師 | gishi |
| | | |
| marujo (m) | 水夫 | suifu |
| marinheiro (m) | 船員 | senin |
| socorrista (m) | 救助員 | kyūjo in |
| | | |
| bombeiro (m) | 消防士 | shōbō shi |
| polícia (m) | 警官 | keikan |
| guarda-noturno (m) | 警備員 | keibi in |
| detetive (m) | 探偵 | tantei |
| | | |
| funcionário (m) da alfândega | 税関吏 | zeikanri |
| guarda-costas (m) | ボディーガード | bodīgādo |
| guarda (m) prisional | 刑務官 | keimu kan |
| inspetor (m) | 検査官 | kensakan |
| esportista (m) | スポーツマン | supōtsuman |
| treinador (m) | トレーナー | torēnā |

| | | |
|---|---|---|
| açougueiro (m) | 肉屋 | nikuya |
| sapateiro (m) | 靴修理屋 | kutsu shūri ya |
| comerciante (m) | 商人 | shōnin |
| carregador (m) | 荷役作業員 | niyakusa gyōin |
| | | |
| estilista (m) | ファッションデザイナー | fasshon dezainā |
| modelo (f) | モデル | moderu |

## 131. Ocupações. Estatuto social

| | | |
|---|---|---|
| estudante (~ de escola) | 男子生徒 | danshi seito |
| estudante (~ universitária) | 学生 | gakusei |
| | | |
| filósofo (m) | 哲学者 | tetsu gakusha |
| economista (m) | 経済学者 | keizai gakusha |
| inventor (m) | 発明者 | hatsumei sha |
| | | |
| desempregado (m) | 失業者 | shitsugyō sha |
| aposentado (m) | 退職者 | taishoku sha |
| espião (m) | スパイ | supai |
| | | |
| preso, prisioneiro (m) | 囚人 | shūjin |
| grevista (m) | ストライキをする人 | sutoraiki wo suru hito |
| burocrata (m) | 官僚主義者 | kanryō shugi sha |
| viajante (m) | 旅行者 | ryokō sha |
| | | |
| homossexual (m) | 同性愛者 | dōseiai sha |
| hacker (m) | ハッカー | hakkā |
| hippie (m, f) | ヒッピー | hippī |
| | | |
| bandido (m) | 山賊 | sanzoku |
| assassino (m) | 殺し屋 | koroshi ya |
| drogado (m) | 麻薬中毒者 | mayaku chūdoku sha |
| traficante (m) | 麻薬の売人 | mayaku no bainin |
| prostituta (f) | 売春婦 | baishun fu |
| cafetão (m) | ポン引き | pon biki |
| | | |
| bruxo (m) | 魔法使い | mahōtsukai |
| bruxa (f) | 女魔法使い | jo mahōtsukai |
| pirata (m) | 海賊 | kaizoku |
| escravo (m) | 奴隷 | dorei |
| samurai (m) | 侍、武士 | samurai, bushi |
| selvagem (m) | 未開人 | mikai jin |

# Desportos

## 132. Tipos de desportos. Desportistas

| | | |
|---|---|---|
| esportista (m) | スポーツマン | supōtsuman |
| tipo (m) de esporte | スポーツの種類 | supōtsu no shurui |
| | | |
| basquete (m) | バスケットボール | basukettobōru |
| jogador (m) de basquete | バスケットボール選手 | basukettobōru senshu |
| | | |
| beisebol (m) | 野球 | yakyū |
| jogador (m) de beisebol | 野球選手 | yakyū senshu |
| | | |
| futebol (m) | サッカー | sakkā |
| jogador (m) de futebol | サッカー選手 | sakkā senshu |
| goleiro (m) | ゴールキーパー | gōrukīpā |
| | | |
| hóquei (m) | アイスホッケー | aisuhokkē |
| jogador (m) de hóquei | アイスホッケー選手 | aisuhokkē senshu |
| | | |
| vôlei (m) | バレーボール | barēbōru |
| jogador (m) de vôlei | バレーボール選手 | barēbōru senshu |
| | | |
| boxe (m) | ボクシング | bokushingu |
| boxeador (m) | ボクサー | bokusā |
| | | |
| luta (f) | レスリング | resuringu |
| lutador (m) | レスリング選手 | resuringu senshu |
| | | |
| caratê (m) | 空手 | karate |
| carateca (m) | 空手選手 | karate senshu |
| | | |
| judô (m) | 柔道 | jūdō |
| judoca (m) | 柔道選手 | jūdō senshu |
| | | |
| tênis (m) | テニス | tenisu |
| tenista (m) | テニス選手 | tenisu senshu |
| | | |
| natação (f) | 水泳 | suiei |
| nadador (m) | 水泳選手 | suiei senshu |
| | | |
| esgrima (f) | フェンシング | fenshingu |
| esgrimista (m) | フェンシング選手 | fenshingu senshu |
| | | |
| xadrez (m) | チェス | chesu |
| jogador (m) de xadrez | チェス選手 | chesu senshu |
| | | |
| alpinismo (m) | 登山 | tozan |
| alpinista (m) | 登山家 | tozan ka |
| corrida (f) | ランニング | ranningu |

| | | |
|---|---|---|
| corredor (m) | ランナー | rannā |
| atletismo (m) | 陸上競技 | rikujō kyōgi |
| atleta (m) | 陸上競技者 | rikujō kyōgi sha |
| hipismo (m) | 乗馬 | jōba |
| cavaleiro (m) | 乗馬者 | jōba sha |
| patinação (f) artística | フィギュアスケート | figyua sukēto |
| patinador (m) | フィギュアスケート選手 | figyua sukēto senshu |
| patinadora (f) | フィギュアスケート選手 | figyua sukēto senshu |
| halterofilismo (m) | 重量挙げ | jūryōage |
| halterofilista (m) | 重量挙げ選手 | jūryōage senshu |
| corrida (f) de carros | カーレース | kā rēsu |
| piloto (m) | カーレーサー | kā rēsā |
| ciclismo (m) | サイクリング | saikuringu |
| ciclista (m) | サイクリスト | saikurisuto |
| salto (m) em distância | 幅跳び | habatobi |
| salto (m) com vara | 棒高跳び | bōtakatobi |
| atleta (m) de saltos | 跳躍選手 | chōyaku senshu |

## 133. Tipos de desportos. Diversos

| | | |
|---|---|---|
| futebol (m) americano | アメリカンフットボール | amerikan futtobōru |
| badminton (m) | バドミントン | badominton |
| biatlo (m) | バイアスロン | baiasuron |
| bilhar (m) | ビリヤード | biriyādo |
| bobsled (m) | ボブスレー | bobusurē |
| musculação (f) | ボディビル | bodibiru |
| polo (m) aquático | 水球 | suikyū |
| handebol (m) | ハンドボール | handobōru |
| golfe (m) | ゴルフ | gorufu |
| remo (m) | ボートレース | bōtorēsu |
| mergulho (m) | ダイビング | daibingu |
| corrida (f) de esqui | クロスカントリースキー | kurosukantorī sukī |
| tênis (m) de mesa | 卓球 | takkyū |
| vela (f) | セーリング | sēringu |
| rali (m) | ラリー | rarī |
| rúgbi (m) | ラグビー | ragubī |
| snowboard (m) | スノーボート | sunōbōto |
| arco-e-flecha (m) | 洋弓 | yōkyū |

## 134. Ginásio

| | | |
|---|---|---|
| barra (f) | バーベル | bāberu |
| halteres (m pl) | ダンベル | danberu |

| | | |
|---|---|---|
| aparelho (m) de musculação | フィットネスマシン | fittonesu mashin |
| bicicleta (f) ergométrica | エアロバイク | earo baiku |
| esteira (f) de corrida | トレッドミル | toreddomiru |
| | | |
| barra (f) fixa | 鉄棒 | tetsubō |
| barras (f pl) paralelas | 平行棒 | heikōbō |
| cavalo (m) | 跳馬 | chōba |
| tapete (m) de ginástica | マット | matto |
| | | |
| corda (f) de saltar | 縄跳び | nawatobi |
| aeróbica (f) | エアロピクス | earobikusu |
| ioga, yoga (f) | ヨガ | yoga |

## 135. Hóquei

| | | |
|---|---|---|
| hóquei (m) | アイスホッケー | aisuhokkē |
| jogador (m) de hóquei | ホッケー選手 | hokkē senshu |
| jogar hóquei | ホッケーをする | hokkē wo suru |
| gelo (m) | アイス | aisu |
| | | |
| disco (m) | パック | pakku |
| taco (m) de hóquei | スティック | sutikku |
| patins (m pl) de gelo | スケート靴 | sukēto gutsu |
| | | |
| muro (m) | ボード | bōdo |
| tiro (m) | シュート | shūto |
| | | |
| goleiro (m) | ゴールテンダー | gōrutendā |
| gol (m) | ゴール | gōru |
| marcar um gol | ゴールする | gōru suru |
| | | |
| tempo (m) | ピリオド | piriodo |
| segundo tempo (m) | セカンドピリオド | sekando piriodo |
| banco (m) de reservas | ベンチ | benchi |

## 136. Futebol

| | | |
|---|---|---|
| futebol (m) | サッカー | sakkā |
| jogador (m) de futebol | サッカー選手 | sakkā senshu |
| jogar futebol | サッカーをする | sakkā wo suru |
| | | |
| Time (m) Principal | メジャーリーグ | mejā rīgu |
| time (m) de futebol | サッカー部 | sakkā bu |
| treinador (m) | コーチ | kōchi |
| proprietário (m) | オーナー | ōnā |
| | | |
| equipe (f) | チーム | chīmu |
| capitão (m) | チームキャプテン | chīmu kyaputen |
| jogador (m) | 選手 | senshu |
| jogador (m) reserva | 補欠 | hoketsu |
| atacante (m) | フォワード | fowādo |
| centroavante (m) | センターフォワード | sentā fowādo |

| | | |
|---|---|---|
| marcador (m) | ストライカー | sutoraikā |
| defesa (m) | バック | bakku |
| meio-campo (m) | ハーフバック | hāfu bakku |
| | | |
| jogo (m), partida (f) | 試合 | shiai |
| encontrar-se (vr) | 会う | au |
| final (m) | 決勝戦 | kesshō sen |
| semifinal (f) | 準決勝 | junkesshō |
| campeonato (m) | 選手権 | senshuken |
| | | |
| tempo (m) | ピリオド、ハーフ | piriodo, hāfu |
| primeiro tempo (m) | 第1ピリオド | dai ichi piriodo |
| intervalo (m) | ハーフタイム | hāfu taimu |
| | | |
| goleira (f) | ゴール | gōru |
| goleiro (m) | ゴールキーパー | gōrukīpā |
| trave (f) | ゴールポスト | gōru posuto |
| travessão (m) | クロスバー | kurosubā |
| rede (f) | ネット | netto |
| tomar um gol | ゴールを許す | gōru wo yurusu |
| | | |
| bola (f) | ボール | bōru |
| passe (m) | パス | pasu |
| chute (m) | キック | kikku |
| chutar (vt) | 蹴る | keru |
| pontapé (m) | フリーキック | furī kikku |
| escanteio (m) | コーナーキック | kōnā kikku |
| | | |
| ataque (m) | アタック | atakku |
| contra-ataque (m) | カウンターアタック | kauntā atakku |
| combinação (f) | コンビネーション | konbinēshon |
| | | |
| árbitro (m) | 審判員 | shinpan in |
| apitar (vi) | ホイッスルを吹く | hoissuru wo fuku |
| apito (m) | ホイッスル | hoissuru |
| falta (f) | 反則 | hansoku |
| cometer a falta | 反則する | hansoku suru |
| expulsar (vt) | 退場させる | taijō saseru |
| | | |
| cartão (m) amarelo | イエローカード | ierō kādo |
| cartão (m) vermelho | レッドカード | reddo kādo |
| desqualificação (f) | 失格 | shikkaku |
| desqualificar (vt) | 失格にする | shikkaku ni suru |
| | | |
| pênalti (m) | ペナルティキック | penaruti kikku |
| barreira (f) | 壁 | kabe |
| marcar (vt) | 得点する | tokuten suru |
| gol (m) | ゴール | gōru |
| marcar um gol | ゴールする | gōru suru |
| | | |
| substituição (f) | 交代 | kōtai |
| substituir (vt) | 交代する | kōtai suru |
| regras (f pl) | 規則 | kisoku |
| tática (f) | 戦術 | senjutsu |
| estádio (m) | スタジアム | sutajiamu |
| arquibancadas (f pl) | 観覧席 | kanranseki |

| | | |
|---|---|---|
| fã, torcedor (m) | ファン | fan |
| gritar (vi) | 叫ぶ | sakebu |
| | | |
| placar (m) | スコアボード | sukoa bōdo |
| resultado (m) | スコア | sukoa |
| | | |
| derrota (f) | 負け | make |
| perder (vt) | 負ける | makeru |
| empate (m) | 引き分け | hikiwake |
| empatar (vi) | 引き分けになる | hikiwake ni naru |
| | | |
| vitória (f) | 勝利 | shōri |
| vencer (vi, vt) | 勝つ | katsu |
| | | |
| campeão (m) | チャンピオン | chanpion |
| melhor (adj) | 最高の | saikō no |
| felicitar (vt) | 祝う | iwau |
| | | |
| comentarista (m) | 解説者 | kaisetsu sha |
| comentar (vt) | 解説をする | kaisetsu wo suru |
| transmissão (f) | 放送 | hōsō |

## 137. Esqui alpino

| | | |
|---|---|---|
| esqui (m) | スキー | sukī |
| esquiar (vi) | スキーをする | sukī wo suru |
| estação (f) de esqui | スキー場 | sukī jō |
| teleférico (m) | スキーリフト | sukī rifuto |
| | | |
| bastões (m pl) de esqui | スキーストック | sukī sutokku |
| declive (m) | ゲレンデ | gerende |
| slalom (m) | スラローム | surarōmu |

## 138. Tênis. Golfe

| | | |
|---|---|---|
| golfe (m) | ゴルフ | gorufu |
| clube (m) de golfe | ゴルフクラブ | gorufu kurabu |
| jogador (m) de golfe | ゴルファー | gorufā |
| | | |
| buraco (m) | ホール | hōru |
| taco (m) | クラブ | kurabu |
| trolley (m) | ゴルフバギー | gorufu bagī |
| | | |
| tênis (m) | テニス | tenisu |
| quadra (f) de tênis | コート | kōto |
| | | |
| saque (m) | サーブ | sābu |
| sacar (vi) | サーブする | sābu suru |
| | | |
| raquete (f) | ラケット | raketto |
| rede (f) | ネット | netto |
| bola (f) | ボール | bōru |

## 139. Xadrez

| | | |
|---|---|---|
| xadrez (m) | チェス | chesu |
| peças (f pl) de xadrez | チェスの駒 | chesu no koma |
| jogador (m) de xadrez | チェス選手 | chesu senshu |
| tabuleiro (m) de xadrez | チェス盤 | chesu ban |
| peça (f) | チェスの駒 | chesu no koma |
| | | |
| brancas (f pl) | 白駒 | shirokoma |
| pretas (f pl) | 黒駒 | kurokoma |
| | | |
| peão (m) | ポーン | pōn |
| bispo (m) | ビショップ | bishoppu |
| cavalo (m) | ナイト | naito |
| torre (f) | ルーク | rūku |
| dama (f) | クイーン | kuīn |
| rei (m) | キング | kingu |
| | | |
| vez (f) | 指し手 | sashite |
| mover (vt) | 動かす | ugokasu |
| sacrificar (vt) | 捨て駒にする | sute goma ni suru |
| roque (m) | キャスリング | kyasuringu |
| xeque (m) | 王手 | ōte |
| xeque-mate (m) | 王手詰み | ōte tsumi |
| | | |
| torneio (m) de xadrez | チェストーナメント | chesu tōnamento |
| grão-mestre (m) | グランドマスター | gurando masutā |
| combinação (f) | コンビネーション | konbinēshon |
| partida (f) | ゲーム | gēmu |
| jogo (m) de damas | チェッカー | chekkā |

## 140. Boxe

| | | |
|---|---|---|
| boxe (m) | ボクシング | bokushingu |
| combate (m) | ファイト | faito |
| luta (f) de boxe | ボクシングの試合 | bokushingu no shiai |
| round (m) | ラウンド | raundo |
| | | |
| ringue (m) | リング | ringu |
| gongo (m) | ゴング | gongu |
| | | |
| murro, soco (m) | パンチ | panchi |
| derrubada (f) | ノックダウン | nokkudaun |
| | | |
| nocaute (m) | ノックアウト | nokkuauto |
| nocautear (vt) | ノックアウトする | nokkuauto suru |
| | | |
| luva (f) de boxe | ボクシンググローブ | bokushingu gurōbu |
| juiz (m) | レフェリー | referī |
| | | |
| peso-pena (m) | ライト級 | raito kyū |
| peso-médio (m) | ミドル級 | midoru kyū |
| peso-pesado (m) | ヘビー級 | hebī kyū |

## 141. Desportos. Diversos

| | | |
|---|---|---|
| Jogos (m pl) Olímpicos | オリンピック | orinpikku |
| vencedor (m) | 勝利者 | shōri sha |
| vencer (vi) | 勝利する | shōri suru |
| vencer (vi, vt) | 勝つ | katsu |
| | | |
| líder (m) | リーダー | rīdā |
| liderar (vt) | リードする | rīdo suru |
| | | |
| primeiro lugar (m) | 一位 | ichi i |
| segundo lugar (m) | 二位 | ni i |
| terceiro lugar (m) | 三位 | san i |
| | | |
| medalha (f) | メダル | medaru |
| troféu (m) | トロフィー | torofī |
| taça (f) | 賞杯 | shōhai |
| prêmio (m) | 賞 | shō |
| prêmio (m) principal | 一等賞 | ittō shō |
| | | |
| recorde (m) | 記録 | kiroku |
| estabelecer um recorde | 記録を打ち立てる | kiroku wo uchitateru |
| | | |
| final (m) | 決勝戦 | kesshō sen |
| final (adj) | 決勝の | kesshō no |
| | | |
| campeão (m) | チャンピオン | chanpion |
| campeonato (m) | 選手権 | senshuken |
| | | |
| estádio (m) | スタジアム | sutajiamu |
| arquibancadas (f pl) | 観覧席 | kanranseki |
| fã, torcedor (m) | ファン | fan |
| adversário (m) | 競争相手 | kyōsō aite |
| | | |
| partida (f) | スタート | sutāto |
| linha (f) de chegada | ゴール | gōru |
| | | |
| derrota (f) | 負け | make |
| perder (vt) | 負ける | makeru |
| | | |
| árbitro, juiz (m) | レフェリー | referī |
| júri (m) | 審判団 | shinpan dan |
| resultado (m) | スコア | sukoa |
| empate (m) | 引き分け | hikiwake |
| empatar (vi) | 引き分けになる | hikiwake ni naru |
| ponto (m) | 点 | ten |
| resultado (m) final | 得点 | tokuten |
| | | |
| tempo (m) | ピリオド | piriodo |
| intervalo (m) | ハーフタイム | hāfu taimu |
| doping (m) | ドーピング | dōpingu |
| penalizar (vt) | ペナルティーを与える | penarutī wo ataeru |
| desqualificar (vt) | 失格にする | shikkaku ni suru |
| aparelho, aparato (m) | 器具 | kigu |
| dardo (m) | やり [槍] | yari |

| peso (m) | 砲丸 | hōgan |
| bola (f) | ボール | bōru |

| alvo, objetivo (m) | 的 | mato |
| alvo (~ de papel) | 標的 | hyōteki |
| disparar, atirar (vi) | 撃つ | utsu |
| preciso (tiro ~) | 正確な | seikaku na |

| treinador (m) | トレーナー | torēnā |
| treinar (vt) | トレーニングする | torēningu suru |
| treinar-se (vr) | トレーニングする | torēningu suru |
| treino (m) | トレーニング | torēningu |

| academia (f) de ginástica | 体育館 | taīkukan |
| exercício (m) | 運動 | undō |
| aquecimento (m) | ウォーミングアップ | wōminguappu |

# Educação

## 142. Escola

| | | |
|---|---|---|
| escola (f) | 学校 | gakkō |
| diretor (m) de escola | 校長 | kōchō |
| aluno (m) | 生徒 | seito |
| aluna (f) | 女生徒 | jo seito |
| estudante (m) | 男子生徒 | danshi seito |
| estudante (f) | 女子生徒 | joshi seito |
| ensinar (vt) | 教える | oshieru |
| aprender (vt) | 学ぶ | manabu |
| decorar (vt) | 暗記する | anki suru |
| estudar (vi) | 勉強する | benkyō suru |
| estar na escola | 学校に通う | gakkō ni kayō |
| ir à escola | 学校へ行く | gakkō he iku |
| alfabeto (m) | アルファベット | arufabetto |
| disciplina (f) | 科目 | kamoku |
| sala (f) de aula | 教室 | kyōshitsu |
| lição, aula (f) | レッスン | ressun |
| recreio (m) | 休み時間 | yasumi jikan |
| toque (m) | ベル | beru |
| classe (f) | 学校用机 | gakkō yō tsukue |
| quadro (m) negro | 黒板 | kokuban |
| nota (f) | 成績 | seiseki |
| boa nota (f) | 良い成績 | yoi seiseki |
| nota (f) baixa | 悪い成績 | warui seiseki |
| dar uma nota | 成績を付ける | seiseki wo tsukeru |
| erro (m) | 間違い | machigai |
| errar (vi) | 間違える | machigaeru |
| corrigir (~ um erro) | 直す | naosu |
| cola (f) | カンニングペーパー | kanningu pēpā |
| dever (m) de casa | 宿題 | shukudai |
| exercício (m) | 練習 | renshū |
| estar presente | 出席する | shusseki suru |
| estar ausente | 欠席する | kesseki suru |
| faltar às aulas | 学校を休む | gakkō wo yasumu |
| punir (vt) | 罰する | bassuru |
| punição (f) | 罰 | batsu |
| comportamento (m) | 行動 | kōdō |

| | | |
|---|---|---|
| boletim (m) escolar | 通信簿 | tsūshin bo |
| lápis (m) | 鉛筆 | enpitsu |
| borracha (f) | 消しゴム | keshigomu |
| giz (m) | チョーク | chōku |
| porta-lápis (m) | 筆箱 | fudebako |
| | | |
| mala, pasta, mochila (f) | 通学カバン | tsūgaku kaban |
| caneta (f) | ペン | pen |
| caderno (m) | ノート | nōto |
| livro (m) didático | 教科書 | kyōkasho |
| compasso (m) | コンパス | konpasu |
| | | |
| traçar (vt) | 製図する | seizu suru |
| desenho (m) técnico | 製図 | seizu |
| | | |
| poesia (f) | 詩 | shi |
| de cor | 暗記して | anki shi te |
| decorar (vt) | 暗記する | anki suru |
| | | |
| férias (f pl) | 休暇 | kyūka |
| estar de férias | 休暇中である | kyūka chū de aru |
| passar as férias | 休暇を過ごす | kyūka wo sugosu |
| | | |
| teste (m), prova (f) | 筆記試験 | hikki shiken |
| redação (f) | 論文式試験 | ronbun shiki shiken |
| ditado (m) | 書き取り | kakitori |
| exame (m), prova (f) | 試験 | shiken |
| fazer prova | 試験を受ける | shiken wo ukeru |
| experiência (~ química) | 実験 | jikken |

## 143. Colégio. Universidade

| | | |
|---|---|---|
| academia (f) | アカデミー | akademī |
| universidade (f) | 大学 | daigaku |
| faculdade (f) | 学部 | gakubu |
| | | |
| estudante (m) | 学生 | gakusei |
| estudante (f) | 学生 | gakusei |
| professor (m) | 講師 | kōshi |
| | | |
| auditório (m) | 講堂 | kōdō |
| graduado (m) | 卒業生 | sotsugyōsei |
| | | |
| diploma (m) | 卒業証書 | sotsugyō shōsho |
| tese (f) | 論文 | ronbun |
| | | |
| estudo (obra) | 研究書 | kenkyū sho |
| laboratório (m) | 研究室 | kenkyū shitsu |
| | | |
| palestra (f) | 講義 | kōgi |
| colega (m) de curso | 同級生 | dōkyūsei |
| | | |
| bolsa (f) de estudos | 奨学金 | shōgaku kin |
| grau (m) acadêmico | 学位 | gakui |

## 144. Ciências. Disciplinas

| | | |
|---|---|---|
| matemática (f) | 数学 | sūgaku |
| álgebra (f) | 代数学 | daisūgaku |
| geometria (f) | 幾何学 | kikagaku |
| | | |
| astronomia (f) | 天文学 | tenmon gaku |
| biologia (f) | 生物学 | seibutsu gaku |
| geografia (f) | 地理学 | chiri gaku |
| geologia (f) | 地質学 | chishitsu gaku |
| história (f) | 歴史 | rekishi |
| | | |
| medicina (f) | 医学 | igaku |
| pedagogia (f) | 教育学 | kyōiku gaku |
| direito (m) | 法学 | hōgaku |
| | | |
| física (f) | 物理学 | butsuri gaku |
| química (f) | 化学 | kagaku |
| filosofia (f) | 哲学 | tetsugaku |
| psicologia (f) | 心理学 | shinrigaku |

## 145. Sistema de escrita. Ortografia

| | | |
|---|---|---|
| gramática (f) | 文法 | bunpō |
| vocabulário (m) | 語彙 | goi |
| fonética (f) | 音声学 | onseigaku |
| | | |
| substantivo (m) | 名詞 | meishi |
| adjetivo (m) | 形容詞 | keiyōshi |
| verbo (m) | 動詞 | dōshi |
| advérbio (m) | 副詞 | fukushi |
| | | |
| pronome (m) | 代名詞 | daimeishi |
| interjeição (f) | 間投詞 | kantōshi |
| preposição (f) | 前置詞 | zenchishi |
| | | |
| raiz (f) | 語根 | gokon |
| terminação (f) | 語尾 | gobi |
| prefixo (m) | 接頭辞 | settō ji |
| sílaba (f) | 音節 | onsetsu |
| sufixo (m) | 接尾辞 | setsubi ji |
| | | |
| acento (m) | キョウセイ [強勢] | kyōsei |
| apóstrofo (f) | アポストロフィー | aposutorofī |
| | | |
| ponto (m) | 句点 | kuten |
| vírgula (f) | コンマ | konma |
| ponto e vírgula (m) | セミコロン | semikoron |
| dois pontos (m pl) | コロン | koron |
| reticências (f pl) | 省略 | shōrya ku |
| | | |
| ponto (m) de interrogação | 疑問符 | gimon fu |
| ponto (m) de exclamação | 感嘆符 | kantan fu |

| | | |
|---|---|---|
| aspas (f pl) | 引用符 | inyō fu |
| entre aspas | 引用符内 | inyō fu nai |
| parênteses (m pl) | ガッコ（括弧） | gakko |
| entre parênteses | ガッコ内（括弧内） | kakko nai |

| | | |
|---|---|---|
| hífen (m) | ハイフン | haifun |
| travessão (m) | ダッシュ | dasshu |
| espaço (m) | スペース | supēsu |

| | | |
|---|---|---|
| letra (f) | 文字 | moji |
| letra (f) maiúscula | 大文字 | daimonji |

| | | |
|---|---|---|
| vogal (f) | 母音 | boin |
| consoante (f) | 子音 | shīn |

| | | |
|---|---|---|
| frase (f) | 文 | bun |
| sujeito (m) | 主語 | shugo |
| predicado (m) | 述語 | jutsugo |

| | | |
|---|---|---|
| linha (f) | 行 | gyō |
| em uma nova linha | 新しい行で | atarashī gyō de |
| parágrafo (m) | 段落 | danraku |

| | | |
|---|---|---|
| palavra (f) | 単語 | tango |
| grupo (m) de palavras | 語群 | gogun |
| expressão (f) | 表現 | hyōgen |
| sinônimo (m) | 同義語 | dōgigo |
| antônimo (m) | 対義語 | taigigo |

| | | |
|---|---|---|
| regra (f) | 規則 | kisoku |
| exceção (f) | 例外 | reigai |
| correto (adj) | 正しい | tadashī |

| | | |
|---|---|---|
| conjugação (f) | 活用 | katsuyō |
| declinação (f) | 語形変化 | gokei henka |
| caso (m) | 名詞格 | meishi kaku |
| pergunta (f) | 疑問文 | gimon bun |
| sublinhar (vt) | 下線を引く | kasen wo hiku |
| linha (f) pontilhada | 点線 | tensen |

## 146. Línguas estrangeiras

| | | |
|---|---|---|
| língua (f) | 言語 | gengo |
| estrangeiro (adj) | 外国の | gaikoku no |
| língua (f) estrangeira | 外国語 | gaikoku go |
| estudar (vt) | 勉強する | benkyō suru |
| aprender (vt) | 学ぶ | manabu |

| | | |
|---|---|---|
| ler (vt) | 読む | yomu |
| falar (vi) | 話す | hanasu |
| entender (vt) | 理解する | rikai suru |
| escrever (vt) | 書く | kaku |
| rapidamente | 速く | hayaku |
| devagar, lentamente | ゆっくり | yukkuri |

| | | |
|---|---|---|
| fluentemente | 流ちょうに | ryūchō ni |
| regras (f pl) | 規則 | kisoku |
| gramática (f) | 文法 | bunpō |
| vocabulário (m) | 語彙 | goi |
| fonética (f) | 音声学 | onseigaku |
| | | |
| livro (m) didático | 教科書 | kyōkasho |
| dicionário (m) | 辞書 | jisho |
| manual (m) autodidático | 独習書 | dokushū sho |
| guia (m) de conversação | 慣用表現集 | kanyō hyōgen shū |
| | | |
| fita (f) cassete | カセットテープ | kasettotēpu |
| videoteipe (m) | ビデオテープ | bideotēpu |
| CD (m) | ＣＤ（シーディー） | shīdī |
| DVD (m) | ＤＶＤ［ディーブイディー］ | dībuidī |
| | | |
| alfabeto (m) | アルファベット | arufabetto |
| soletrar (vt) | スペリングを言う | superingu wo iu |
| pronúncia (f) | 発音 | hatsuon |
| | | |
| sotaque (m) | なまり［訛り］ | namari |
| com sotaque | 訛りのある | namari no aru |
| sem sotaque | 訛りのない | namari no nai |
| | | |
| palavra (f) | 単語 | tango |
| sentido (m) | 意味 | imi |
| | | |
| curso (m) | 講座 | kōza |
| inscrever-se (vr) | 申し込む | mōshikomu |
| professor (m) | 先生 | sensei |
| | | |
| tradução (processo) | 翻訳 | honyaku |
| tradução (texto) | 訳文 | yakubun |
| tradutor (m) | 翻訳者 | honyaku sha |
| Intérprote (m) | 通訳者 | tsūyaku sha |
| | | |
| poliglota (m) | ポリグロット | porigurotto |
| memória (f) | 記憶 | kioku |

## 147. Personagens de contos de fadas

| | | |
|---|---|---|
| Papai Noel (m) | サンタクロース | santa kurōsu |
| Cinderela (f) | シンデレラ | shinderera |
| sereia (f) | 人魚 | ningyo |
| Netuno (m) | ネプチューン | nepuchun |
| | | |
| bruxo, feiticeiro (m) | 魔法使い | mahōtsukai |
| fada (f) | 妖精 | yōsei |
| mágico (adj) | 魔法の | mahō no |
| varinha (f) mágica | 魔法の杖 | mahō no tsue |
| | | |
| conto (m) de fadas | 童話 | dōwa |
| milagre (m) | 奇跡 | kiseki |
| anão (m) | 小人 | kodomo |

| transformar-se em ... | 変身する | henshin suru |
| fantasma (m) | 幻影 | genei |
| fantasma (m) | 幽霊 | yūrei |
| monstro (m) | 怪物 | kaibutsu |
| dragão (m) | 竜 | ryū |
| gigante (m) | 巨人 | kyojin |

## 148. Signos do Zodíaco

| Áries (f) | おひつじ座 | o hitsuji za |
| Touro (m) | おうし座 | o ushi za |
| Gêmeos (m pl) | ふたご座 | futa go za |
| Câncer (m) | かに座 | kani za |
| Leão (m) | しし座 | shishi za |
| Virgem (f) | おとめ座 | otome za |

| Libra (f) | てんびん座 | ten bin za |
| Escorpião (m) | さそり座 | sasori za |
| Sagitário (m) | いて座 | i te za |
| Capricórnio (m) | やぎ座 | yagi za |
| Aquário (m) | みずがめ座 | mi zu game za |
| Peixes (pl) | うお座 | u oza |

| caráter (m) | 性格 | seikaku |
| traços (m pl) do caráter | 性格の特徴 | seikaku no tokuchō |
| comportamento (m) | 振る舞い | furumai |
| prever a sorte | 運勢を占う | unsei wo uranau |
| adivinha (f) | 女占い師 | jo uranaishi |
| horóscopo (m) | 星占い | hoshi uranai |

# Artes

## 149. Teatro

| | | |
|---|---|---|
| teatro (m) | 劇場 | gekijō |
| ópera (f) | オペラ | opera |
| opereta (f) | オペレッタ | operetta |
| balé (m) | バレエ | barē |
| | | |
| cartaz (m) | 演劇ポスター | engeki posutā |
| companhia (f) de teatro | 劇団 | gekidan |
| turnê (f) | 巡業 | jungyō |
| estar em turnê | 巡業する | jungyō suru |
| ensaiar (vt) | リハーサルをする | rihāsaru wo suru |
| ensaio (m) | リハーサル | rihāsaru |
| repertório (m) | レパートリー | repātorī |
| | | |
| apresentação (f) | 演技 | engi |
| espetáculo (m) | 芝居 | shibai |
| peça (f) | 演劇 | engeki |
| | | |
| entrada (m) | 入場券 | nyūjō ken |
| bilheteira (f) | チケット売り場 | chiketto uriba |
| hall (m) | ロビー | robī |
| vestiário (m) | クロークルーム | kurōku rūmu |
| senha (f) numerada | クローク札 | kurōku satsu |
| binóculo (m) | 双眼鏡 | sōgankyō |
| lanterninha (m) | 案内係 | annai gakari |
| | | |
| platela (t) | オーケストラ席 | ōkesutora seki |
| balcão (m) | 桟敷席 | sajiki seki |
| primeiro balcão (m) | ドレスサークル | doresu sākuru |
| camarote (m) | ボックス席 | bokkusu seki |
| fila (f) | 列 | retsu |
| assento (m) | 座席 | zaseki |
| | | |
| público (m) | 観客 | kankyaku |
| espectador (m) | 見る人 | miru hito |
| aplaudir (vt) | 拍手する | hakushu suru |
| aplauso (m) | 拍手 | hakushu |
| ovação (f) | 大喝采 | dai kassai |
| | | |
| palco (m) | 舞台 | butai |
| cortina (f) | 幕 | maku |
| cenário (m) | 舞台装置 | butai sōchi |
| bastidores (m pl) | 舞台裏 | butaiura |
| | | |
| cena (f) | 場 | ba |
| ato (m) | 幕 | maku |
| intervalo (m) | 幕間 | makuai |

## 150. Cinema

| | | |
|---|---|---|
| ator (m) | 俳優 | haiyū |
| atriz (f) | 女優 | joyū |
| | | |
| cinema (m) | 映画 | eiga |
| filme (m) | 映画 | eiga |
| episódio (m) | エピソード | episōdo |
| | | |
| filme (m) policial | 探偵 | tantei |
| filme (m) de ação | アクション映画 | akushon eiga |
| filme (m) de aventuras | 冒険映画 | bōken eiga |
| filme (m) de ficção científica | SF映画 | esuefu eiga |
| filme (m) de horror | ホラー映画 | horā eiga |
| | | |
| comédia (f) | コメディ映画 | komedi eiga |
| melodrama (m) | メロドラマ | merodorama |
| drama (m) | ドラマ | dorama |
| | | |
| filme (m) de ficção | 劇映画 | gekieiga |
| documentário (m) | ドキュメンタリー | dokyumentarī |
| desenho (m) animado | アニメ | anime |
| cinema (m) mudo | サイレント映画 | sairento eiga |
| | | |
| papel (m) | 役 | yaku |
| papel (m) principal | 主役 | shuyaku |
| representar (vt) | 演じる | enjiru |
| | | |
| estrela (f) de cinema | 映画スター | eiga sutā |
| conhecido (adj) | 有名な | yūmei na |
| famoso (adj) | 著名な | chomei na |
| popular (adj) | 人気の | ninki no |
| | | |
| roteiro (m) | 台本 | daihon |
| roteirista (m) | 台本作家 | daihon sakka |
| diretor (m) de cinema | 映画監督 | eiga kantoku |
| produtor (m) | プロデューサー | purodyūsā |
| assistente (m) | アシスタント | ashisutanto |
| diretor (m) de fotografia | カメラマン | kameraman |
| dublê (m) | スタントマン | sutantoman |
| dublê (m) de corpo | 代役 | daiyaku |
| | | |
| filmar (vt) | 映画を撮る | eiga wo toru |
| audição (f) | 審査 | shinsa |
| filmagem (f) | 撮影 | satsuei |
| equipe (f) de filmagem | 映画製作班 | eiga seisaku han |
| set (m) de filmagem | 映画のセット | eiga no setto |
| câmera (f) | カメラ | kamera |
| | | |
| cinema (m) | 映画館 | eiga kan |
| tela (f) | スクリーン | sukurīn |
| exibir um filme | 映画を上映する | eiga wo jōei suru |
| | | |
| trilha (f) sonora | サウンドトラック | saundotorakku |
| efeitos (m pl) especiais | 特撮 | tokusatsu |

| legendas (f pl) | 字幕 | jimaku |
| crédito (m) | クレジット | kurejitto |
| tradução (f) | 訳 | yaku |

## 151. Pintura

| arte (f) | 美術 | bijutsu |
| belas-artes (f pl) | 芸術 | geijutsu |
| galeria (f) de arte | 画廊 | garō |
| exibição (f) de arte | 美術展 | bijutsu ten |

| pintura (f) | 絵画 | kaiga |
| arte (f) gráfica | グラフィックアート | gurafikku āto |
| arte (f) abstrata | 抽象美術 | chūshō bijutsu |
| impressionismo (m) | 印象派 | inshōha |

| pintura (f), quadro (m) | 絵画 | kaiga |
| desenho (m) | 絵 | e |
| cartaz, pôster (m) | ポスター | posutā |

| ilustração (f) | 挿絵 | sashie |
| miniatura (f) | 細密画 | saimitsu ga |
| cópia (f) | 複写 | fukusha |
| reprodução (f) | 複製画 | fukusei ga |

| mosaico (m) | モザイク | mozaiku |
| vitral (m) | ステンドグラス | sutendo gurasu |
| afresco (m) | フレスコ画 | furesuko ga |
| gravura (f) | 版画 | hanga |

| busto (m) | 胸像 | kyōzō |
| escultura (f) | 彫刻 | chōkoku |
| estátua (f) | 彫像 | chōzō |
| gesso (m) | 石膏 | sekkō |
| em gesso (adj) | 石膏の | sekkō no |

| retrato (m) | 肖像画 | shōzō ga |
| autorretrato (m) | 自画像 | jigazō |
| paisagem (f) | 風景画 | fūkei ga |
| natureza (f) morta | 静物画 | seibutsu ga |
| caricatura (f) | カリカチュア | karikachua |
| esboço (m) | スケッチ | sukecchi |

| tinta (f) | 絵具 | enogu |
| aquarela (f) | 水彩絵具 | suisai enogu |
| tinta (f) a óleo | 油絵具 | abura enogu |
| lápis (m) | 鉛筆 | enpitsu |
| tinta (f) nanquim | 墨 | sumi |
| carvão (m) | 木炭 | mokutan |

| desenhar (vt) | 描く | egaku |
| pintar (vt) | 絵の具で描く | enogu de egaku |
| posar (vi) | ポーズを取る | pōzu wo toru |
| modelo (m) | ヌードモデル | nūdo moderu |

| | | |
|---|---|---|
| modelo (f) | ヌードモデル | nūdo moderu |
| pintor (m) | 画家 | gaka |
| obra (f) | 美術品 | bijutsu hin |
| obra-prima (f) | 傑作 | kessaku |
| estúdio (m) | 画家のアトリエ | gaka no atorie |
| tela (f) | 画布 | gafu |
| cavalete (m) | イーゼル | īzeru |
| paleta (f) | パレット | paretto |
| moldura (f) | 額縁 | gakubuchi |
| restauração (f) | 修復 | shūfuku |
| restaurar (vt) | 修復する | shūfuku suru |

## 152. Literatura & Poesia

| | | |
|---|---|---|
| literatura (f) | 文学 | bungaku |
| autor (m) | 著者 | chosha |
| pseudônimo (m) | 仮名 | kamei |
| livro (m) | 本 | hon |
| volume (m) | 巻 | kan |
| índice (m) | 目次 | mokuji |
| página (f) | 頁 | pēji |
| protagonista (m) | 主人公 | shujinkō |
| autógrafo (m) | サイン | sain |
| conto (m) | 短編小説 | tanpen shōsetsu |
| novela (f) | 中編小説 | chūhen shōsetsu |
| romance (m) | 小説 | shōsetsu |
| obra (f) | 作品 | sakuhin |
| fábula (m) | 寓話 | gūwa |
| romance (m) policial | 探偵小説 | tantei shōsetsu |
| verso (m) | 詩 | shi |
| poesia (f) | 詩 | shi |
| poema (m) | 叙事詩 | jojishi |
| poeta (m) | 詩人 | shijin |
| ficção (f) | フィクション | fikushon |
| ficção (f) científica | サイエンスフィクション | saiensu fikushon |
| aventuras (f pl) | 冒険 | bōken |
| literatura (f) didática | 教材 | kyōzai |
| literatura (f) infantil | 児童文学 | jidō bungaku |

## 153. Circo

| | | |
|---|---|---|
| circo (m) | サーカス | sākasu |
| circo (m) ambulante | 大サーカス | dai sākasu |
| programa (m) | プログラム | puroguramu |
| apresentação (f) | 演技 | engi |
| número (m) | ショー | shō |

| picadeiro (f) | サーカスのリング | sākasu no ringu |
| pantomima (f) | パントマイム | pantomaimu |
| palhaço (m) | 道化師 | dōkeshi |

| acrobata (m) | 曲芸師 | kyokugei shi |
| acrobacia (f) | 曲芸 | kyokugei |
| ginasta (m) | 空中ブランコ乗り | kūchū buranko nori |
| ginástica (f) | 空中ブランコの曲芸 | kūchū buranko no kyokugei |
| salto (m) mortal | 宙返り | chūgaeri |

| homem (m) forte | 怪力男 | kairiki otoko |
| domador (m) | 猛獣使い | mōjū zukai |
| cavaleiro (m) equilibrista | 乗り手 | norite |
| assistente (m) | アシスタント | ashisutanto |

| truque (m) | 妙技 | myōgi |
| truque (m) de mágica | 手品 | tejina |
| ilusionista (m) | 手品師 | tejina shi |

| malabarista (m) | ジャグリングをする人 | jaguringu wo suru hito |
| fazer malabarismos | ジャグリングする | jaguringu suru |
| adestrador (m) | アニマルトレーナー | animaru torēnā |
| adestramento (m) | 動物の調教 | dōbutsu no chōkyō |
| adestrar (vt) | 調教する | chōkyō suru |

## 154. Música. Música popular

| música (f) | 音楽 | ongaku |
| músico (m) | 音楽家 | ongakuka |
| instrumento (m) musical | 楽器 | gakki |
| tocar ... | 演奏する | ensō suru |

| guitarra (f) | ギター | gitā |
| violino (m) | バイオリン | baiorin |
| violoncelo (m) | チェロ | chero |
| contrabaixo (m) | コントラバス | kontorabasu |
| harpa (f) | ハープ | hāpu |

| piano (m) | ピアノ | piano |
| piano (m) de cauda | グランドピアノ | gurando piano |
| órgão (m) | オルガン | orugan |

| instrumentos (m pl) de sopro | 管楽器 | kangakki |
| oboé (m) | オーボエ | ōboe |
| saxofone (m) | サクソフォーン | sakusofōn |
| clarinete (m) | クラリネット | kurarinetto |
| flauta (f) | フルート | furūto |
| trompete (m) | トランペット | toranpetto |

| acordeão (m) | アコーディオン | akōdion |
| tambor (m) | ドラム | doramu |

| dueto (m) | 二重奏 | nijūsō |
| trio (m) | 三重奏 | sanjūsō |

| | | |
|---|---|---|
| quarteto (m) | 四重奏 | shijūsō |
| coro (m) | 合唱団 | gasshō dan |
| orquestra (f) | 管弦楽団 | kangengaku dan |
| | | |
| música (f) pop | ポップミュージック | poppu myūjikku |
| música (f) rock | ロックミュージック | rokku myūjikku |
| grupo (m) de rock | ロックバンド | rokku bando |
| jazz (m) | ジャズ | jazu |
| | | |
| ídolo (m) | アイドル | aidoru |
| fã, admirador (m) | ファン | fan |
| | | |
| concerto (m) | コンサート | konsāto |
| sinfonia (f) | 交響曲 | kōkyō kyoku |
| composição (f) | 作曲 | sakkyoku |
| compor (vt) | 書く | kaku |
| | | |
| canto (m) | 歌うこと | utau koto |
| canção (f) | 歌 | uta |
| melodia (f) | メロディー | merodī |
| ritmo (m) | リズム | rizumu |
| blues (m) | ブルース | burūsu |
| | | |
| notas (f pl) | 楽譜 | gakufu |
| batuta (f) | 指揮棒 | shikibō |
| arco (m) | 弓 | yumi |
| corda (f) | げん | gen |
| estojo (m) | ケース | kēsu |

# Descanso. Entretenimento. Viagens

## 155. Viagens

| | | |
|---|---|---|
| turismo (m) | 観光 | kankō |
| turista (m) | 観光客 | kankō kyaku |
| viagem (f) | 旅行 | ryokō |
| aventura (f) | 冒険 | bōken |
| percurso (curta viagem) | 旅 | tabi |
| férias (f pl) | 休暇 | kyūka |
| estar de férias | 休暇中です | kyūka chū desu |
| descanso (m) | 休み | yasumi |
| trem (m) | 列車 | ressha |
| de trem (chegar ~) | 列車で | ressha de |
| avião (m) | 航空機 | kōkūki |
| de avião | 飛行機で | hikōki de |
| de carro | 車で | kuruma de |
| de navio | 船で | fune de |
| bagagem (f) | 荷物 | nimotsu |
| mala (f) | スーツケース | sūtsukēsu |
| carrinho (m) | 荷物カート | nimotsu kāto |
| passaporte (m) | パスポート | pasupōto |
| visto (m) | ビザ | biza |
| passagem (f) | 乗車券 | jōsha ken |
| passagem (f) aérea | 航空券 | kōkū ken |
| guia (m) de viagem | ガイドブック | gaido bukku |
| mapa (m) | 地図 | chizu |
| área (f) | 地域 | chīki |
| lugar (m) | 場所 | basho |
| exotismo (m) | エキゾチック | ekizochikku |
| exótico (adj) | エキゾチックな | ekizochikku na |
| surpreendente (adj) | 驚くべき | odoroku beki |
| grupo (m) | 団 | dan |
| excursão (f) | 小旅行 | shō ryokō |
| guia (m) | ツアーガイド | tuā gaido |

## 156. Hotel

| | | |
|---|---|---|
| hotel (m) | ホテル | hoteru |
| motel (m) | モーテル | mō teru |
| três estrelas | 三つ星 | mitsu boshi |

| cinco estrelas | 五つ星 | itsutsu boshi |
| ficar (vi, vt) | 泊まる | tomaru |

| quarto (m) | 部屋、ルーム | heya, rūmu |
| quarto (m) individual | シングルルーム | shinguru rūmu |
| quarto (m) duplo | ダブルルーム | daburu rūmu |
| reservar um quarto | 部屋を予約する | heya wo yoyaku suru |

| meia pensão (f) | ハーフボード | hāfu bōdo |
| pensão (f) completa | フルボード | furu bōdo |

| com banheira | 浴槽付きの | yokusō tsuki no |
| com chuveiro | シャワー付きの | shawā tsuki no |
| televisão (m) por satélite | 衛星テレビ | eisei terebi |
| ar (m) condicionado | エアコン | eakon |
| toalha (f) | タオル | taoru |
| chave (f) | 健 | kagi |

| administrador (m) | 管理人 | kanri jin |
| camareira (f) | 客室係 | kyakushitsu gakari |
| bagageiro (m) | ベルボーイ | beru bōi |
| porteiro (m) | ドアマン | doa man |

| restaurante (m) | レストラン | resutoran |
| bar (m) | パブ、バー | pabu, bā |
| café (m) da manhã | 朝食 | chōshoku |
| jantar (m) | 夕食 | yūshoku |
| bufê (m) | ビュッフェ | byuffe |

| saguão (m) | ロビー | robī |
| elevador (m) | エレベーター | erebētā |

| NÃO PERTURBE | 起こさないで下さい | okosa nai de kudasai |
| PROIBIDO FUMAR! | 禁煙 | kinen |

## 157. Livros. Leitura

| livro (m) | 本 | hon |
| autor (m) | 著者 | chosha |
| escritor (m) | 作家 | sakka |
| escrever (~ um livro) | 執筆する | shippitsu suru |

| leitor (m) | 読者 | dokusha |
| ler (vt) | 読む | yomu |
| leitura (f) | 読書 | dokusho |

| para si | 黙って | damatte |
| em voz alta | 声に出して | koe ni dashi te |

| publicar (vt) | 出版する | shuppan suru |
| publicação (f) | 出版業 | shuppan gyō |
| editor (m) | 発行者 | hakkō sha |
| editora (f) | 出版社 | shuppan sha |
| sair (vi) | 出版される | shuppan sareru |

| lançamento (m) | 発売、公開 | hatsubai, kōkai |
| tiragem (f) | 発行部数 | hakkō busū |

| livraria (f) | 本屋 | honya |
| biblioteca (f) | 図書館 | toshokan |

| novela (f) | 中編小説 | chūhen shōsetsu |
| conto (m) | 短編小説 | tanpen shōsetsu |
| romance (m) | 小説 | shōsetsu |
| romance (m) policial | 探偵小説 | tantei shōsetsu |

| memórias (f pl) | 回想録 | kaisō roku |
| lenda (f) | 伝説 | densetsu |
| mito (m) | 神話 | shinwa |

| poesia (f) | 詩 | shi |
| autobiografia (f) | 自伝 | jiden |
| obras (f pl) escolhidas | 選集 | senshū |
| ficção (f) científica | サイエンスフィクション | saiensu fikushon |

| título (m) | 題名 | daimei |
| introdução (f) | 前書き | maegaki |
| folha (f) de rosto | 表題紙 | hyōdai shi |

| capítulo (m) | 章 | shō |
| excerto (m) | 抜粋 | bassui |
| episódio (m) | 挿話 | sōwa |

| enredo (m) | 筋 | suji |
| conteúdo (m) | 目次 | mokuji |
| índice (m) | 目次 | mokuji |
| protagonista (m) | 主人公 | shujinkō |

| volume (m) | 巻 | kan |
| capa (f) | 表紙 | hyōshi |
| encadernação (f) | 装丁 | sōtei |
| marcador (m) de página | しおり | shiori |

| página (f) | 頁 | pēji |
| folhear (vt) | パラパラとめくる | parapara to mekuru |
| margem (f) | 余白 | yohaku |
| anotação (f) | 注釈 | chūshaku |
| nota (f) de rodapé | 脚注 | kyakuchū |

| texto (m) | 文章 | bunshō |
| fonte (f) | フォント | fonto |
| falha (f) de impressão | タイプミス | taipu misu |

| tradução (f) | 翻訳 | honyaku |
| traduzir (vt) | 翻訳する | honyaku suru |
| original (m) | 原作 | gensaku |

| famoso (adj) | 有名な | yūmei na |
| desconhecido (adj) | 無名の | mumei no |
| interessante (adj) | 面白い | omoshiroi |
| best-seller (m) | ベストセラー | besutoserā |

| dicionário (m) | 辞書 | jisho |
| livro (m) didático | 教科書 | kyōkasho |
| enciclopédia (f) | 百科事典 | hyakka jiten |

## 158. Caça. Pesca

| caça (f) | 狩り | kari |
| caçar (vi) | 狩る | karu |
| caçador (m) | 狩人 | karyūdo |

| disparar, atirar (vi) | 撃つ | utsu |
| rifle (m) | ライフル | raifuru |
| cartucho (m) | 実包 | jippō |
| chumbo (m) de caça | 散弾 | sandan |

| armadilha (f) | 罠 | wana |
| armadilha (com corda) | 罠網 | wana mō |
| cair na armadilha | 罠にかかる | wana ni kakaru |
| pôr a armadilha | 罠を掛ける | wana wo kakeru |

| caçador (m) furtivo | 密漁者 | mitsuryō sha |
| caça (animais) | ジビエ | jibie |
| cão (m) de caça | 猟犬 | ryōken |
| safári (m) | サファリ | safari |
| animal (m) empalhado | 動物の剥製 | dōbutsu no hakusei |

| pescador (m) | 漁師 | ryōshi |
| pesca (f) | 釣り | tsuri |
| pescar (vt) | 魚釣りをする | sakanatsuri wo suru |

| vara (f) de pesca | 釣り竿 | tsurizao |
| linha (f) de pesca | 釣り糸 | tsurīto |
| anzol (m) | 釣り針 | tsuribari |

| boia (f), flutuador (m) | 浮き | uki |
| isca (f) | 餌 | esa |

| lançar a linha | 釣り糸をたれる | tsurīto wo tareru |
| morder (peixe) | 食いつく | kuitsuku |

| pesca (f) | 釣果 | chōka |
| buraco (m) no gelo | 氷の穴 | kōri no ana |

| rede (f) | 漁網 | gyomō |
| barco (m) | ボート | bōto |

| pescar com rede | 網で捕らえる | ami de toraeru |
| lançar a rede | 投網を打つ | nageami wo utsu |
| puxar a rede | 網を手繰り寄せる | ami wo taguriyoseru |
| cair na rede | 網にかかる | ami ni kakaru |

| baleeiro (m) | 捕鯨者 | hogei sha |
| baleeira (f) | 捕鯨船 | hogei sen |
| arpão (m) | 銛 | mori |

## 159. Jogos. Bilhar

| | | |
|---|---|---|
| bilhar (m) | ビリヤード | biriyādo |
| sala (f) de bilhar | ビリヤード場 | biriyādo jō |
| bola (f) de bilhar | 球 | kyū |
| embolsar uma bola | 球を入れる | tama wo ireru |
| taco (m) | キュー | kyū |
| caçapa (f) | ポケット | poketto |

## 160. Jogos. Jogar cartas

| | | |
|---|---|---|
| ouros (m pl) | ダイヤ | daiya |
| espadas (f pl) | スペード | supēdo |
| copas (f pl) | ハート | hāto |
| paus (m pl) | クラブ | kurabu |
| ás (m) | エース | ēsu |
| rei (m) | 王 | ō |
| dama (f), rainha (f) | クイーン | kuīn |
| valete (m) | ジャック | jakku |
| carta (f) de jogar | トランプ | toranpu |
| cartas (f pl) | トランプ | toranpu |
| trunfo (m) | 切り札 | kirifuda |
| baralho (m) | トランプ一組 | toranpu ichi kumi |
| ponto (m) | ポイント | pointo |
| dar, distribuir (vt) | 配る | kubaru |
| embaralhar (vt) | 切る | kiru |
| vez, jogada (f) | 順番 | junban |
| trapaceiro (m) | トランプ詐欺師 | toranpu sagi shi |

## 161. Casino. Roleta

| | | |
|---|---|---|
| cassino (m) | カジノ | kajino |
| roleta (f) | ルーレット | rū retto |
| aposta (f) | 賭け | kake |
| apostar (vt) | 賭ける | kakeru |
| vermelho (m) | 赤 | aka |
| preto (m) | 黒 | kuro |
| apostar no vermelho | 赤に賭ける | aka ni kakeru |
| apostar no preto | 黒に賭ける | kuro ni kakeru |
| croupier (m, f) | ディーラー | dīrā |
| girar da roleta | ルーレットを回転させる | rūretto wo kaiten saseru |
| regras (f pl) do jogo | ルール | rūru |
| ficha (f) | チップ | chippu |
| ganhar (vi, vt) | 獲得する | kakutoku suru |
| ganho (m) | 賞金 | shōkin |

| perder (dinheiro) | 失う | ushinau |
| perda (f) | 損失 | sonshitsu |

| jogador (m) | プレーヤー | purēyā |
| blackjack, vinte-e-um (m) | ブラックジャック | burakku jakku |
| jogo (m) de dados | クラップス | kurappusu |
| caça-níqueis (m) | スロットマシーン | surotto mashīn |

## 162. Descanso. Jogos. Diversos

| passear (vi) | 散歩する | sanpo suru |
| passeio (m) | 散歩 | sanpo |
| viagem (f) de carro | 車で旅 | kuruma de tabi |
| aventura (f) | 冒険 | bōken |
| piquenique (m) | ピクニック | pikunikku |

| jogo (m) | ゲーム | gēmu |
| jogador (m) | プレーヤー | purēyā |
| partida (f) | ゲーム | gēmu |

| colecionador (m) | 収集家 | shūshū ka |
| colecionar (vt) | 収集する | shūshū suru |
| coleção (f) | コレクション | korekushon |

| palavras (f pl) cruzadas | クロスワードパズル | kurosuwādo pazuru |
| hipódromo (m) | 競馬場 | keiba jō |
| discoteca (f) | ディスコ | disuko |

| sauna (f) | サウナ | sauna |
| loteria (f) | 抽選 | chūsen |

| campismo (m) | キャンピング | kyanpingu |
| acampamento (m) | キャンプ | kyanpu |
| barraca (f) | テント | tento |
| bússola (f) | コンパス | konpasu |
| campista (m) | キャンプをする人 | kyanpu wo suru hito |

| ver (vt), assistir à ... | 見る | miru |
| telespectador (m) | テレビ視聴者 | terebi shichō sha |
| programa (m) de TV | テレビ番組 | terebi bangumi |

## 163. Fotografia

| máquina (f) fotográfica | カメラ | kamera |
| foto, fotografia (f) | 写真 | shashin |

| fotógrafo (m) | 写真家 | shashin ka |
| estúdio (m) fotográfico | 写真館 | shashin kan |
| álbum (m) de fotografias | アルバム | arubamu |

| lente (f) fotográfica | レンズ | renzu |
| lente (f) teleobjetiva | 望遠レンズ | bōen renzu |

| | | |
|---|---|---|
| filtro (m) | フィルター | firutā |
| lente (f) | レンズ | renzu |

| | | |
|---|---|---|
| ótica (f) | 光学 | kōgaku |
| abertura (f) | 絞り | shibori |
| exposição (f) | 露光時間 | rokō jikan |
| visor (m) | ファインダー | faindā |

| | | |
|---|---|---|
| câmera (f) digital | デジタルカメラ | dejitaru kamera |
| tripé (m) | 三脚 | sankyaku |
| flash (m) | フラッシュ | furasshu |

| | | |
|---|---|---|
| fotografar (vt) | 撮影する | satsuei suru |
| tirar fotos | 写真をとる | shashin wo toru |
| fotografar-se (vr) | 写真を撮られる | shashin wo torareru |

| | | |
|---|---|---|
| foco (m) | ピント | pinto |
| focar (vt) | ピントを調整する | pinto wo chōsei suru |
| nítido (adj) | シャープ | shāpu |
| nitidez (f) | シャープネス | shāpu nesu |

| | | |
|---|---|---|
| contraste (m) | コントラスト | kontorasuto |
| contrastante (adj) | コントラストの | kontorasuto no |

| | | |
|---|---|---|
| retrato (m) | 写真 | shashin |
| negativo (m) | ネガ | nega |
| filme (m) | 写真フィルム | shashin firumu |
| fotograma (m) | コマ | koma |
| imprimir (vt) | 印刷する | insatsu suru |

## 164. Praia. Natação

| | | |
|---|---|---|
| praia (f) | 浜辺 | hamabe |
| areia (f) | 砂 | suna |
| deserto (adj) | 人けのない | hito ke no nai |

| | | |
|---|---|---|
| bronzeado (m) | 日焼け | hiyake |
| bronzear-se (vr) | 日焼けする | hiyake suru |
| bronzeado (adj) | 日焼けした | hiyake shi ta |
| protetor (m) solar | 日焼け止め | hiyake dome |

| | | |
|---|---|---|
| biquíni (m) | ビキニ | bikini |
| maiô (m) | 水着 | mizugi |
| calção (m) de banho | 水泳パンツ | suiei pantsu |

| | | |
|---|---|---|
| piscina (f) | プール | pūru |
| nadar (vi) | 泳ぐ | oyogu |
| chuveiro (m), ducha (f) | シャワー | shawā |
| mudar, trocar (vt) | 着替える | kigaeru |
| toalha (f) | タオル | taoru |

| | | |
|---|---|---|
| barco (m) | ボート | bōto |
| lancha (f) | モーターボート | mōtābōto |
| esqui (m) aquático | 水上スキー | mizukami sukī |

| | | |
|---|---|---|
| barco (m) de pedais | ペダルボート | pedaru bōto |
| surf, surfe (m) | サーフィン | sāfin |
| surfista (m) | サーファー | sāfā |
| | | |
| equipamento (m) de mergulho | スキューバダイビング用品 | sukyūba daibingu yōhin |
| pé (m pl) de pato | フィン | fin |
| máscara (f) | マスク | masuku |
| mergulhador (m) | ダイバー | daibā |
| mergulhar (vi) | ダイビングする | daibingu suru |
| debaixo d'água | 水中に | suichū ni |
| | | |
| guarda-sol (m) | ビーチパラソル | bīchi parasoru |
| espreguiçadeira (f) | ビーチチェア | bīchi chea |
| óculos (m pl) de sol | サングラス | sangurasu |
| colchão (m) de ar | エアーマットレス | eā mattoresu |
| | | |
| brincar (vi) | 遊ぶ | asobu |
| ir nadar | 海水浴をする | kaisuiyoku wo suru |
| | | |
| bola (f) de praia | ビーチボール | bīchi bōru |
| encher (vt) | 膨らませる | fukuramaseru |
| inflável (adj) | エア… | ea … |
| | | |
| onda (f) | 波 | nami |
| boia (f) | ブイ | bui |
| afogar-se (vr) | 溺れる | oboreru |
| | | |
| salvar (vt) | 救出する | kyūshutsu suru |
| colete (m) salva-vidas | ライフジャケット | raifu jaketto |
| observar (vt) | 監視する | kanshi suru |
| salva-vidas (pessoa) | 監視員 | kanshi in |

# EQUIPAMENTO TÉCNICO. TRANSPORTES

## Equipamento técnico. Transportes

### 165. Computador

| | | |
|---|---|---|
| computador (m) | コンピューター | konpyūtā |
| computador (m) portátil | ノートパソコン | nōto pasokon |
| | | |
| ligar (vt) | 入れる | ireru |
| desligar (vt) | 消す | kesu |
| | | |
| teclado (m) | キーボード | kībōdo |
| tecla (f) | キー | kī |
| mouse (m) | マウス | mausu |
| tapete (m) para mouse | マウスパッド | mausu paddo |
| | | |
| botão (m) | ボタン | botan |
| cursor (m) | カーソル | kāsoru |
| | | |
| monitor (m) | モニター | monitā |
| tela (f) | スクリーン | sukurīn |
| | | |
| disco (m) rígido | ハードディスク | hādo disuku |
| capacidade (f) do disco rígido | ハードディスクの容量 | hādo disuku no yōryō |
| memória (f) | メモリ | memori |
| memória RAM (f) | ランダム・アクセス・メモリ | randamu akusesu memori |
| | | |
| arquivo (m) | ファイル | fairu |
| pasta (f) | フォルダ | foruda |
| abrir (vt) | 開く | hiraku |
| fechar (vt) | 閉じる | tojiru |
| | | |
| salvar (vt) | 保存する | hozon suru |
| deletar (vt) | 削除する | sakujo suru |
| copiar (vt) | コピーする | kopī suru |
| ordenar (vt) | ソートする | sōto suru |
| copiar (vt) | 転送する | tensō suru |
| | | |
| programa (m) | プログラム | puroguramu |
| software (m) | ソフトウェア | sofutowea |
| programador (m) | プログラマ | purogurama |
| programar (vt) | プログラムを作る | puroguramu wo tsukuru |
| | | |
| hacker (m) | ハッカー | hakkā |
| senha (f) | パスワード | pasuwādo |
| vírus (m) | ウイルス | uirusu |
| detectar (vt) | 検出する | kenshutsu suru |
| byte (m) | バイト | baito |

| | | |
|---|---|---|
| megabyte (m) | メガバイト | megabaito |
| dados (m pl) | データ | dēta |
| base (f) de dados | データベース | dētabēsu |

| | | |
|---|---|---|
| cabo (m) | ケーブル | kēburu |
| desconectar (vt) | 接続を切る | setsuzoku wo kiru |
| conectar (vt) | 接続する | setsuzoku suru |

## 166. Internet. E-mail

| | | |
|---|---|---|
| internet (f) | インターネット | intānetto |
| browser (m) | ブラウザー | burauzā |
| motor (m) de busca | 検索エンジン | kensaku enjin |
| provedor (m) | プロバイダー | purobaidā |

| | | |
|---|---|---|
| webmaster (m) | ウェブマスター | webumasutā |
| website (m) | ウェブサイト | webusaito |
| web page (f) | ウェブページ | webupēji |

| | | |
|---|---|---|
| endereço (m) | アドレス | adoresu |
| livro (m) de endereços | 住所録 | jūsho roku |

| | | |
|---|---|---|
| caixa (f) de correio | メールボックス | mēru bokkusu |
| correio (m) | メール | mēru |
| cheia (caixa de correio) | いっぱい（一杯） | ippai |

| | | |
|---|---|---|
| mensagem (f) | メッセージ | messēji |
| mensagens (f pl) recebidas | 受信メッセージ | jushin messēji |
| mensagens (f pl) enviadas | 送信メッセージ | sōshin messēji |
| remetente (m) | 送信者 | sōshin sha |
| enviar (vt) | 送信する | sōshin suru |
| envio (m) | 送信 | sōshin |
| destinatário (m) | 受信者 | jushin sha |
| receber (vt) | 受信する | jushin suru |

| | | |
|---|---|---|
| correspondência (f) | やり取り | yaritori |
| corresponder-se (vr) | 連絡する | renraku suru |

| | | |
|---|---|---|
| arquivo (m) | ファイル | fairu |
| fazer download, baixar (vt) | ダウンロードする | daunrōdo suru |
| criar (vt) | 作成する | sakusei suru |
| deletar (vt) | 削除する | sakujo suru |
| deletado (adj) | 削除された | sakujo sare ta |

| | | |
|---|---|---|
| conexão (f) | 接続 | setsuzoku |
| velocidade (f) | 速度 | sokudo |
| modem (m) | モデム | modemu |
| acesso (m) | アクセス | akusesu |
| porta (f) | ポート | pōto |

| | | |
|---|---|---|
| conexão (f) | 接続 | setsuzoku |
| conectar (vi) | …に接続する | … ni setsuzoku suru |
| escolher (vt) | 選択する | sentaku suru |
| buscar (vt) | 検索する | kensaku suru |

## 167. Eletricidade

| | | |
|---|---|---|
| eletricidade (f) | 電気 | denki |
| elétrico (adj) | 電気の | denki no |
| planta (f) elétrica | 発電所 | hatsuden sho |
| energia (f) | エネルギー | enerugī |
| energia (f) elétrica | 電力 | denryoku |
| lâmpada (f) | 電球 | denkyū |
| lanterna (f) | 懐中電灯 | kaichū dentō |
| poste (m) de iluminação | 街灯 | gaitō |
| luz (f) | 電灯 | dentō |
| ligar (vt) | つける | tsukeru |
| desligar (vt) | 消す | kesu |
| apagar a luz | 電気を消す | denki wo kesu |
| queimar (vi) | 切れる | kireru |
| curto-circuito (m) | 短絡 | tanraku |
| ruptura (f) | 断線 | dansen |
| contato (m) | 接触 | sesshoku |
| interruptor (m) | スイッチ | suicchi |
| tomada (de parede) | コンセント | konsento |
| plugue (m) | プラグ | puragu |
| extensão (f) | 延長コード | enchō kōdo |
| fusível (m) | ヒューズ | hyūzu |
| fio, cabo (m) | 電線、ケーブル | densen, kēburu |
| instalação (f) elétrica | 電気配線 | denki haisen |
| ampère (m) | アンペア | anpea |
| amperagem (f) | アンペア数 | anpea sū |
| volt (m) | ボルト | boruto |
| voltagem (f) | 電圧 | denatsu |
| aparelho (m) elétrico | 電気製品 | denki seihin |
| indicador (m) | 表示器 | hyōji ki |
| eletricista (m) | 電気工事士 | denki kōji shi |
| soldar (vt) | はんだ付けする | handa tsuke suru |
| soldador (m) | 半田ごて [はんだごて] | handa gote |
| corrente (f) elétrica | 電流 | denryū |

## 168. Ferramentas

| | | |
|---|---|---|
| ferramenta (f) | 道具 | dōgu |
| ferramentas (f pl) | 工具 | kōgu |
| equipamento (m) | 機器 | kiki |
| martelo (m) | 金槌 [金づち] | kanazuchi |
| chave (f) de fenda | ドライバー | doraibā |
| machado (m) | 斧 [おの] | ono |

| | | |
|---|---|---|
| serra (f) | のこぎり | nokogiri |
| serrar (vt) | のこぎりで切る | nokogiri de kiru |
| plaina (f) | かんな | kanna |
| aplainar (vt) | かんなをかける | kanna wo kakeru |
| soldador (m) | 半田ごて［はんだごて］ | handa gote |
| soldar (vt) | はんだ付けする | handa tsuke suru |
| | | |
| lima (f) | やすり | ya suri |
| tenaz (f) | カーペンタープライヤー | kāpentā puraiyā |
| alicate (m) | ペンチ | penchi |
| formão (m) | のみ | nomi |
| | | |
| broca (f) | ドリルビット | doriru bitto |
| furadeira (f) elétrica | 電気ドリル | denki doriru |
| furar (vt) | 穴を開ける | ana wo akeru |
| | | |
| faca (f) | ナイフ | naifu |
| lâmina (f) | 刃 | ha |
| | | |
| afiado (adj) | 鋭い | surudoi |
| cego (adj) | 鈍い | nibui |
| embotar-se (vr) | 鈍る | niburu |
| afiar, amolar (vt) | 研ぐ | togu |
| | | |
| parafuso (m) | ボルト | boruto |
| porca (f) | ナット | natto |
| rosca (f) | ねじ山 | nejiyama |
| parafuso (para madeira) | 木ねじ | mokuneji |
| | | |
| prego (m) | 釘［くぎ］ | kugi |
| cabeça (f) do prego | 釘頭 | kugi atama |
| | | |
| régua (f) | 定規 | jōgi |
| fita (f) métrica | 巻き尺 | makijaku |
| nível (m) | 水準器 | suijun ki |
| lupa (f) | ルーペ | rūpe |
| | | |
| medidor (m) | 測定道具 | sokutei dōgu |
| medir (vt) | 測る | hakaru |
| escala (f) | 目盛り | memori |
| indicação (f), registro (m) | 検針値 | kenshin chi |
| | | |
| compressor (m) | コンプレッサー | konpuressā |
| microscópio (m) | 顕微鏡 | kenbikyō |
| | | |
| bomba (f) | ポンプ | ponpu |
| robô (m) | ロボット | robotto |
| laser (m) | レーザー | rēzā |
| | | |
| chave (f) de boca | スパナ | supana |
| fita (f) adesiva | 粘着テープ | nenchaku tēpu |
| cola (f) | 糊 | nori |
| | | |
| lixa (f) | 紙やすり | kami ya suri |
| mola (f) | スプリング | supuringu |
| ímã (m) | 磁石 | jishaku |

| | | |
|---|---|---|
| luva (f) | 手袋 | tebukuro |
| corda (f) | ロープ | rōpu |
| cabo (~ de nylon, etc.) | 紐 | himo |
| fio (m) | 電線 | densen |
| cabo (~ elétrico) | ケーブル | kēburu |
| | | |
| marreta (f) | 大ハンマー | dai hanmā |
| pé de cabra (m) | バール | bāru |
| escada (f) de mão | 梯子 [はしご] | hashigo |
| escada (m) | 脚立 | kyatatsu |
| | | |
| enroscar (vt) | 締める | shimeru |
| desenroscar (vt) | 緩める | yurumeru |
| apertar (vt) | 堅く締める | kataku shimeru |
| colar (vt) | 接着する | secchaku suru |
| cortar (vt) | 切る | kiru |
| | | |
| falha (f) | 故障 | koshō |
| conserto (m) | 修理 | shūri |
| consertar, reparar (vt) | 修理する | shūri suru |
| regular, ajustar (vt) | 調整する | chōsei suru |
| | | |
| verificar (vt) | 検査する | kensa suru |
| verificação (f) | 検査 | kensa |
| indicação (f), registro (m) | 検針値 | kenshin chi |
| | | |
| seguro (adj) | 信頼性の | shinrai sei no |
| complicado (adj) | 複雑な | fukuzatsu na |
| | | |
| enferrujar (vi) | さびる [錆びる] | sabiru |
| enferrujado (adj) | さびた [錆びた] | sabi ta |
| ferrugem (f) | さび [錆] | sabi |

# Transportes

## 169. Avião

| | | |
|---|---|---|
| avião (m) | 航空機 | kōkūki |
| passagem (f) aérea | 航空券 | kōkū ken |
| companhia (f) aérea | 航空会社 | kōkū gaisha |
| aeroporto (m) | 空港 | kūkō |
| supersônico (adj) | 超音速の | chō onsoku no |
| | | |
| comandante (m) do avião | 機長 | kichō |
| tripulação (f) | 乗務員 | jōmu in |
| piloto (m) | パイロット | pairotto |
| aeromoça (f) | 客室乗務員 | kyakushitsu jōmu in |
| copiloto (m) | 航空士 | kōkū shi |
| | | |
| asas (f pl) | 翼 | tsubasa |
| cauda (f) | 尾部 | o bu |
| cabine (f) | コックピット | kokkupitto |
| motor (m) | エンジン | enjin |
| trem (m) de pouso | 着陸装置 | chakuriku sōchi |
| turbina (f) | タービン | tābin |
| | | |
| hélice (f) | プロペラ | puropera |
| caixa-preta (f) | ブラックボックス | burakku bokkusu |
| coluna (f) de controle | 操縦ハンドル | sōjū handoru |
| combustível (m) | 燃料 | nenryō |
| | | |
| instruções (f pl) de segurança | 安全のしおり | anzen no shiori |
| máscara (f) de oxigênio | 酸素マスク | sanso masuku |
| uniforme (m) | 制服 | seifuku |
| | | |
| colete (m) salva-vidas | ライフジャケット | raifu jaketto |
| paraquedas (m) | 落下傘 | rakkasan |
| | | |
| decolagem (f) | 離陸 | ririku |
| descolar (vi) | 離陸する | ririku suru |
| pista (f) de decolagem | 滑走路 | kassō ro |
| | | |
| visibilidade (f) | 視程 | shitei |
| voo (m) | 飛行 | hikō |
| | | |
| altura (f) | 高度 | kōdo |
| poço (m) de ar | エアポケット | eapoketto |
| | | |
| assento (m) | 席 | seki |
| fone (m) de ouvido | ヘッドホン | heddohon |
| mesa (f) retrátil | 折りたたみ式のテーブル | oritatami shiki no tēburu |
| janela (f) | 機窓 | kisō |
| corredor (m) | 通路 | tsūro |

## 170. Comboio

| | | |
|---|---|---|
| trem (m) | 列車 | ressha |
| trem (m) elétrico | 通勤列車 | tsūkin ressha |
| trem (m) | 高速鉄道 | kōsoku tetsudō |
| locomotiva (f) diesel | ディーゼル機関車 | dīzeru kikan sha |
| locomotiva (f) a vapor | 蒸気機関車 | jōki kikan sha |
| | | |
| vagão (f) de passageiros | 客車 | kyakusha |
| vagão-restaurante (m) | 食堂車 | shokudō sha |
| | | |
| carris (m pl) | レール | rēru |
| estrada (f) de ferro | 鉄道 | tetsudō |
| travessa (f) | 枕木 | makuragi |
| | | |
| plataforma (f) | ホーム | hōmu |
| linha (f) | 線路 | senro |
| semáforo (m) | 鉄道信号機 | tetsudō shingō ki |
| estação (f) | 駅 | eki |
| | | |
| maquinista (m) | 機関士 | kikan shi |
| bagageiro (m) | ポーター | pōtā |
| hospedeiro, -a (m, f) | 車掌 | shashō |
| passageiro (m) | 乗客 | jōkyaku |
| revisor (m) | 検札係 | kensatsu gakari |
| | | |
| corredor (m) | 通路 | tsūro |
| freio (m) de emergência | 非常ブレーキ | hijō burēki |
| | | |
| compartimento (m) | コンパートメント | konpātomento |
| cama (f) | 寝台 | shindai |
| cama (f) de cima | 上段寝台 | jōdan shindai |
| cama (f) de baixo | 下段寝台 | gedan shindai |
| roupa (f) de cama | リネン | rinen |
| | | |
| passagem (f) | 乗車券 | jōsha ken |
| horário (m) | 時刻表 | jikoku hyō |
| painel (m) de informação | 発車標 | hassha shirube |
| | | |
| partir (vt) | 発車する | hassha suru |
| partida (f) | 発車 | hassha |
| | | |
| chegar (vi) | 到着する | tōchaku suru |
| chegada (f) | 到着 | tōchaku |
| | | |
| chegar de trem | 電車で来る | densha de kuru |
| pegar o trem | 電車に乗る | densha ni noru |
| descer de trem | 電車をおりる | densha wo oriru |
| | | |
| acidente (m) ferroviário | 鉄道事故 | tetsudō jiko |
| descarrilar (vi) | 脱線する | dassen suru |
| locomotiva (f) a vapor | 蒸気機関車 | jōki kikan sha |
| foguista (m) | 火夫 | kafu |
| fornalha (f) | 火室 | kashitsu |
| carvão (m) | 石炭 | sekitan |

## 171. Barco

| | | |
|---|---|---|
| navio (m) | 船舶 | senpaku |
| embarcação (f) | 大型船 | ōgata sen |
| | | |
| barco (m) a vapor | 蒸気船 | jōki sen |
| barco (m) fluvial | 川船 | kawabune |
| transatlântico (m) | 遠洋定期船 | enyō teiki sen |
| cruzeiro (m) | クルーザー | kurūzā |
| | | |
| iate (m) | ヨット | yotto |
| rebocador (m) | 曳船 | eisen |
| barcaça (f) | 艀、バージ | hashike, bāji |
| ferry (m) | フェリー | ferī |
| | | |
| veleiro (m) | 帆船 | hansen |
| bergantim (m) | ブリガンティン | burigantin |
| | | |
| quebra-gelo (m) | 砕水船 | saihyō sen |
| submarino (m) | 潜水艦 | sensui kan |
| | | |
| bote, barco (m) | ボート | bōto |
| baleeira (bote salva-vidas) | ディンギー | dingī |
| bote (m) salva-vidas | 救命艇 | kyūmei tei |
| lancha (f) | モーターボート | mōtābōto |
| | | |
| capitão (m) | 船長 | senchō |
| marinheiro (m) | 船員 | senin |
| marujo (m) | 水夫 | suifu |
| tripulação (f) | 乗組員 | norikumi in |
| | | |
| contramestre (m) | ボースン | bōsun |
| grumete (m) | キャビンボーイ | kyabin bōi |
| cozinheiro (m) de bordo | 船のコック | fune no kokku |
| médico (m) de bordo | 船医 | seni |
| | | |
| convés (m) | 甲板 | kanpan |
| mastro (m) | マスト | masuto |
| vela (f) | 帆 | ho |
| | | |
| porão (m) | 船倉 | funagura |
| proa (f) | 船首 | senshu |
| popa (f) | 船尾 | senbi |
| remo (m) | 櫂 | kai |
| hélice (f) | プロペラ | puropera |
| | | |
| cabine (m) | 船室 | senshitsu |
| sala (f) dos oficiais | 士官室 | shikan shitsu |
| sala (f) das máquinas | 機関室 | kikan shitsu |
| ponte (m) de comando | 船橋 | funabashi |
| sala (f) de comunicações | 無線室 | musen shitsu |
| onda (f) | 電波 | denpa |
| diário (m) de bordo | 航海日誌 | kōkai nisshi |
| luneta (f) | 単眼望遠鏡 | tangan bōenkyō |
| sino (m) | 船鐘 | funekane |

| | | |
|---|---|---|
| bandeira (f) | 旗 | hata |
| cabo (m) | ロープ | rōpu |
| nó (m) | 結び目 | musubime |
| corrimão (m) | 手摺 | tesuri |
| prancha (f) de embarque | 舷門 | genmon |
| âncora (f) | 錨 [いかり] | ikari |
| recolher a âncora | 錨をあげる | ikari wo ageru |
| jogar a âncora | 錨を下ろす | ikari wo orosu |
| amarra (corrente de âncora) | 錨鎖 | byōsa |
| porto (m) | 港 | minato |
| cais, amarradouro (m) | 埠頭 | futō |
| atracar (vi) | 係留する | keiryū suru |
| desatracar (vi) | 出航する | shukkō suru |
| viagem (f) | 旅行 | ryokō |
| cruzeiro (m) | クルーズ | kurūzu |
| rumo (m) | 針路 | shinro |
| itinerário (m) | 船のルート | fune no rūto |
| canal (m) de navegação | 航路 | kōro |
| banco (m) de areia | 浅瀬 | asase |
| encalhar (vt) | 浅瀬に乗り上げる | asase ni noriageru |
| tempestade (f) | 嵐 | arashi |
| sinal (m) | 信号 | shingō |
| afundar-se (vr) | 沈没する | chinbotsu suru |
| Homem ao mar! | 落水したぞ！ | ochimizu shi ta zo! |
| SOS | ＳＯＳ | esuōesu |
| boia (f) salva-vidas | 救命浮輪 | kyūmei ukiwa |

## 172. Aeroporto

| | | |
|---|---|---|
| aeroporto (m) | 空港 | kūkō |
| avião (m) | 航空機 | kōkūki |
| companhia (f) aérea | 航空会社 | kōkū gaisha |
| controlador (m) de tráfego aéreo | 航空管制官 | kōkū kansei kan |
| partida (f) | 出発 | shuppatsu |
| chegada (f) | 到着 | tōchaku |
| chegar (vi) | 到着する | tōchaku suru |
| hora (f) de partida | 出発時刻 | shuppatsu jikoku |
| hora (f) de chegada | 到着時刻 | tōchaku jikoku |
| estar atrasado | 遅れる | okureru |
| atraso (m) de voo | フライトの遅延 | furaito no chien |
| painel (m) de informação | フライト情報 | furaito jōhō |
| informação (f) | 案内 | annai |
| anunciar (vt) | アナウンスする | anaunsu suru |

| voo (m) | フライト | furaito |
| alfândega (f) | 税関 | zeikan |
| funcionário (m) da alfândega | 税関吏 | zeikanri |

| declaração (f) alfandegária | 税関申告 | zeikan shinkoku |
| preencher (vt) | 記入する | kinyū suru |
| preencher a declaração | 申告書を記入する | shinkoku sho wo kinyū suru |
| controle (m) de passaporte | 入国審査 | nyūkoku shinsa |

| bagagem (f) | 荷物 | nimotsu |
| bagagem (f) de mão | 持ち込み荷物 | mochikomi nimotsu |
| carrinho (m) | 荷物カート | nimotsu kāto |

| pouso (m) | 着陸 | chakuriku |
| pista (f) de pouso | 滑走路 | kassō ro |
| aterrissar (vi) | 着陸する | chakuriku suru |
| escada (f) de avião | タラップ | tarappu |

| check-in (m) | チェックイン | chekkuin |
| balcão (m) do check-in | チェックインカウンター | chekkuin kauntā |
| fazer o check-in | チェックインする | chekkuin suru |
| cartão (m) de embarque | 搭乗券 | tōjō ken |
| portão (m) de embarque | 出発ゲート | shuppatsu gēto |

| trânsito (m) | 乗り継ぎ | noritsugi |
| esperar (vi, vt) | 待つ | matsu |
| sala (f) de espera | 出発ロビー | shuppatsu robī |
| despedir-se (acompanhar) | 見送る | miokuru |
| despedir-se (dizer adeus) | 別れを告げる | wakare wo tsugeru |

## 173. Bicicleta. Motocicleta

| bicicleta (f) | 自転車 | jitensha |
| lambreta (f) | スクーター | sukūtā |
| moto (f) | オートバイ | ōtobai |

| ir de bicicleta | 自転車で行く | jitensha de iku |
| guidão (m) | ハンドル | handoru |
| pedal (m) | ペダル | pedaru |
| freios (m pl) | ブレーキ | burēki |
| banco, selim (m) | サドル | sadoru |

| bomba (f) | ポンプ | ponpu |
| bagageiro (m) de teto | 荷台 | nidai |
| lanterna (f) | ヘッドライト | heddoraito |
| capacete (m) | ヘルメット | herumetto |

| roda (f) | 車輪 | sharin |
| para-choque (m) | 泥除け | doroyoke |
| aro (m) | リム | rimu |
| raio (m) | スポーク | supōku |

# Carros

## 174. Tipos de carros

| | | |
|---|---|---|
| carro, automóvel (m) | 自動車 | jidōsha |
| carro (m) esportivo | スポーツカー | supōtsukā |
| | | |
| limusine (f) | リムジン | rimujin |
| todo o terreno (m) | オフロード車 | ofurōdo sha |
| conversível (m) | コンバーチブル | konbāchiburu |
| minibus (m) | マイクロバス | maikuro basu |
| | | |
| ambulância (f) | 救急車 | kyūkyū sha |
| limpa-neve (m) | 除雪車 | josetsu sha |
| | | |
| caminhão (m) | トラック | torakku |
| caminhão-tanque (m) | タンクローリー | tankurōrī |
| perua, van (f) | バン | ban |
| caminhão-trator (m) | トラクタートラック | torakutā torakku |
| reboque (m) | トレーラー | torērā |
| | | |
| confortável (adj) | 快適な | kaiteki na |
| usado (adj) | 中古の | chūko no |

## 175. Carros. Carroçaria

| | | |
|---|---|---|
| capô (m) | ボンネット | bonnetto |
| para-choque (m) | フェンダー | fendā |
| teto (m) | ルーフ | rūfu |
| | | |
| para-brisa (m) | フロントガラス | furonto garasu |
| retrovisor (m) | バックミラー | bakkumirā |
| esguicho (m) | ウォッシャー | wosshā |
| limpadores (m) de para-brisas | ワイパー | waipā |
| | | |
| vidro (m) lateral | サイドウインドウ | saido uindō |
| elevador (m) do vidro | パワーウィンドウ | pawā windō |
| antena (f) | アンテナ | antena |
| teto (m) solar | サンルーフ | sanrūfu |
| | | |
| para-choque (m) | バンパー | banpā |
| porta-malas (f) | トランク | toranku |
| bagageira (f) | ルーフキャリア | rūfu kyaria |
| porta (f) | ドア | doa |
| maçaneta (f) | ドアノブ | doa nobu |
| fechadura (f) | ドアロック | doa rokku |
| placa (f) | ナンバープレート | nanbā purēto |
| silenciador (m) | 消音器 | shōon ki |

| | | |
|---|---|---|
| tanque (m) de gasolina | ガソリンタンク | gasorin tanku |
| tubo (m) de exaustão | 排気管 | haiki kan |
| | | |
| acelerador (m) | アクセル | akuseru |
| pedal (m) | ペダル | pedaru |
| pedal (m) do acelerador | アクセルペダル | akuseru pedaru |
| | | |
| freio (m) | ブレーキ | burēki |
| pedal (m) do freio | ブレーキペダル | burēki pedaru |
| frear (vt) | ブレーキをかける | burēki wo kakeru |
| freio (m) de mão | パーキングブレーキ | pākingu burēki |
| | | |
| embreagem (f) | クラッチ | kuracchi |
| pedal (m) da embreagem | クラッチペダル | kuracchi pedaru |
| disco (m) de embreagem | クラッチディスク | kuracchi disuku |
| amortecedor (m) | ショックアブソーバー | shokku abusōbā |
| | | |
| roda (f) | 車輪 | sharin |
| pneu (m) estepe | スペアタイヤ | supea taiya |
| pneu (m) | タイヤ | taiya |
| calota (f) | ホイールキャップ | hoīru kyappu |
| | | |
| rodas (f pl) motrizes | 駆動輪 | kudō wa |
| de tração dianteira | 前輪駆動の | zenrin kudō no |
| de tração traseira | 後輪駆動の | kōrin kudō no |
| de tração às 4 rodas | 四輪駆動の | yonrin kudō no |
| | | |
| caixa (f) de mudanças | ギアボックス | gia bokkusu |
| automático (adj) | オートマチックの | ōtomachikku no |
| mecânico (adj) | マニュアルの | manyuaru no |
| alavanca (f) de câmbio | シフトレバー | shifuto rebā |
| | | |
| farol (m) | ヘッドライト | heddoraito |
| faróis (m pl) | ヘッドライト | heddoraito |
| | | |
| farol (m) baixo | ロービーム | rō bīmu |
| farol (m) alto | ハイビーム | hai bīmu |
| luzes (f pl) de parada | ブレーキライト | burēki raito |
| | | |
| luzes (f pl) de posição | パーキングライト | pākingu raito |
| luzes (f pl) de emergência | ハザードランプ | hazādo ranpu |
| faróis (m pl) de neblina | フォグランプ | fogu ranpu |
| pisca-pisca (m) | 方向指示器 | hōkō shiji ki |
| luz (f) de marcha ré | バックライト | bakku raito |

## 176. Carros. Habitáculo

| | | |
|---|---|---|
| interior (do carro) | 内装 | naisō |
| de couro | 本革の | hon kawa no |
| de veludo | ベロアの | beroa no |
| estofamento (m) | 革張り | kawa bari |
| | | |
| indicador (m) | 計器 | keiki |
| painel (m) | ダッシュボード | dasshubōdo |

| velocímetro (m) | 速度計 | sokudo kei |
| ponteiro (m) | 針 | hari |

| hodômetro, odômetro (m) | オドメータ | odomēta |
| indicador (m) | 表示ランプ | hyōji ranpu |
| nível (m) | 残量 | zan ryō |
| luz (f) de aviso | 警告灯 | keikoku tō |

| volante (m) | ハンドル | handoru |
| buzina (f) | 警笛 | keiteki |
| botão (m) | ボタン | botan |
| interruptor (m) | スイッチ | suicchi |

| assento (m) | 座席 | zaseki |
| costas (f pl) do assento | バックレスト | bakkuresuto |
| cabeceira (f) | ヘッドレスト | heddoresuto |
| cinto (m) de segurança | シートベルト | shītoberuto |
| apertar o cinto | シートベルトを締める | shītoberuto wo shimeru |
| ajuste (m) | 調整 | chōsei |

| airbag (m) | エアバッグ | eabaggu |
| ar (m) condicionado | エアコン | eakon |

| rádio (m) | ラジオ | rajio |
| leitor (m) de CD | CDプレーヤー | shīdī purēyā |
| ligar (vt) | 入れる | ireru |
| antena (f) | アンテナ | antena |
| porta-luvas (m) | グローブボックス | gurōbu bokkusu |
| cinzeiro (m) | 灰皿 | haizara |

## 177. Carros. Motor

| motor (m) | エンジン | enjin |
| motor (m) | モーター | mōtā |
| a diesel | ディーゼルの | dizeru no |
| a gasolina | ガソリンの | gasorin no |

| cilindrada (f) | 排気量 | haiki ryō |
| potência (f) | 出力 | shutsuryoku |
| cavalo (m) de potência | 馬力 | bariki |
| pistão (m) | ピストン | pisuton |
| cilindro (m) | シリンダー | shirindā |
| válvula (f) | バルブ | barubu |

| injetor (m) | インジェクター | injekutā |
| gerador (m) | オルタネーター | orutanētā |
| carburador (m) | キャブレター | kyaburetā |
| óleo (m) de motor | エンジンオイル | enjin oiru |

| radiador (m) | ラジエーター | rajiētā |
| líquido (m) de arrefecimento | クーラント | kūranto |
| ventilador (m) | 冷却ファン | reikyaku fan |
| bateria (f) | バッテリー | batterī |
| dispositivo (m) de arranque | スターター | sutātā |

| | | |
|---|---|---|
| ignição (f) | 点火 | tenka |
| vela (f) de ignição | スパークプラグ | supāku puragu |
| | | |
| terminal (m) | 端子 | tanshi |
| terminal (m) positivo | プラス端子 | purasu tanshi |
| terminal (m) negativo | マイナス端子 | mainasu tanshi |
| fusível (m) | ヒューズ | hyūzu |
| | | |
| filtro (m) de ar | エアーフィルター | eā firutā |
| filtro (m) de óleo | オイルフィルター | oiru firutā |
| filtro (m) de combustível | 燃料フィルター | nenryō firutā |

## 178. Carros. Batidas. Reparação

| | | |
|---|---|---|
| acidente (m) de carro | 車の事故 | kuruma no jiko |
| acidente (m) rodoviário | 交通事故 | kōtsū jiko |
| bater (~ num muro) | 衝突する | shōtotsu suru |
| sofrer um acidente | 事故に遭う | jiko ni au |
| dano (m) | 損害 | songai |
| intato | 無傷の | mukizu no |
| | | |
| pane (f) | 故障 | koshō |
| avariar (vi) | 故障する | koshō suru |
| cabo (m) de reboque | 牽引ロープ | kenin rōpu |
| | | |
| furo (m) | パンク | panku |
| estar furado | パンクする | panku suru |
| encher (vt) | 空気を入れる | kūki wo ireru |
| pressão (f) | 空気圧 | kūkiatsu |
| verificar (vt) | 検査する | kensa suru |
| | | |
| reparo (m) | 修理 | shūri |
| oficina (f) automotiva | 修理工場 | shūri kōjō |
| peça (f) de reposição | 予備部品 | yobi buhin |
| peça (f) | 部品 | buhin |
| | | |
| parafuso (com porca) | ボルト | boruto |
| parafuso (m) | ネジ［ねじ］ | neji |
| porca (f) | ナット | natto |
| arruela (f) | ワッシャー | wasshā |
| rolamento (m) | 軸受け | jikuuke |
| | | |
| tubo (m) | チューブ | chūbu |
| junta, gaxeta (f) | ガスケット | gasu ketto |
| fio, cabo (m) | ワイヤー | waiyā |
| | | |
| macaco (m) | ジャッキ | jakki |
| chave (f) de boca | スパナ | supana |
| martelo (m) | 金槌［金づち］ | kanazuchi |
| bomba (f) | ポンプ | ponpu |
| chave (f) de fenda | ドライバー | doraibā |
| | | |
| extintor (m) | 消火器 | shōka ki |
| triângulo (m) de emergência | 三角表示板 | sankaku hyōji ban |

| | | |
|---|---|---|
| morrer (motor) | エンストする | ensuto suru |
| paragem, "morte" (f) | エンスト | ensuto |
| estar quebrado | 壊れる | kowareru |
| | | |
| superaquecer-se (vr) | オーバーヒートする | ōbāhīto suru |
| entupir-se (vr) | 詰まっている | tsumatte iru |
| congelar-se (vr) | 氷結する | hyōketsu suru |
| rebentar (vi) | 爆発する | bakuhatsu suru |
| | | |
| pressão (f) | 空気圧 | kūkiatsu |
| nível (m) | 残量 | zan ryō |
| frouxo (adj) | たるんだ | tarun da |
| | | |
| batida (f) | へこみ | hekomi |
| ruído (m) | ノッキング | nokkingu |
| fissura (f) | ひび | hibi |
| arranhão (m) | 擦り傷 | surikizu |

## 179. Carros. Estrada

| | | |
|---|---|---|
| estrada (f) | 道路 | dōro |
| autoestrada (f) | 高速道路 | kōsoku dōro |
| rodovia (f) | 自動車道路 | jidōsha dōro |
| direção (f) | 方向 | hōkō |
| distância (f) | 距離 | kyori |
| | | |
| ponte (f) | 橋 | hashi |
| parque (m) de estacionamento | 駐車場 | chūsha jō |
| praça (f) | 広場 | hiroba |
| nó (m) rodoviário | インターチェンジ | intāchenji |
| túnel (m) | トンネル | tonneru |
| | | |
| posto (m) de gasolina | ガソリンスタンド | gasorin sutando |
| parque (m) de estacionamento | 駐車場 | chūsha jō |
| bomba (f) de gasolina | 給油ポンプ | kyūyu ponpu |
| oficina (f) automotiva | 修理工場 | shūri kōjō |
| abastecer (vt) | 給油する | kyūyu suru |
| combustível (m) | 燃料 | nenryō |
| galão (m) de gasolina | ジェリカン | jerikan |
| | | |
| asfalto (m) | アスファルト | asufaruto |
| marcação (f) de estradas | 道路標示 | dōro hyōji |
| meio-fio (m) | 縁石 | enseki |
| guard-rail (m) | ガードレール | gādorēru |
| valeta (f) | 側溝 | sokkō |
| acostamento (m) | 路肩 | rokata |
| poste (m) de luz | 街灯柱 | gaitō bashira |
| | | |
| dirigir (vt) | 運転する | unten suru |
| virar (~ para a direita) | 曲がる | magaru |
| dar retorno | Uターンする | yūtān suru |
| ré (f) | バック | bakku |
| buzinar (vi) | クラクションを鳴らす | kurakushon wo narasu |
| buzina (f) | クラクション | kurakushon |

| | | |
|---|---|---|
| atolar-se (vr) | 抜け出せなくなる | nukedase naku naru |
| patinar (na lama) | ホイールスピンする | hoīru supin suru |
| desligar (vt) | 止める | tomeru |

| | | |
|---|---|---|
| velocidade (f) | スピード | supīdo |
| exceder a velocidade | スピード違反をする | supīdo ihan wo suru |
| multar (vt) | 交通違反切符を渡す | kōtsū ihan kippu wo watasu |
| semáforo (m) | 信号 | shingō |
| carteira (f) de motorista | 運転免許証 | unten menkyo shō |

| | | |
|---|---|---|
| passagem (f) de nível | 踏切 | fumikiri |
| cruzamento (m) | 交差点 | kōsaten |
| faixa (f) | 横断歩道 | ōdan hodō |
| curva (f) | カーブ | kābu |
| zona (f) de pedestres | 歩行者専用区域 | hokō sha senyō kuiki |

## 180. Sinais de trânsito

| | | |
|---|---|---|
| código (m) de trânsito | 道路交通法 | dōro kōtsū hō |
| sinal (m) de trânsito | 道路標識 | dōro hyōshiki |
| ultrapassagem (f) | 追い越し | oikoshi |
| curva (f) | カーブ | kābu |
| retorno (m) | Uターン | yūtān |
| rotatória (f) | ロータリーあり | rōtarī ari |

| | | |
|---|---|---|
| sentido proibido | 進入禁止 | shinnyū kinshi |
| trânsito proibido | 車両通行止め | sharyō tsūkōdome |
| proibido de ultrapassar | 追越し禁止 | oikoshi kinshi |
| estacionamento proibido | 駐車禁止 | chūsha kinshi |
| paragem proibida | 駐停車禁止 | chū teisha kinshi |

| | | |
|---|---|---|
| curva (f) perigosa | 左…, 右… 方屈曲あり | sa…, u hō… kukkyoku ari |
| descida (f) perigosa | 下り急勾配あり | kudari kyū kōbai ari |
| trânsito de sentido único | 一方通行 | ippō tsūkō |
| faixa (f) | 横断歩道 | ōdan hodō |
| pavimento (m) escorregadio | すべりやすい | suberi yasui |
| conceder passagem | 前方優先道路 | zenpō yūsen dōro |

# PESSOAS. EVENTOS

## Eventos

### 181. Férias. Evento

| | | |
|---|---|---|
| festa (f) | 祝日 | shukujitsu |
| feriado (m) nacional | 国民の祝日 | kokumin no shukujitsu |
| feriado (m) | 公休 | kōkyū |
| festejar (vt) | 記念する | kinen suru |
| | | |
| evento (festa, etc.) | 出来事 | dekigoto |
| evento (banquete, etc.) | イベント | ibento |
| banquete (m) | 宴会 | enkai |
| recepção (f) | レセプション | resepushon |
| festim (m) | ご馳走 [ごちそう] | gochisō |
| | | |
| aniversário (m) | 記念日 | kinen bi |
| jubileu (m) | ジュビリー | jubirī |
| celebrar (vt) | 祝う | iwau |
| | | |
| Ano (m) Novo | 元日 | ganjitsu |
| Feliz Ano Novo! | 明けましておめでとうござい | akemashite omedetō |
| | ます | gozaimasu |
| Papai Noel (m) | サンタクロース | santa kurōsu |
| | | |
| Natal (m) | クリスマス | kurisumasu |
| Feliz Natal! | メリークリスマス！ | merī kurisumasu! |
| árvore (f) de Natal | クリスマスツリー | kurisumasutsurī |
| fogos (m pl) de artifício | 花火 | hanabi |
| | | |
| casamento (m) | 結婚式 | kekkonshiki |
| noivo (m) | 花婿 | hanamuko |
| noiva (f) | 花嫁 | hanayome |
| | | |
| convidar (vt) | 招待する | shōtai suru |
| convite (m) | 招待状 | shōtai jō |
| | | |
| convidado (m) | 客 | kyaku |
| visitar (vt) | 訪ねる | tazuneru |
| receber os convidados | 来客を迎える | raikyaku wo mukaeru |
| | | |
| presente (m) | 贈り物、プレゼント | okurimono, purezento |
| oferecer, dar (vt) | おくる（贈る） | okuru |
| receber presentes | プレゼントをもらう | purezento wo morau |
| buquê (m) de flores | 花束 | hanataba |
| | | |
| felicitações (f pl) | 祝辞 | shukuji |
| felicitar (vt) | 祝う | iwau |

| | | |
|---|---|---|
| cartão (m) de parabéns | グリーティングカード | gurītingu kādo |
| enviar um cartão postal | はがきを送る | hagaki wo okuru |
| receber um cartão postal | はがきを受け取る | hagaki wo uketoru |
| | | |
| brinde (m) | 祝杯 | shukuhai |
| oferecer (vt) | …に一杯おごる | … ni ippai ogoru |
| champanhe (m) | シャンパン | shanpan |
| | | |
| divertir-se (vr) | 楽しむ | tanoshimu |
| diversão (f) | 歓楽 | kanraku |
| alegria (f) | 喜び | yorokobi |
| | | |
| dança (f) | ダンス | dansu |
| dançar (vi) | 踊る | odoru |
| | | |
| valsa (f) | ワルツ | warutsu |
| tango (m) | タンゴ | tango |

## 182. Funerais. Enterro

| | | |
|---|---|---|
| cemitério (m) | 墓地 | bochi |
| sepultura (f), túmulo (m) | 墓 | haka |
| cruz (f) | 十字架 | jūjika |
| lápide (f) | 墓石 | boseki |
| cerca (f) | 柵 | saku |
| capela (f) | チャペル | chaperu |
| | | |
| morte (f) | 死 | shi |
| morrer (vi) | 死ぬ | shinu |
| defunto (m) | 死者 | shisha |
| luto (m) | 喪 | mo |
| | | |
| enterrar, sepultar (vt) | 葬る | hōmuru |
| funerária (f) | 葬儀社 | sōgi sha |
| funeral (m) | 葬儀 | sōgi |
| coroa (f) de flores | 葬式の花輪 | sōshiki no hanawa |
| caixão (m) | 棺 | hitsugi |
| carro (m) funerário | 霊柩車 | reikyūsha |
| mortalha (f) | 埋葬布 | maisō nuno |
| | | |
| procissão (f) funerária | 葬列 | sōretsu |
| urna (f) funerária | 骨壺 | kotsutsubo |
| crematório (m) | 火葬場 | kasō jō |
| | | |
| obituário (m), necrologia (f) | 死亡記事 | shibō kiji |
| chorar (vi) | 泣く | naku |
| soluçar (vi) | むせび泣く | musebinaku |

## 183. Guerra. Soldados

| | | |
|---|---|---|
| pelotão (m) | 小隊 | shōtai |
| companhia (f) | 中隊 | chūtai |

| regimento (m) | 連隊 | rentai |
| exército (m) | 陸軍 | rikugun |
| divisão (f) | 師団 | shidan |

| esquadrão (m) | 分隊 | buntai |
| hoste (f) | 軍隊 | guntai |

| soldado (m) | 兵士 | heishi |
| oficial (m) | 士官 | shikan |

| soldado (m) raso | 二等兵 | nitōhei |
| sargento (m) | 軍曹 | gunsō |
| tenente (m) | 中尉 | chūi |
| capitão (m) | 大尉 | taī |
| major (m) | 少佐 | shōsa |
| coronel (m) | 大佐 | taisa |
| general (m) | 将官 | shōkan |

| marujo (m) | 水兵 | suihei |
| capitão (m) | 艦長 | kanchō |
| contramestre (m) | ボースン | bōsun |

| artilheiro (m) | 砲兵 | hōhei |
| soldado (m) paraquedista | 落下傘兵 | rakkasan hei |
| piloto (m) | パイロット | pairotto |
| navegador (m) | 航空士 | kōkū shi |
| mecânico (m) | 整備士 | seibi shi |

| sapador-mineiro (m) | 地雷工兵 | jirai kōhei |
| paraquedista (m) | 落下傘兵 | rakkasan hei |
| explorador (m) | 偵察斥候 | teisatsu sekkō |
| atirador (m) de tocaia | 狙撃兵 | sogeki hei |

| patrulha (f) | パトロール | patorōru |
| patrulhar (vt) | パトロールする | patorōru suru |
| sentinela (f) | 番兵 | banpei |

| guerreiro (m) | 戦士 | senshi |
| patriota (m) | 愛国者 | aikoku sha |

| herói (m) | 英雄 | eiyū |
| heroína (f) | 英雄 | eiyū |

| traidor (m) | 裏切り者 | uragirimono |
| trair (vt) | 裏切る | uragiru |

| desertor (m) | 脱走兵 | dassō hei |
| desertar (vt) | 脱走する | dassō suru |

| mercenário (m) | 傭兵 | yōhei |
| recruta (m) | 新兵 | shinpei |
| voluntário (m) | 志願兵 | shigan hei |

| morto (m) | 死者 | shisha |
| ferido (m) | 負傷者 | fushō sha |
| prisioneiro (m) de guerra | 捕虜 | horyo |

## 184. Guerra. Ações militares. Parte 1

| | | |
|---|---|---|
| guerra (f) | 戦争 | sensō |
| guerrear (vt) | 戦争中である | sensō chū de aru |
| guerra (f) civil | 内戦 | naisen |
| | | |
| perfidamente | 裏切って | uragitte |
| declaração (f) de guerra | 宣戦布告 | sensen fukoku |
| declarar guerra | 布告する | fukoku suru |
| agressão (f) | 武力侵略 | buryoku shinrya ku |
| atacar (vt) | 攻撃する | kōgeki suru |
| | | |
| invadir (vt) | 侵略する | shinrya ku suru |
| invasor (m) | 侵略軍 | shinrya ku gun |
| conquistador (m) | 征服者 | seifuku sha |
| | | |
| defesa (f) | 防衛 | bōei |
| defender (vt) | 防衛する | bōei suru |
| defender-se (vr) | 身を守る | mi wo mamoru |
| | | |
| inimigo (m) | 敵 | teki |
| adversário (m) | かたき | kataki |
| inimigo (adj) | 敵の | teki no |
| | | |
| estratégia (f) | 戦略 | senryaku |
| tática (f) | 戦術 | senjutsu |
| | | |
| ordem (f) | 命令 | meirei |
| comando (m) | 命令 | meirei |
| ordenar (vt) | 命令する | meirei suru |
| missão (f) | 任務 | ninmu |
| secreto (adj) | 秘密の | himitsu no |
| | | |
| batalha (f) | 戦い | tatakai |
| combate (m) | 戦闘 | sentō |
| | | |
| ataque (m) | 攻撃 | kōgeki |
| assalto (m) | 突入 | totsunyū |
| assaltar (vt) | 突入する | totsunyū suru |
| assédio, sítio (m) | 包囲 | hōi |
| | | |
| ofensiva (f) | 攻勢 | kōsei |
| tomar à ofensiva | 攻勢に出る | kōsei ni deru |
| | | |
| retirada (f) | 撤退 | tettai |
| retirar-se (vr) | 撤退する | tettai suru |
| | | |
| cerco (m) | 包囲 | hōi |
| cercar (vt) | 包囲する | hōi suru |
| | | |
| bombardeio (m) | 爆撃 | bakugeki |
| lançar uma bomba | 爆弾を投下する | bakudan wo tōka suru |
| bombardear (vt) | 爆撃する | bakugeki suru |
| explosão (f) | 爆発 | bakuhatsu |
| tiro (m) | 発砲 | happō |

| | | |
|---|---|---|
| dar um tiro | 発砲する | happō suru |
| tiroteio (m) | 砲火 | hōka |
| | | |
| apontar para … | 狙う | nerau |
| apontar (vt) | 向ける | mukeru |
| acertar (vt) | 命中する | meichū suru |
| | | |
| afundar (~ um navio, etc.) | 撃沈する | gekichin suru |
| brecha (f) | 穴 | ana |
| afundar-se (vr) | 沈没する | chinbotsu suru |
| | | |
| frente (m) | 戦線 | sensen |
| evacuação (f) | 避難 | hinan |
| evacuar (vt) | 避難する | hinan suru |
| | | |
| trincheira (f) | 塹壕 | zangō |
| arame (m) enfarpado | 有刺鉄線 | yūshitessen |
| barreira (f) anti-tanque | 障害物 | shōgai butsu |
| torre (f) de vigia | 監視塔 | kanshi tō |
| | | |
| hospital (m) militar | 軍病院 | gun byōin |
| ferir (vt) | 負傷させる | fushō saseru |
| ferida (f) | 負傷 | fushō |
| ferido (m) | 負傷者 | fushō sha |
| ficar ferido | 負傷する | fushō suru |
| grave (ferida ~) | 重い | omoi |

## 185. Guerra. Ações militares. Parte 2

| | | |
|---|---|---|
| cativeiro (m) | 捕虜 | horyo |
| capturar (vt) | 捕虜にする | horyo ni suru |
| estar em cativeiro | 捕虜になる | horyo ni naru |
| ser aprisionado | 捕虜にされる | horyo ni sareru |
| | | |
| campo (m) de concentração | 強制収容所 | kyōsei shūyō sho |
| prisioneiro (m) de guerra | 捕虜 | horyo |
| escapar (vi) | 逃げる | nigeru |
| | | |
| trair (vt) | 裏切る | uragiru |
| traidor (m) | 裏切り者 | uragirimono |
| traição (f) | 裏切り | uragiri |
| | | |
| fuzilar, executar (vt) | 銃殺する | jūsatsu suru |
| fuzilamento (m) | 銃殺刑 | jūsatsu kei |
| | | |
| equipamento (m) | 軍服 | gunpuku |
| insígnia (f) de ombro | 肩章 | kenshō |
| máscara (f) de gás | ガスマスク | gasumasuku |
| | | |
| rádio (m) | 軍用無線 | gunyō musen |
| cifra (f), código (m) | 暗号 | angō |
| conspiração (f) | 秘密 | himitsu |
| senha (f) | パスワード | pasuwādo |
| mina (f) | 地雷 | jirai |

| | | |
|---|---|---|
| minar (vt) | 地雷を仕掛ける | jirai wo shikakeru |
| campo (m) minado | 地雷原 | jirai hara |
| | | |
| alarme (m) aéreo | 空襲警報 | kūshū keihō |
| alarme (m) | 警報 | keihō |
| sinal (m) | 信号 | shingō |
| sinalizador (m) | 信号弾 | shingō dan |
| | | |
| quartel-general (m) | 本部 | honbu |
| reconhecimento (m) | 偵察 | teisatsu |
| situação (f) | 事態 | jitai |
| relatório (m) | 報告 | hōkoku |
| emboscada (f) | 奇襲 | kishū |
| reforço (m) | 増援 | zōen |
| | | |
| alvo (m) | 標的 | hyōteki |
| campo (m) de tiro | 実験場 | jikken jō |
| manobras (f pl) | 軍事演習 | gunji enshū |
| | | |
| pânico (m) | パニック | panikku |
| devastação (f) | 荒廃 | kōhai |
| ruínas (f pl) | 廃墟 | haikyo |
| destruir (vt) | 廃墟にする | haikyo ni suru |
| | | |
| sobreviver (vi) | 生き残る | ikinokoru |
| desarmar (vt) | 武装解除する | busō kaijo suru |
| manusear (vt) | 扱う | atsukau |
| | | |
| Sentido! | 気をつけ | ki wo tsuke |
| Descansar! | 休め | yasume |
| | | |
| façanha (f) | 功績 | kōseki |
| juramento (m) | 誓い | chikai |
| jurar (vi) | 誓う | chikau |
| | | |
| condecoração (f) | 勲章 | kunshō |
| condecorar (vt) | 授ける | sazukeru |
| medalha (f) | メダル | medaru |
| ordem (f) | 勲章 | kunshō |
| | | |
| vitória (f) | 戦勝 | senshō |
| derrota (f) | 敗北 | haiboku |
| armistício (m) | 休戦 | kyūsen |
| | | |
| bandeira (f) | 旗 | hata |
| glória (f) | 栄光 | eikō |
| parada (f) | 行進 | kōshin |
| marchar (vi) | 行進する | kōshin suru |

## 186. Armas

| | | |
|---|---|---|
| arma (f) | 兵器 | heiki |
| arma (f) de fogo | 火器 | kaki |
| arma (f) branca | 冷兵器 | reiheiki |

| | | |
|---|---|---|
| arma (f) química | 化学兵器 | kagaku heiki |
| nuclear (adj) | 核… | kaku … |
| arma (f) nuclear | 核兵器 | kakuheiki |
| | | |
| bomba (f) | 爆弾 | bakudan |
| bomba (f) atômica | 原子爆弾 | genshi bakudan |
| | | |
| pistola (f) | 拳銃、ピストル | kenjū, pisutoru |
| rifle (m) | ライフル | raifuru |
| semi-automática (f) | サブマシンガン | sabumashin gan |
| metralhadora (f) | マシンガン | mashin gan |
| | | |
| boca (f) | 銃口 | jūkō |
| cano (m) | 砲身 | hōshin |
| calibre (m) | 口径 | kōkei |
| | | |
| gatilho (m) | トリガー | torigā |
| mira (f) | 照準器 | shōjun ki |
| carregador (m) | 弾倉 | dansō |
| coronha (f) | 台尻 | daijiri |
| | | |
| granada (f) de mão | 手榴弾 | shuryūdan |
| explosivo (m) | 爆発物 | bakuhatsu butsu |
| | | |
| bala (f) | 弾 | tama |
| cartucho (m) | 実弾 | jitsudan |
| carga (f) | 装薬 | sō yaku |
| munições (f pl) | 弾薬 | danyaku |
| | | |
| bombardeiro (m) | 爆撃機 | bakugeki ki |
| avião (m) de caça | 戦闘機 | sentō ki |
| helicóptero (m) | ヘリコプター | herikoputā |
| | | |
| canhão (m) antiaéreo | 対空砲 | taikū hō |
| tanque (m) | 戦車 | sensha |
| canhão (de um tanque) | 戦車砲 | sensha hō |
| | | |
| artilharia (f) | 砲兵 | hōhei |
| canhão (m) | 大砲 | taihō |
| fazer a pontaria | 狙いを定める | nerai wo sadameru |
| | | |
| projétil (m) | 砲弾 | hōdan |
| granada (f) de morteiro | 迫撃砲弾 | hakugeki hō dan |
| morteiro (m) | 迫撃砲 | hakugeki hō |
| estilhaço (m) | 砲弾の破片 | hōdan no hahen |
| | | |
| submarino (m) | 潜水艦 | sensui kan |
| torpedo (m) | 魚雷 | gyorai |
| míssil (m) | ミサイル | misairu |
| | | |
| carregar (uma arma) | 装填する | sōten suru |
| disparar, atirar (vi) | 撃つ | utsu |
| apontar para … | 向ける | mukeru |
| baioneta (f) | 銃剣 | jūken |
| espada (f) | エペ | epe |
| sabre (m) | サーベル | sāberu |

| | | |
|---|---|---|
| lança (f) | 槍 | yari |
| arco (m) | 弓 | yumi |
| flecha (f) | 矢 | ya |
| mosquete (m) | マスケット銃 | masuketto jū |
| besta (f) | 石弓 | ishiyumi |

## 187. Povos da antiguidade

| | | |
|---|---|---|
| primitivo (adj) | 原始の | genshi no |
| pré-histórico (adj) | 先史時代の | senshi jidai no |
| antigo (adj) | 古代の | kodai no |
| | | |
| Idade (f) da Pedra | 石器時代 | sekki jidai |
| Idade (f) do Bronze | 青銅器時代 | seidōki jidai |
| Era (f) do Gelo | 氷河時代 | hyōga jidai |
| | | |
| tribo (f) | 部族 | buzoku |
| canibal (m) | 人食い人種 | hito kui jin shi |
| caçador (m) | 狩人 | karyūdo |
| caçar (vi) | 狩る | karu |
| mamute (m) | マンモス | manmosu |
| | | |
| caverna (f) | 洞窟 | dōkutsu |
| fogo (m) | 火 | hi |
| fogueira (f) | 焚火 | takibi |
| pintura (f) rupestre | 岩壁画 | iwa hekiga |
| | | |
| ferramenta (f) | 道具 | dōgu |
| lança (f) | 槍 | yari |
| machado (m) de pedra | 石斧 | sekifu |
| | | |
| guerrear (vt) | 戦争中である | sensō chū de aru |
| domesticar (vt) | 飼い慣らす | kainarasu |
| | | |
| ídolo (m) | 偶像 | gūzō |
| adorar, venerar (vt) | 崇拝する | sūhai suru |
| | | |
| superstição (f) | 迷信 | meishin |
| ritual (m) | 儀式 | gishiki |
| | | |
| evolução (f) | 進化 | shinka |
| desenvolvimento (m) | 発達 | hattatsu |
| | | |
| extinção (f) | 絶滅 | zetsumetsu |
| adaptar-se (vr) | 適応する | tekiō suru |
| | | |
| arqueologia (f) | 考古学 | kōkogaku |
| arqueólogo (m) | 考古学者 | kōkogakusha |
| arqueológico (adj) | 考古学の | kōkogaku no |
| | | |
| escavação (sítio) | 発掘現場 | hakkutsu genba |
| escavações (f pl) | 発掘 | hakkutsu |
| achado (m) | 発見 | hakken |
| fragmento (m) | 一片 | ippen |

## 188. Idade média

| povo (m) | 民族 | minzoku |
| povos (m pl) | 民族 | minzoku |
| tribo (f) | 部族 | buzoku |
| tribos (f pl) | 部族 | buzoku |

| bárbaros (pl) | 野蛮人 | yaban jin |
| galeses (pl) | ガリア人 | ga ria jin |
| godos (pl) | ゴート人 | gōto jin |
| eslavos (pl) | スラヴ人 | suravu jin |
| viquingues (pl) | ヴァイキング | bai kingu |

| romanos (pl) | ローマ人 | rōma jin |
| romano (adj) | ローマの | rōma no |

| bizantinos (pl) | ビザンティン人 | bizantin jin |
| Bizâncio | ビザンチウム | bizanchiumu |
| bizantino (adj) | ビザンチンの | bizanchin no |

| imperador (m) | 皇帝 | kōtei |
| líder (m) | リーダー | rīdā |
| poderoso (adj) | 強力な | kyōryoku na |
| rei (m) | 王 | ō |
| governante (m) | 支配者 | shihai sha |

| cavaleiro (m) | 騎士 | kishi |
| senhor feudal (m) | 封建領主 | hōken ryōshu |
| feudal (adj) | 封建時代の | hōken jidai no |
| vassalo (m) | 臣下 | shinka |

| duque (m) | 公爵 | kōshaku |
| conde (m) | 伯爵 | hakushaku |
| barão (m) | 男爵 | danshaku |
| bispo (m) | 司教 | shikyō |

| armadura (f) | よろい [鎧] | yoroi |
| escudo (m) | 盾 | tate |
| espada (f) | 剣 | ken |
| viseira (f) | バイザー | baizā |
| cota (f) de malha | 鎖帷子 | kusarikatabira |

| cruzada (f) | 十字軍 | jūjigun |
| cruzado (m) | 十字軍の戦士 | jūjigun no senshi |

| território (m) | 領土 | ryōdo |
| atacar (vt) | 攻撃する | kōgeki suru |
| conquistar (vt) | 征服する | seifuku suru |
| ocupar, invadir (vt) | 占領する | senryō suru |

| assédio, sítio (m) | 包囲 | hōi |
| sitiado (adj) | 攻囲された | kōi sare ta |
| assediar, sitiar (vt) | 攻囲する | kōi suru |
| inquisição (f) | 宗教裁判 | shūkyō saiban |
| inquisidor (m) | 宗教裁判官 | shūkyō saibankan |

| | | |
|---|---|---|
| tortura (f) | 拷問 | gōmon |
| cruel (adj) | 残酷な | zankoku na |
| herege (m) | 異端者 | itan sha |
| heresia (f) | 異端 | itan |
| | | |
| navegação (f) marítima | 船旅 | funatabi |
| pirata (m) | 海賊 | kaizoku |
| pirataria (f) | 海賊行為 | kaizoku kōi |
| abordagem (f) | 移乗攻撃 | ijō kōgeki |
| presa (f), butim (m) | 戦利品 | senri hin |
| tesouros (m pl) | 宝 | takara |
| | | |
| descobrimento (m) | 発見 | hakken |
| descobrir (novas terras) | 発見する | hakken suru |
| expedição (f) | 探検 | tanken |
| | | |
| mosqueteiro (m) | 銃士 | jū shi |
| cardeal (m) | 枢機卿 | sūkikyō |
| heráldica (f) | 紋章学 | monshō gaku |
| heráldico (adj) | 紋章の | monshō no |

## 189. Líder. Chefe. Autoridades

| | | |
|---|---|---|
| rei (m) | 国王 | kokuō |
| rainha (f) | 女王 | joō |
| real (adj) | 王室の | ōshitsu no |
| reino (m) | 王国 | ōkoku |
| | | |
| príncipe (m) | 王子 | ōji |
| princesa (f) | 王妃 | ōhi |
| | | |
| presidente (m) | 大統領 | daitōryō |
| vice-presidente (m) | 副大統領 | fuku daitōryō |
| senador (m) | 上院議員 | jōin gīn |
| | | |
| monarca (m) | 君主 | kunshu |
| governante (m) | 支配者 | shihai sha |
| ditador (m) | 独裁者 | dokusai sha |
| tirano (m) | 暴君 | bōkun |
| magnata (m) | マグナート | magunāto |
| | | |
| diretor (m) | 責任者 | sekinin sha |
| chefe (m) | 長 | chō |
| gerente (m) | 管理者 | kanri sha |
| patrão (m) | ボス | bosu |
| dono (m) | 経営者 | keieisha |
| | | |
| líder (m) | リーダー | rīdā |
| chefe (m) | 長 | chō |
| autoridades (f pl) | 当局 | tōkyoku |
| superiores (m pl) | 上司 | jōshi |
| | | |
| governador (m) | 知事 | chiji |
| cônsul (m) | 領事 | ryōji |

| diplomata (m) | 外交官 | gaikō kan |
| Presidente (m) da Câmara | 市長 | shichō |
| xerife (m) | 保安官 | hoan kan |

| imperador (m) | 皇帝 | kōtei |
| czar (m) | ツァーリ | tsāri |
| faraó (m) | ファラオ | farao |
| cã, khan (m) | ハン | han |

## 190. Estrada. Caminho. Direções

| estrada (f) | 道路 | dōro |
| via (f) | 道 | michi |

| rodovia (f) | 自動車道路 | jidōsha dōro |
| autoestrada (f) | 高速道路 | kōsoku dōro |
| estrada (f) nacional | 州間高速道路 | shū kan kōsoku dōro |

| estrada (f) principal | 主要道路 | shuyō dōro |
| estrada (f) de terra | 泥道 | doromichi |

| trilha (f) | 歩道 | hodō |
| pequena trilha (f) | 小道 | komichi |

| Onde? | どこに？ | doko ni ? |
| Para onde? | どちらへ？ | dochira he ? |
| De onde? | どこから？ | doko kara ? |

| direção (f) | 方向 | hōkō |
| indicar (~ o caminho) | 指す | sasu |

| para a esquerda | 左へ | hidari he |
| para a direita | 右へ | migi he |
| em frente | 直進 | chokushin |
| para trás | 後ろへ | uchiro he |

| curva (f) | カーブ | kābu |
| virar (~ para a direita) | 曲がる | magaru |
| dar retorno | Uターンする | yūtān suru |

| estar visível | 見える | mieru |
| aparecer (vi) | 現われる | arawareru |

| paragem (pausa) | 休止 | kyūshi |
| descansar (vi) | 休憩する | kyūkei suru |
| descanso, repouso (m) | 休憩 | kyūkei |

| perder-se (vr) | 道に迷う | michi ni mayō |
| conduzir a ... (caminho) | 通じる | tsūjiru |
| chegar a ... | 到達する | tōtatsu suru |
| trecho (m) | 一筋 | hitosuji |

| asfalto (m) | アスファルト | asufaruto |
| meio-fio (m) | 縁石 | enseki |

| valeta (f) | 側溝 | sokkō |
| tampa (f) de esgoto | マンホール | manhōru |
| acostamento (m) | 路肩 | rokata |
| buraco (m) | 道路の穴 | dōro no ana |

| ir (a pé) | 行く | iku |
| ultrapassar (vt) | 追い越す | oikosu |

| passo (m) | 一歩 | ippo |
| a pé | 徒歩で | toho de |

| bloquear (vt) | 塞ぐ［ふさぐ］ | fusagu |
| cancela (f) | 遮断機 | shadan ki |
| beco (m) sem saída | 行き止まり | ikidomari |

## 191. Violação da lei. Criminosos. Parte 1

| bandido (m) | 山賊 | sanzoku |
| crime (m) | 犯罪 | hanzai |
| criminoso (m) | 犯罪者 | hanzai sha |

| ladrão (m) | 泥棒 | dorobō |
| roubar (vt) | 盗む | nusumu |
| roubo (atividade) | 窃盗 | settō |
| furto (m) | 泥棒 | dorobō |

| raptar, sequestrar (vt) | 誘拐する | yūkai suru |
| sequestro (m) | 誘拐 | yūkai |
| sequestrador (m) | 誘拐犯 | yūkai han |

| resgate (m) | 身代金 | minoshirokin |
| pedir resgate | 身代金を要求する | minoshirokin wo yōkyū suru |

| roubar (vt) | 強盗する | gōtō suru |
| assalto, roubo (m) | 強盗 | gōtō |
| assaltante (m) | 強盗犯 | gōtō han |

| extorquir (vt) | 恐喝する | kyōkatsu suru |
| extorsionário (m) | 恐喝者 | kyōkatsu sha |
| extorsão (f) | 恐喝 | kyōkatsu |

| matar, assassinar (vt) | 殺す | korosu |
| homicídio (m) | 殺人 | satsujin |
| homicida, assassino (m) | 殺人者 | satsujin sha |

| tiro (m) | 発砲 | happō |
| dar um tiro | 発砲する | happō suru |
| matar a tiro | 射殺する | shasatsu suru |
| disparar, atirar (vi) | 撃つ | utsu |
| tiroteio (m) | 射撃 | shageki |

| incidente (m) | 事件 | jiken |
| briga (~ de rua) | 喧嘩 | kenka |
| Socorro! | 助けて！ | tasuke te! |

| | | |
|---|---|---|
| vítima (f) | 被害者 | higai sha |
| danificar (vt) | 損害を与える | songai wo ataeru |
| dano (m) | 損害 | songai |
| cadáver (m) | 死体 | shitai |
| grave (adj) | 重い | omoi |

| | | |
|---|---|---|
| atacar (vt) | 攻撃する | kōgeki suru |
| bater (espancar) | 殴る | naguru |
| espancar (vt) | 打ちのめす | uchinomesu |
| tirar, roubar (dinheiro) | 強奪する | gōdatsu suru |
| esfaquear (vt) | 刺し殺す | sashikorosu |
| mutilar (vt) | 重症を負わせる | jūshō wo owaseru |
| ferir (vt) | 負わせる | owaseru |

| | | |
|---|---|---|
| chantagem (f) | 恐喝 | kyōkatsu |
| chantagear (vt) | 恐喝する | kyōkatsu suru |
| chantagista (m) | 恐喝者 | kyōkatsu sha |

| | | |
|---|---|---|
| extorsão (f) | ゆすり | yusuri |
| extorsionário (m) | ゆすりを働く人 | yusuri wo hataraku hito |
| gângster (m) | 暴力団員 | bōryokudan in |
| máfia (f) | マフィア | mafia |

| | | |
|---|---|---|
| punguista (m) | すり | suri |
| assaltante, ladrão (m) | 強盗 | gōtō |
| contrabando (m) | 密輸 | mitsuyu |
| contrabandista (m) | 密輸者 | mitsuyu sha |

| | | |
|---|---|---|
| falsificação (f) | 偽造 | gizō |
| falsificar (vt) | 偽造する | gizō suru |
| falsificado (adj) | 偽造の | gizō no |

## 192. Violação da lei. Criminosos. Parte 2

| | | |
|---|---|---|
| estupro (m) | 強姦 | gōkan |
| estuprar (vt) | 強姦する | gōkan suru |
| estuprador (m) | 強姦犯 | gōkan han |
| maníaco (m) | マニア | mania |

| | | |
|---|---|---|
| prostituta (f) | 売春婦 | baishun fu |
| prostituição (f) | 売春 | baishun |
| cafetão (m) | ポン引き | pon biki |

| | | |
|---|---|---|
| drogado (m) | 麻薬中毒者 | mayaku chūdoku sha |
| traficante (m) | 麻薬の売人 | mayaku no bainin |

| | | |
|---|---|---|
| explodir (vt) | 爆発させる | bakuhatsu saseru |
| explosão (f) | 爆発 | bakuhatsu |
| incendiar (vt) | 放火する | hōka suru |
| incendiário (m) | 放火犯人 | hōka hannin |

| | | |
|---|---|---|
| terrorismo (m) | テロリズム | terorizumu |
| terrorista (m) | テロリスト | terorisuto |
| refém (m) | 人質 | hitojichi |

| | | |
|---|---|---|
| enganar (vt) | 詐欺を働く | sagi wo hataraku |
| engano (m) | 詐欺 | sagi |
| vigarista (m) | 詐欺師 | sagi shi |
| | | |
| subornar (vt) | 賄賂を渡す | wairo wo watasu |
| suborno (atividade) | 賄賂の授受 | wairo no juju |
| suborno (dinheiro) | 賄賂 | wairo |
| | | |
| veneno (m) | 毒 | doku |
| envenenar (vt) | …を毒殺する | … wo dokusatsu suru |
| envenenar-se (vr) | 毒薬を飲む | dokuyaku wo nomu |
| | | |
| suicídio (m) | 自殺 | jisatsu |
| suicida (m) | 自殺者 | jisatsu sha |
| | | |
| ameaçar (vt) | 脅す | odosu |
| ameaça (f) | 脅し | odoshi |
| atentar contra a vida de … | 殺そうとする | koroso u to suru |
| atentado (m) | 殺人未遂 | satsujin misui |
| | | |
| roubar (um carro) | 盗む | nusumu |
| sequestrar (um avião) | ハイジャックする | haijakku suru |
| | | |
| vingança (f) | 復讐 | fukushū |
| vingar (vt) | 復讐する | fukushū suru |
| | | |
| torturar (vt) | 拷問する | gōmon suru |
| tortura (f) | 拷問 | gōmon |
| atormentar (vt) | 虐待する | gyakutai suru |
| | | |
| pirata (m) | 海賊 | kaizoku |
| desordeiro (m) | フーリガン | fūrigan |
| armado (adj) | 武装した | busō shi ta |
| violência (f) | 暴力 | bōryoku |
| ilegal (adj) | 違法な | ihō na |
| | | |
| espionagem (f) | スパイ行為 | supai kōi |
| espionar (vi) | スパイする | supai suru |

## 193. Polícia. Lei. Parte 1

| | | |
|---|---|---|
| justiça (sistema de ~) | 司法 | shihō |
| tribunal (m) | 裁判所 | saibansho |
| | | |
| juiz (m) | 裁判官 | saibankan |
| jurados (m pl) | 陪審員 | baishin in |
| tribunal (m) do júri | 陪審裁判 | baishin saiban |
| julgar (vt) | 判決を下す | hanketsu wo kudasu |
| | | |
| advogado (m) | 弁護士 | bengoshi |
| réu (m) | 被告人 | hikoku jin |
| banco (m) dos réus | 被告席 | hikoku seki |
| acusação (f) | 告発 | kokuhatsu |
| acusado (m) | 被告人 | hikoku jin |

| | | |
|---|---|---|
| sentença (f) | 判決 | hanketsu |
| sentenciar (vt) | 判決を下す | hanketsu wo kudasu |
| | | |
| culpado (m) | 有罪の | yūzai no |
| punir (vt) | 処罰する | shobatsu suru |
| punição (f) | 処罰 | shobatsu |
| | | |
| multa (f) | 罰金 | bakkin |
| prisão (f) perpétua | 終身刑 | shūshin kei |
| pena (f) de morte | 死刑 | shikei |
| cadeira (f) elétrica | 電気椅子 | denki isu |
| forca (f) | 絞首台 | kōshu dai |
| | | |
| executar (vt) | 処刑する | shokei suru |
| execução (f) | 死刑 | shikei |
| | | |
| prisão (f) | 刑務所 | keimusho |
| cela (f) de prisão | 独房 | dokubō |
| | | |
| escolta (f) | 護送 | gosō |
| guarda (m) prisional | 刑務官 | keimu kan |
| preso, prisioneiro (m) | 囚人 | shūjin |
| | | |
| algemas (f pl) | 手錠 | tejō |
| algemar (vt) | 手錠をかける | tejō wo kakeru |
| | | |
| fuga, evasão (f) | 脱獄 | datsugoku |
| fugir (vi) | 脱獄する | datsugoku suru |
| desaparecer (vi) | 姿を消す | sugata wo kesu |
| soltar, libertar (vt) | 放免する | hōmen suru |
| anistia (f) | 恩赦 | onsha |
| | | |
| polícia (instituição) | 警察 | keisatsu |
| polícia (m) | 警官 | keikan |
| delegacia (f) de polícia | 警察署 | keisatsu sho |
| cassetete (m) | 警棒 | keibō |
| megafone (m) | 拡声器 | kakusei ki |
| | | |
| carro (m) de patrulha | パトロールカー | patorōrukā |
| sirene (f) | サイレン | sairen |
| ligar a sirene | サイレンを鳴らす | sairen wo narasu |
| toque (m) da sirene | サイレンの音 | sairen no oto |
| | | |
| cena (f) do crime | 犯行現場 | hankō genba |
| testemunha (f) | 目撃者 | mokugeki sha |
| liberdade (f) | 自由 | jiyū |
| cúmplice (m) | 共犯者 | kyōhan sha |
| escapar (vi) | 逃走する | tōsō suru |
| traço (não deixar ~s) | 形跡 | keiseki |

## 194. Polícia. Lei. Parte 2

| | | |
|---|---|---|
| procura (f) | 捜査 | sōsa |
| procurar (vt) | 捜索する | sōsaku suru |

| | | |
|---|---|---|
| suspeita (f) | 嫌疑 | kengi |
| suspeito (adj) | 不審な | fushin na |
| parar (veículo, etc.) | 止める | tomeru |
| deter (fazer parar) | 留置する | ryūchi suru |
| | | |
| caso (~ criminal) | 事件 | jiken |
| investigação (f) | 捜査 | sōsa |
| detetive (m) | 探偵 | tantei |
| investigador (m) | 捜査官 | sōsa kan |
| versão (f) | 仮説 | kasetsu |
| | | |
| motivo (m) | 動機 | dōki |
| interrogatório (m) | 尋問 | jinmon |
| interrogar (vt) | 尋問する | jinmon suru |
| questionar (vt) | 尋問する | jinmon suru |
| verificação (f) | 身元確認 | mimoto kakunin |
| | | |
| batida (f) policial | 一斉検挙 | issei kenkyo |
| busca (f) | 家宅捜索 | kataku sōsaku |
| perseguição (f) | 追跡 | tsuiseki |
| perseguir (vt) | 追跡する | tsuiseki suru |
| seguir, rastrear (vt) | 追う | ō |
| | | |
| prisão (f) | 逮捕 | taiho |
| prender (vt) | 逮捕する | taiho suru |
| pegar, capturar (vt) | 捕まえる | tsukamaeru |
| captura (f) | 捕獲 | hokaku |
| | | |
| documento (m) | 文書 | bunsho |
| prova (f) | 証拠 | shōko |
| provar (vt) | 証明する | shōmei suru |
| pegada (f) | 足跡 | ashiato |
| impressões (f pl) digitais | 指紋 | shimon |
| prova (f) | 一つの証拠 | hitotsu no shōko |
| | | |
| álibi (m) | アリバイ | aribai |
| inocente (adj) | 無罪の | muzai no |
| injustiça (f) | 不当 | futō |
| injusto (adj) | 不当な | futō na |
| | | |
| criminal (adj) | 犯罪の | hanzai no |
| confiscar (vt) | 没収する | bosshū suru |
| droga (f) | 麻薬 | mayaku |
| arma (f) | 兵器 | heiki |
| desarmar (vt) | 武装解除する | busō kaijo suru |
| ordenar (vt) | 命令する | meirei suru |
| desaparecer (vi) | 姿を消す | sugata wo kesu |
| | | |
| lei (f) | 法律 | hōritsu |
| legal (adj) | 合法の | gōhō no |
| ilegal (adj) | 違法な | ihō na |
| | | |
| responsabilidade (f) | 責め | seme |
| responsável (adj) | 責めを負うべき | seme wo ō beki |

# NATUREZA

## A Terra. Parte 1

### 195. Espaço sideral

| | | |
|---|---|---|
| espaço, cosmo (m) | 宇宙 | uchū |
| espacial, cósmico (adj) | 宇宙の | uchū no |
| espaço (m) cósmico | 宇宙空間 | uchū kūkan |
| mundo (m) | 世界 | sekai |
| universo (m) | 宇宙 | uchū |
| galáxia (f) | 銀河系 | gingakei |
| estrela (f) | 星 | hoshi |
| constelação (f) | 星座 | seiza |
| planeta (m) | 惑星 | wakusei |
| satélite (m) | 衛星 | eisei |
| meteorito (m) | 隕石 | inseki |
| cometa (m) | 彗星 | suisei |
| asteroide (m) | 小惑星 | shōwakusei |
| órbita (f) | 軌道 | kidō |
| girar (vi) | 公転する | kōten suru |
| atmosfera (f) | 大気 | taiki |
| Sol (m) | 太陽 | taiyō |
| Sistema (m) Solar | 太陽系 | taiyōkei |
| eclipse (m) solar | 日食 | nisshoku |
| Terra (f) | 地球 | chikyū |
| Lua (f) | 月 | tsuki |
| Marte (m) | 火星 | kasei |
| Vênus (f) | 金星 | kinsei |
| Júpiter (m) | 木星 | mokusei |
| Saturno (m) | 土星 | dosei |
| Mercúrio (m) | 水星 | suisei |
| Urano (m) | 天王星 | tennōsei |
| Netuno (m) | 海王星 | kaiōsei |
| Plutão (m) | 冥王星 | meiōsei |
| Via Láctea (f) | 天の川 | amanogawa |
| Ursa Maior (f) | おおぐま座 | ōguma za |
| Estrela Polar (f) | 北極星 | hokkyokusei |
| marciano (m) | 火星人 | kasei jin |
| extraterrestre (m) | 宇宙人 | uchū jin |

| | | |
|---|---|---|
| alienígena (m) | 異星人 | i hoshi jin |
| disco (m) voador | 空飛ぶ円盤 | sora tobu enban |
| | | |
| espaçonave (f) | 宇宙船 | uchūsen |
| estação (f) orbital | 宇宙ステーション | uchū sutēshon |
| lançamento (m) | 打ち上げ | uchiage |
| | | |
| motor (m) | エンジン | enjin |
| bocal (m) | ノズル | nozuru |
| combustível (m) | 燃料 | nenryō |
| | | |
| cabine (f) | コックピット | kokkupitto |
| antena (f) | アンテナ | antena |
| vigia (f) | 舷窓 | gensō |
| bateria (f) solar | 太陽電池 | taiyō denchi |
| traje (m) espacial | 宇宙服 | uchū fuku |
| | | |
| imponderabilidade (f) | 無重力 | mu jūryoku |
| oxigênio (m) | 酸素 | sanso |
| | | |
| acoplagem (f) | ドッキング | dokkingu |
| fazer uma acoplagem | ドッキングする | dokkingu suru |
| | | |
| observatório (m) | 天文台 | tenmondai |
| telescópio (m) | 望遠鏡 | bōenkyō |
| observar (vt) | 観察する | kansatsu suru |
| explorar (vt) | 探索する | tansaku suru |

## 196. A Terra

| | | |
|---|---|---|
| Terra (f) | 地球 | chikyū |
| globo terrestre (Terra) | 世界 | sekai |
| planeta (m) | 惑星 | wakusei |
| | | |
| atmosfera (f) | 大気 | taiki |
| geografia (f) | 地理学 | chiri gaku |
| natureza (f) | 自然 | shizen |
| | | |
| globo (mapa esférico) | 地球儀 | chikyūgi |
| mapa (m) | 地図 | chizu |
| atlas (m) | 地図帳 | chizu chō |
| | | |
| Europa (f) | ヨーロッパ | yōroppa |
| Ásia (f) | アジア | ajia |
| | | |
| África (f) | アフリカ | afurika |
| Austrália (f) | オーストラリア | ōsutoraria |
| | | |
| América (f) | アメリカ | amerika |
| América (f) do Norte | 北アメリカ | kita amerika |
| América (f) do Sul | 南アメリカ | minami amerika |
| | | |
| Antártida (f) | 南極大陸 | nankyokutairiku |
| Ártico (m) | 北極 | hokkyoku |

## 197. Pontos cardeais

| | | |
|---|---|---|
| norte (m) | 北 | kita |
| para norte | 北へ | kita he |
| no norte | 北に | kita ni |
| do norte (adj) | 北の | kita no |
| | | |
| sul (m) | 南 | minami |
| para sul | 南へ | minami he |
| no sul | 南に | minami ni |
| do sul (adj) | 南の | minami no |
| | | |
| oeste, ocidente (m) | 西 | nishi |
| para oeste | 西へ | nishi he |
| no oeste | 西に | nishi ni |
| ocidental (adj) | 西の | nishi no |
| | | |
| leste, oriente (m) | 東 | higashi |
| para leste | 東へ | higashi he |
| no leste | 東に | higashi ni |
| oriental (adj) | 東の | higashi no |

## 198. Mar. Oceano

| | | |
|---|---|---|
| mar (m) | 海 | umi |
| oceano (m) | 海洋 | kaiyō |
| golfo (m) | 湾 | wan |
| estreito (m) | 海峡 | kaikyō |
| | | |
| terra (f) firme | 乾燥地 | kansō chi |
| continente (m) | 大陸 | tairiku |
| ilha (f) | 島 | shima |
| península (f) | 半島 | hantō |
| arquipélago (m) | 多島海 | tatōkai |
| | | |
| baía (f) | 入り江 | irie |
| porto (m) | 泊地 | hakuchi |
| lagoa (f) | 潟 | kata |
| cabo (m) | 岬 | misaki |
| | | |
| atol (m) | 環礁 | kanshō |
| recife (m) | 暗礁 | anshō |
| coral (m) | サンゴ | sango |
| recife (m) de coral | サンゴ礁 | sangoshō |
| | | |
| profundo (adj) | 深い | fukai |
| profundidade (f) | 深さ | fuka sa |
| abismo (m) | 深淵 | shinen |
| fossa (f) oceânica | 海溝 | kaikō |
| | | |
| corrente (f) | 海流 | kairyū |
| banhar (vt) | 取り囲む | torikakomu |
| litoral (m) | 海岸 | kaigan |

| costa (f) | 沿岸 | engan |
| maré (f) alta | 満潮 | manchō |
| refluxo (m) | 干潮 | kanchō |
| restinga (f) | 砂州 | sasu |
| fundo (m) | 底 | soko |

| onda (f) | 波 | nami |
| crista (f) da onda | 波頭 | namigashira |
| espuma (f) | 泡 | awa |

| tempestade (f) | 嵐 | arashi |
| furacão (m) | ハリケーン | harikēn |
| tsunami (m) | 津波 | tsunami |
| calmaria (f) | 凪 | nagi |
| calmo (adj) | 穏やかな | odayaka na |

| polo (m) | 極地 | kyokuchi |
| polar (adj) | 極地の | kyokuchi no |

| latitude (f) | 緯度 | ido |
| longitude (f) | 経度 | keido |
| paralela (f) | 度線 | dosen |
| equador (m) | 赤道 | sekidō |

| céu (m) | 空 | sora |
| horizonte (m) | 地平線 | chiheisen |
| ar (m) | 空気 | kūki |

| farol (m) | 灯台 | tōdai |
| mergulhar (vi) | 飛び込む | tobikomu |
| afundar-se (vr) | 沈没する | chinbotsu suru |
| tesouros (m pl) | 宝 | takara |

## 199. Nomes de Mares e Oceanos

| Oceano (m) Atlântico | 大西洋 | taiseiyō |
| Oceano (m) Índico | インド洋 | indoyō |
| Oceano (m) Pacífico | 太平洋 | taiheiyō |
| Oceano (m) Ártico | 北氷洋 | kitakōriyō |

| Mar (m) Negro | 黒海 | kokkai |
| Mar (m) Vermelho | 紅海 | kōkai |
| Mar (m) Amarelo | 黄海 | kōkai |
| Mar (m) Branco | 白海 | hakkai |

| Mar (m) Cáspio | カスピ海 | kasupikai |
| Mar (m) Morto | 死海 | shikai |
| Mar (m) Mediterrâneo | 地中海 | chichūkai |

| Mar (m) Egeu | エーゲ海 | ēgekai |
| Mar (m) Adriático | アドリア海 | adoriakai |

| Mar (m) Arábico | アラビア海 | arabia kai |
| Mar (m) do Japão | 日本海 | nihonkai |

| Mar (m) de Bering | ベーリング海 | bēringukai |
| Mar (m) da China Meridional | 南シナ海 | minami shinakai |

| Mar (m) de Coral | 珊瑚海 | sangokai |
| Mar (m) de Tasman | タスマン海 | tasumankai |
| Mar (m) do Caribe | カリブ海 | karibukai |

| Mar (m) de Barents | バレンツ海 | barentsukai |
| Mar (m) de Kara | カラ海 | karakai |

| Mar (m) do Norte | 北海 | hokkai |
| Mar (m) Báltico | バルト海 | barutokai |
| Mar (m) da Noruega | ノルウェー海 | noruwē umi |

## 200. Montanhas

| montanha (f) | 山 | yama |
| cordilheira (f) | 山脈 | sanmyaku |
| serra (f) | 山稜 | sanryō |

| cume (m) | 頂上 | chōjō |
| pico (m) | とがった山頂 | togatta sanchō |
| pé (m) | 麓 | fumoto |
| declive (m) | 山腹 | sanpuku |

| vulcão (m) | 火山 | kazan |
| vulcão (m) ativo | 活火山 | kakkazan |
| vulcão (m) extinto | 休火山 | kyūkazan |

| erupção (f) | 噴火 | funka |
| cratera (f) | 噴火口 | funkakō |
| magma (m) | 岩漿、マグマ | ganshō, maguma |
| lava (f) | 溶岩 | yōgan |
| fundido (lava ~a) | 溶… | yō … |

| cânion, desfiladeiro (m) | 峡谷 | kyōkoku |
| garganta (f) | 峡谷 | kyōkoku |
| fenda (f) | 裂け目 | sakeme |
| precipício (m) | 奈落の底 | naraku no soko |

| passo, colo (m) | 峠 | tōge |
| planalto (m) | 高原 | kōgen |
| falésia (f) | 断崖 | dangai |
| colina (f) | 丘 | oka |

| geleira (f) | 氷河 | hyōga |
| cachoeira (f) | 滝 | taki |
| gêiser (m) | 間欠泉 | kanketsusen |
| lago (m) | 湖 | mizūmi |

| planície (f) | 平原 | heigen |
| paisagem (f) | 風景 | fūkei |
| eco (m) | こだま | kodama |
| alpinista (m) | 登山家 | tozan ka |

| | | |
|---|---|---|
| escalador (m) | ロッククライマー | rokku kuraimā |
| conquistar (vt) | 征服する | seifuku suru |
| subida, escalada (f) | 登山 | tozan |

## 201. Nomes de montanhas

| | | |
|---|---|---|
| Alpes (m pl) | アルプス山脈 | arupusu sanmyaku |
| Monte Branco (m) | モンブラン | monburan |
| Pirineus (m pl) | ピレネー山脈 | pirenē sanmyaku |

| | | |
|---|---|---|
| Cárpatos (m pl) | カルパティア山脈 | karupatia sanmyaku |
| Urais (m pl) | ウラル山脈 | uraru sanmyaku |
| Cáucaso (m) | コーカサス山脈 | kōkasasu sanmyaku |
| Elbrus (m) | エルブルス山 | eruburusu san |

| | | |
|---|---|---|
| Altai (m) | アルタイ山脈 | arutai sanmyaku |
| Tian Shan (m) | 天山山脈 | amayama sanmyaku |
| Pamir (m) | パミール高原 | pamīru kōgen |
| Himalaia (m) | ヒマラヤ | himaraya |
| monte Everest (m) | エベレスト | eberesuto |

| | | |
|---|---|---|
| Cordilheira (f) dos Andes | アンデス山脈 | andesu sanmyaku |
| Kilimanjaro (m) | キリマンジャロ | kirimanjaro |

## 202. Rios

| | | |
|---|---|---|
| rio (m) | 川 | kawa |
| fonte, nascente (f) | 泉 | izumi |
| leito (m) de rio | 川床 | kawadoko |
| bacia (f) | 流域 | ryūiki |
| desaguar no ... | …に流れ込む | … ni nagarekomu |

| | | |
|---|---|---|
| afluente (m) | 支流 | shiryū |
| margem (do rio) | 川岸 | kawagishi |

| | | |
|---|---|---|
| corrente (f) | 流れ | nagare |
| rio abaixo | 下流の | karyū no |
| rio acima | 上流の | jōryū no |

| | | |
|---|---|---|
| inundação (f) | 洪水 | kōzui |
| cheia (f) | 氾濫 | hanran |
| transbordar (vi) | 氾濫する | hanran suru |
| inundar (vt) | 水浸しにする | mizubitashi ni suru |

| | | |
|---|---|---|
| banco (m) de areia | 浅瀬 | asase |
| corredeira (f) | 急流 | kyūryū |

| | | |
|---|---|---|
| barragem (f) | ダム | damu |
| canal (m) | 運河 | unga |
| reservatório (m) de água | ため池 [溜池] | tameike |
| eclusa (f) | 水門 | suimon |
| corpo (m) de água | 水域 | suīki |

| pântano (m) | 沼地 | numachi |
| lamaçal (m) | 湿地 | shicchi |
| redemoinho (m) | 渦 | uzu |

| riacho (m) | 小川 | ogawa |
| potável (adj) | 飲用の | inyō no |
| doce (água) | 淡… | tan … |

| gelo (m) | 氷 | kōri |
| congelar-se (vr) | 氷結する | hyōketsu suru |

## 203. Nomes de rios

| rio Sena (m) | セーヌ川 | sēnu gawa |
| rio Loire (m) | ロワール川 | rowāru gawa |

| rio Tâmisa (m) | テムズ川 | temuzu gawa |
| rio Reno (m) | ライン川 | rain gawa |
| rio Danúbio (m) | ドナウ川 | donau gawa |

| rio Volga (m) | ヴォルガ川 | voruga gawa |
| rio Don (m) | ドン川 | don gawa |
| rio Lena (m) | レナ川 | rena gawa |

| rio Amarelo (m) | 黄河 | kōga |
| rio Yangtzé (m) | 長江 | chōkō |
| rio Mekong (m) | メコン川 | mekon gawa |
| rio Ganges (m) | ガンジス川 | ganjisu gawa |

| rio Nilo (m) | ナイル川 | nairu gawa |
| rio Congo (m) | コンゴ川 | kongo gawa |
| rio Cubango (m) | オカヴァンゴ川 | okavango gawa |
| rio Zambeze (m) | ザンベジ川 | zanbeji gawa |
| rio Limpopo (m) | リンポポ川 | rinpopo gawa |
| rio Mississippi (m) | ミシシッピ川 | michishippi gawa |

## 204. Floresta

| floresta (f), bosque (m) | 森林 | shinrin |
| florestal (adj) | 森林の | shinrin no |

| mata (f) fechada | 密林 | mitsurin |
| arvoredo (m) | 木立 | kodachi |
| clareira (f) | 空き地 | akichi |

| matagal (m) | やぶ ［藪］ | yabu |
| mato (m), caatinga (f) | 低木地域 | teiboku chīki |

| pequena trilha (f) | 小道 | komichi |
| ravina (f) | ガリ | gari |
| árvore (f) | 木 | ki |
| folha (f) | 葉 | ha |

| folhagem (f) | 葉っぱ | happa |
| queda (f) das folhas | 落葉 | rakuyō |
| cair (vi) | 落ちる | ochiru |
| topo (m) | 木のてっぺん | kinoteppen |

| ramo (m) | 枝 | eda |
| galho (m) | 主枝 | shushi |
| botão (m) | 芽 [め] | me |
| agulha (f) | 松葉 | matsuba |
| pinha (f) | 松ぼっくり | matsubokkuri |

| buraco (m) de árvore | 樹洞 | kihora |
| ninho (m) | 巣 | su |
| toca (f) | 巣穴 | su ana |

| tronco (m) | 幹 | miki |
| raiz (f) | 根 | ne |
| casca (f) de árvore | 樹皮 | juhi |
| musgo (m) | コケ [苔] | koke |

| arrancar pela raiz | 根こそぎにする | nekosogi ni suru |
| cortar (vt) | 切り倒す | kiritaosu |
| desflorestar (vt) | 切り払う | kiriharau |
| toco, cepo (m) | 切り株 | kirikabu |

| fogueira (f) | 焚火 | takibi |
| incêndio (m) florestal | 森林火災 | shinrin kasai |
| apagar (vt) | 火を消す | hi wo kesu |

| guarda-parque (m) | 森林警備隊員 | shinrin keibi taīn |
| proteção (f) | 保護 | hogo |
| proteger (a natureza) | 保護する | hogo suru |
| caçador (m) furtivo | 密漁者 | mitsuryō sha |
| armadilha (f) | 罠 | wana |

| colher (cogumelos) | 摘み集める | tsumi atsumeru |
| colher (bagas) | 採る | toru |
| perder-se (vr) | 道に迷う | michi ni mayō |

## 205. Recursos naturais

| recursos (m pl) naturais | 天然資源 | tennen shigen |
| minerais (m pl) | 鉱物資源 | kōbutsu shigen |
| depósitos (m pl) | 鉱床 | kōshō |
| jazida (f) | 田 | den |

| extrair (vt) | 採掘する | saikutsu suru |
| extração (f) | 採掘 | saikutsu |
| minério (m) | 鉱石 | kōseki |
| mina (f) | 鉱山 | kōzan |
| poço (m) de mina | 立坑 | tatekō |
| mineiro (m) | 鉱山労働者 | kōzan rōdō sha |
| gás (m) | ガス | gasu |
| gasoduto (m) | ガスパイプライン | gasu paipurain |

| | | |
|---|---|---|
| petróleo (m) | 石油 | sekiyu |
| oleoduto (m) | 石油パイプライン | sekiyu paipurain |
| poço (m) de petróleo | 油井 | yusei |
| torre (f) petrolífera | 油井やぐら | yusei ya gura |
| petroleiro (m) | タンカー | tankā |

| | | |
|---|---|---|
| areia (f) | 砂 | suna |
| calcário (m) | 石灰岩 | sekkaigan |
| cascalho (m) | 砂利 | jari |
| turfa (f) | 泥炭 | deitan |
| argila (f) | 粘土 | nendo |
| carvão (m) | 石炭 | sekitan |

| | | |
|---|---|---|
| ferro (m) | 鉄 | tetsu |
| ouro (m) | 金 | kin |
| prata (f) | 銀 | gin |
| níquel (m) | ニッケル | nikkeru |
| cobre (m) | 銅 | dō |

| | | |
|---|---|---|
| zinco (m) | 亜鉛 | aen |
| manganês (m) | マンガン | mangan |
| mercúrio (m) | 水銀 | suigin |
| chumbo (m) | 鉛 | namari |

| | | |
|---|---|---|
| mineral (m) | 鉱物 | kōbutsu |
| cristal (m) | 水晶 | suishō |
| mármore (m) | 大理石 | dairiseki |
| urânio (m) | ウラン | uran |

# A Terra. Parte 2

## 206. Tempo

| | | |
|---|---|---|
| tempo (m) | 天気 | tenki |
| previsão (f) do tempo | 天気予報 | tenki yohō |
| temperatura (f) | 温度 | ondo |
| termômetro (m) | 温度計 | ondo kei |
| barômetro (m) | 気圧計 | kiatsu kei |
| | | |
| úmido (adj) | 湿度の | shitsudo no |
| umidade (f) | 湿度 | shitsudo |
| calor (m) | 猛暑 | mōsho |
| tórrido (adj) | 暑い | atsui |
| está muito calor | 暑いです | atsui desu |
| | | |
| está calor | 暖かいです | atatakai desu |
| quente (morno) | 暖かい | atatakai |
| | | |
| está frio | 寒いです | samui desu |
| frio (adj) | 寒い | samui |
| | | |
| sol (m) | 太陽 | taiyō |
| brilhar (vi) | 照る | teru |
| de sol, ensolarado | 晴れの | hare no |
| nascer (vi) | 昇る | noboru |
| pôr-se (vr) | 沈む | shizumu |
| | | |
| nuvem (f) | 雲 | kumo |
| nublado (adj) | 曇りの | kumori no |
| nuvem (f) preta | 雨雲 | amagumo |
| escuro, cinzento (adj) | どんよりした | donyori shi ta |
| | | |
| chuva (f) | 雨 | ame |
| está a chover | 雨が降っている | ame ga futte iru |
| | | |
| chuvoso (adj) | 雨の | ame no |
| chuviscar (vi) | そぼ降る | sobofuru |
| | | |
| chuva (f) torrencial | 土砂降りの雨 | doshaburi no ame |
| aguaceiro (m) | 大雨 | ōame |
| forte (chuva, etc.) | 激しい | hageshī |
| | | |
| poça (f) | 水溜り | mizutamari |
| molhar-se (vr) | ぬれる [濡れる] | nureru |
| | | |
| nevoeiro (m) | 霧 | kiri |
| de nevoeiro | 霧の | kiri no |
| neve (f) | 雪 | yuki |
| está nevando | 雪が降っている | yuki ga futte iru |

## 207. Tempo extremo. Catástrofes naturais

| | | |
|---|---|---|
| trovoada (f) | 雷雨 | raiu |
| relâmpago (m) | 稲妻 | inazuma |
| relampejar (vi) | ピカッと光る | pikatto hikaru |
| | | |
| trovão (m) | 雷 | kaminari |
| trovejar (vi) | 雷が鳴る | kaminari ga naru |
| está trovejando | 雷が鳴っている | kaminari ga natte iru |
| | | |
| granizo (m) | ひょう [雹] | hyō |
| está caindo granizo | ひょうが降っている | hyō ga futte iru |
| | | |
| inundar (vt) | 水浸しにする | mizubitashi ni suru |
| inundação (f) | 洪水 | kōzui |
| | | |
| terremoto (m) | 地震 | jishin |
| abalo, tremor (m) | 震動 | shindō |
| epicentro (m) | 震源地 | shingen chi |
| | | |
| erupção (f) | 噴火 | funka |
| lava (f) | 溶岩 | yōgan |
| | | |
| tornado (m) | 旋風 | senpū |
| tornado (m) | 竜巻 | tatsumaki |
| tufão (m) | 台風 | taifū |
| | | |
| furacão (m) | ハリケーン | harikēn |
| tempestade (f) | 暴風 | bōfū |
| tsunami (m) | 津波 | tsunami |
| | | |
| ciclone (m) | サイクロン | saikuron |
| mau tempo (m) | 悪い天気 | warui tenki |
| incêndio (m) | 火事 | kaji |
| catástrofe (f) | 災害 | saigai |
| meteorito (m) | 隕石 | inseki |
| | | |
| avalanche (f) | 雪崩 | nadare |
| deslizamento (m) de neve | 雪崩 | nadare |
| nevasca (f) | 猛吹雪 | mō fubuki |
| tempestade (f) de neve | 吹雪 | fubuki |

## 208. Ruídos. Sons

| | | |
|---|---|---|
| silêncio (m) | 静けさ | shizukesa |
| som (m) | 音 | oto |
| ruído, barulho (m) | 騒音 | sōon |
| fazer barulho | 騒ぐ | sawagu |
| ruidoso, barulhento (adj) | 騒がしい | sawagashī |
| | | |
| alto | 大声で | ōgoe de |
| alto (ex. voz ~a) | 大声の | ōgoe no |
| constante (ruído, etc.) | ひっきりなしの | hikkirinashi no |

| | | |
|---|---|---|
| grito (m) | 叫び | sakebi |
| gritar (vi) | 叫ぶ | sakebu |
| sussurro (m) | ささやき | sasayaki |
| sussurrar (vi, vt) | ささやく | sasayaku |
| | | |
| latido (m) | 吠え声 | hoe goe |
| latir (vi) | 吠える | hoeru |
| | | |
| gemido (m) | うめき声 | umeki goe |
| gemer (vi) | うめく | umeku |
| tosse (f) | 咳 | seki |
| tossir (vi) | 咳をする | seki wo suru |
| | | |
| assobio (m) | 笛 | fue |
| assobiar (vi) | 笛を吹く | fue wo fuku |
| batida (f) | ノック | nokku |
| bater (à porta) | ノックする | nokku suru |
| | | |
| estalar (vi) | 折れる | oreru |
| estalido (m) | 折れる音 | oreru oto |
| | | |
| sirene (f) | サイレン | sairen |
| apito (m) | チャイム | chaimu |
| apitar (vi) | 汽笛を鳴らす | kiteki wo narasu |
| buzina (f) | クラクション | kurakushon |
| buzinar (vi) | クラクションを鳴らす | kurakushon wo narasu |

## 209. Inverno

| | | |
|---|---|---|
| inverno (m) | 冬 | fuyu |
| de inverno | 冬の | fuyu no |
| no inverno | 冬に | fuyu ni |
| | | |
| neve (f) | 雪 | yuki |
| está nevando | 雪が降っている | yuki ga futte iru |
| queda (f) de neve | 降雪 | kōsetsu |
| amontoado (m) de neve | 雪の吹きだまり | yuki no fukidamari |
| | | |
| floco (m) de neve | 雪片 | seppen |
| bola (f) de neve | 雪玉 | yuki dama |
| boneco (m) de neve | 雪だるま | yukidaruma |
| sincelo (m) | 氷柱 | tsurara |
| | | |
| dezembro (m) | 十二月 | jūnigatsu |
| janeiro (m) | 一月 | ichigatsu |
| fevereiro (m) | 二月 | nigatsu |
| | | |
| gelo (m) | ひどい霜 | hidoi shimo |
| gelado (tempo ~) | 凍てつくような | itetsukuyō na |
| | | |
| abaixo de zero | 零下 | reika |
| primeira geada (f) | 初霜 | hatsu shimo |
| geada (f) branca | 霜 | shimo |
| frio (m) | 寒さ | samu sa |

| | | |
|---|---|---|
| está frio | 寒いね | samui ne |
| casaco (m) de pele | 毛皮のコート | kegawa no kōto |
| mitenes (f pl) | ミトン | miton |
| | | |
| adoecer (vi) | 病気になる | byōki ni naru |
| resfriado (m) | 風邪 | kaze |
| ficar resfriado | 風邪をひく | kaze wo hiku |
| | | |
| gelo (m) | 氷 | kōri |
| gelo (m) na estrada | 薄氷 | hakuhyō |
| congelar-se (vr) | 氷結する | hyōketsu suru |
| bloco (m) de gelo | 氷盤 | hyōban |
| | | |
| esqui (m) | スキー | sukī |
| esquiador (m) | スキーヤー | sukīyā |
| esquiar (vi) | スキーをする | sukī wo suru |
| patinar (vi) | スケートをする | sukēto wo suru |

# Fauna

## 210. Mamíferos. Predadores

| | | |
|---|---|---|
| predador (m) | 肉食獣 | nikushoku juu |
| tigre (m) | トラ［虎］ | tora |
| leão (m) | ライオン | raion |
| lobo (m) | オオカミ | ōkami |
| raposa (f) | キツネ［狐］ | kitsune |
| | | |
| jaguar (m) | ジャガー | jagā |
| leopardo (m) | ヒョウ［豹］ | hyō |
| chita (f) | チーター | chītā |
| | | |
| pantera (f) | 黒豹 | kuro hyō |
| puma (m) | ピューマ | pyūma |
| leopardo-das-neves (m) | 雪豹 | yuki hyō |
| lince (m) | オオヤマネコ | ōyamaneko |
| | | |
| coiote (m) | コヨーテ | koyōte |
| chacal (m) | ジャッカル | jakkaru |
| hiena (f) | ハイエナ | haiena |

## 211. Animais selvagens

| | | |
|---|---|---|
| animal (m) | 動物 | dōbutsu |
| besta (f) | 獣 | shishi |
| | | |
| esquilo (m) | リス | risu |
| ouriço (m) | ハリネズミ［針鼠］ | harinezumi |
| lebre (f) | ヘア | hea |
| coelho (m) | ウサギ［兎］ | usagi |
| | | |
| texugo (m) | アナグマ | anaguma |
| guaxinim (m) | アライグマ | araiguma |
| hamster (m) | ハムスター | hamusutā |
| marmota (f) | マーモット | māmotto |
| | | |
| toupeira (f) | モグラ | mogura |
| rato (m) | ネズミ | nezumi |
| ratazana (f) | ラット | ratto |
| morcego (m) | コウモリ［蝙蝠］ | kōmori |
| | | |
| arminho (m) | オコジョ | okojo |
| zibelina (f) | クロテン | kuroten |
| marta (f) | マツテン | matsu ten |
| doninha (f) | イタチ（鼬、鼬鼠） | itachi |
| visom (m) | ミンク | minku |

| | | |
|---|---|---|
| castor (m) | ビーバー | bībā |
| lontra (f) | カワウソ | kawauso |
| | | |
| cavalo (m) | ウマ［馬］ | uma |
| alce (m) | ヘラジカ（箆鹿） | herajika |
| veado (m) | シカ［鹿］ | shika |
| camelo (m) | ラクダ［駱駝］ | rakuda |
| | | |
| bisão (m) | アメリカバイソン | amerika baison |
| auroque (m) | ヨーロッパバイソン | yōroppa baison |
| búfalo (m) | 水牛 | suigyū |
| | | |
| zebra (f) | シマウマ［縞馬］ | shimauma |
| antílope (m) | レイヨウ | reiyō |
| corça (f) | ノロジカ | noro jika |
| gamo (m) | ダマジカ | damajika |
| camurça (f) | シャモア | shamoa |
| javali (m) | イノシシ［猪］ | inoshishi |
| | | |
| baleia (f) | クジラ［鯨］ | kujira |
| foca (f) | アザラシ | azarashi |
| morsa (f) | セイウチ［海象］ | seiuchi |
| urso-marinho (m) | オットセイ［膃肭臍］ | ottosei |
| golfinho (m) | いるか［海豚］ | iruka |
| | | |
| urso (m) | クマ［熊］ | kuma |
| urso (m) polar | ホッキョクグマ | hokkyokuguma |
| panda (m) | パンダ | panda |
| | | |
| macaco (m) | サル［猿］ | saru |
| chimpanzé (m) | チンパンジー | chinpanjī |
| orangotango (m) | オランウータン | oranwutan |
| gorila (m) | ゴリラ | gorira |
| macaco (m) | マカク | makaku |
| gibão (m) | テナガザル | tenagazaru |
| | | |
| elefante (m) | ゾウ［象］ | zō |
| rinoceronte (m) | サイ［犀］ | sai |
| girafa (f) | キリン | kirin |
| hipopótamo (m) | カバ［河馬］ | kaba |
| | | |
| canguru (m) | カンガルー | kangarū |
| coala (m) | コアラ | koara |
| | | |
| mangusto (m) | マングース | mangūsu |
| chinchila (f) | チンチラ | chinchira |
| cangambá (f) | スカンク | sukanku |
| porco-espinho (m) | ヤマアラシ | yamārashi |

## 212. Animais domésticos

| | | |
|---|---|---|
| gata (f) | 猫 | neko |
| gato (m) macho | オス猫 | osu neko |
| cão (m) | 犬 | inu |

| | | |
|---|---|---|
| cavalo (m) | ウマ［馬］ | uma |
| garanhão (m) | 種馬 | taneuma |
| égua (f) | 雌馬 | meuma |
| | | |
| vaca (f) | 雌牛 | meushi |
| touro (m) | 雄牛 | ōshi |
| boi (m) | 去勢牛 | kyosei ushi |
| | | |
| ovelha (f) | 羊 | hitsuji |
| carneiro (m) | 雄羊 | ohitsuji |
| cabra (f) | ヤギ［山羊］ | yagi |
| bode (m) | 雄ヤギ | oyagi |
| | | |
| burro (m) | ロバ | roba |
| mula (f) | ラバ | raba |
| | | |
| porco (m) | ブタ［豚］ | buta |
| leitão (m) | 子豚 | kobuta |
| coelho (m) | カイウサギ［飼兎］ | kai usagi |
| | | |
| galinha (f) | ニワトリ［鶏］ | niwatori |
| galo (m) | おんどり［雄鶏］ | ondori |
| | | |
| pata (f), pato (m) | アヒル | ahiru |
| pato (m) | 雄アヒル | oahiru |
| ganso (m) | ガチョウ | gachō |
| | | |
| peru (m) | 雄七面鳥 | oshichimenchō |
| perua (f) | 七面鳥［シチメンチョウ］ | shichimenchō |
| | | |
| animais (m pl) domésticos | 家畜 | kachiku |
| domesticado (adj) | 馴れた | nare ta |
| domesticar (vt) | かいならす | kainarasu |
| criar (vt) | 飼養する | shiyō suru |
| | | |
| fazenda (f) | 農場 | nōjō |
| aves (f pl) domésticas | 家禽 | kakin |
| gado (m) | 畜牛 | chiku gyū |
| rebanho (m), manada (f) | 群れ | mure |
| | | |
| estábulo (m) | 馬小屋 | umagoya |
| chiqueiro (m) | 豚小屋 | buta goya |
| estábulo (m) | 牛舎 | gyūsha |
| coelheira (f) | ウサギ小屋 | usagi koya |
| galinheiro (m) | 鶏小屋 | niwatori goya |

## 213. Cães. Raças de cães

| | | |
|---|---|---|
| cão (m) | 犬 | inu |
| cão pastor (m) | 牧羊犬 | bokuyō ken |
| pastor-alemão (m) | ジャーマン・シェパード | jāman shepādo |
| poodle (m) | プードル | pūdoru |
| linguicinha (m) | ダックスフント | dakkusufunto |
| buldogue (m) | ブルドッグ | burudoggu |

| boxer (m) | ボクサー | bokusā |
| mastim (m) | マスティフ | masutifu |
| rottweiler (m) | ロットワイラー | rottowairā |
| dóberman (m) | ドーベルマン | dōberuman |

| basset (m) | バセットハウンド | basetto haundo |
| pastor inglês (m) | ボブテイル | bobuteiru |
| dálmata (m) | ダルメシアン | darumeshian |
| cocker spaniel (m) | コッカースパニエル | kokkā supanieru |

| terra-nova (m) | ニューファンドランド | nyūfandorando |
| são-bernardo (m) | セントバーナード | sentobānādo |

| husky (m) siberiano | ハスキー | hasukī |
| Chow-chow (m) | チャウチャウ | chau chau |
| spitz alemão (m) | スピッツ | supittsu |
| pug (m) | パグ | pagu |

## 214. Sons produzidos pelos animais

| latido (m) | 吠え声 | hoe goe |
| latir (vi) | 吠える | hoeru |
| miar (vi) | ニャーニャー鳴く | nyānyā naku |
| ronronar (vi) | ゴロゴロとのどを鳴らす | gorogoro to nodo wo narasu |

| mugir (vaca) | モーと鳴く | mō to naku |
| bramir (touro) | 大声で鳴く | ōgoe de naku |
| rosnar (vi) | うなる | unaru |

| uivo (m) | 遠吠え | tōboe |
| uivar (vi) | 遠吠えする | tōboe suru |
| ganir (vi) | クンクン鳴く | kunkun naku |

| balir (vi) | メーと鳴く | mē to naku |
| grunhir (vi) | ブーブー鳴く | būbū naku |
| guinchar (vi) | キーキー鳴く | kīkī naku |

| coaxar (sapo) | ゲロゲロ鳴く | gerogero naku |
| zumbir (inseto) | ブンブン飛び回る | bunbun tobimawaru |
| ziziar (vi) | キリキリ鳴く | kirikiri naku |

## 215. Animais jovens

| cria (f), filhote (m) | 動物の子 | dōbutsu no ko |
| gatinho (m) | 子猫 | koneko |
| ratinho (m) | 子ねずみ | konezumi |
| cachorro (m) | 子犬 | koinu |

| filhote (m) de lebre | 子ウサギ | ko usagi |
| coelhinho (m) | 兎の赤ちゃん | usagi no akachan |
| lobinho (m) | オオカミの子 | ōkami no ko |
| filhote (m) de raposa | 子狐 | ko gitsune |

| | | |
|---|---|---|
| filhote (m) de urso | 子熊 | ko guma |
| filhote (m) de leão | ライオンの子 | raion no ko |
| filhote (m) de tigre | 虎の子 | tora no ko |
| filhote (m) de elefante | 子象 | kozō |

| | | |
|---|---|---|
| leitão (m) | 子豚 | kobuta |
| bezerro (m) | 子牛 | kōshi |
| cabrito (m) | 子ヤギ | koyagi |
| cordeiro (m) | 子羊 | kohitsuji |
| filhote (m) de veado | 子鹿 | kojika |
| cria (f) de camelo | 子ラクダ | korakuda |

| | | |
|---|---|---|
| filhote (m) de serpente | 蛇の赤ちゃん | hebi no akachan |
| filhote (m) de rã | カエルの赤ちゃん | kaeru no akachan |

| | | |
|---|---|---|
| cria (f) de ave | 雛鳥［ひなどり］ | hinadori |
| pinto (m) | ひよこ［雛］ | hiyoko |
| patinho (m) | 子ガモ | ko gamo |

## 216. Pássaros

| | | |
|---|---|---|
| pássaro (m), ave (f) | 鳥 | tori |
| pombo (m) | 鳩［ハト］ | hato |
| pardal (m) | スズメ（雀） | suzume |
| chapim-real (m) | シジュウカラ［四十雀］ | shijūkara |
| pega-rabuda (f) | カササギ（鵲） | kasasagi |

| | | |
|---|---|---|
| corvo (m) | ワタリガラス［渡鴉］ | watari garasu |
| gralha-cinzenta (f) | カラス［鴉］ | karasu |
| gralha-de-nuca-cinzenta (f) | ニシコクマルガラス | nishikokumaru garasu |
| gralha-calva (f) | ミヤマガラス［深山烏］ | miyama garasu |

| | | |
|---|---|---|
| pato (m) | カモ［鴨］ | kamo |
| ganso (m) | ガチョウ | gachō |
| faisão (m) | キジ | kiji |

| | | |
|---|---|---|
| águia (f) | 鷲 | washi |
| açor (m) | 鷹 | taka |
| falcão (m) | ハヤブサ［隼］ | hayabusa |
| abutre (m) | ハゲワシ | hagewashi |
| condor (m) | コンドル | kondoru |

| | | |
|---|---|---|
| cisne (m) | 白鳥［ハクチョウ］ | hakuchō |
| grou (m) | 鶴［ツル］ | tsuru |
| cegonha (f) | シュバシコウ | shubashikō |

| | | |
|---|---|---|
| papagaio (m) | オウム | ōmu |
| beija-flor (m) | ハチドリ［蜂鳥］ | hachidori |
| pavão (m) | クジャク［孔雀］ | kujaku |

| | | |
|---|---|---|
| avestruz (m) | ダチョウ［駝鳥］ | dachō |
| garça (f) | サギ［鷺］ | sagi |
| flamingo (m) | フラミンゴ | furamingo |
| pelicano (m) | ペリカン | perikan |

| | | |
|---|---|---|
| rouxinol (m) | サヨナキドリ | sayonakidori |
| andorinha (f) | ツバメ [燕] | tsubame |

| | | |
|---|---|---|
| tordo-zornal (m) | ノハラツグミ | nohara tsugumi |
| tordo-músico (m) | ウタツグミ [歌鶫] | uta tsugumi |
| melro-preto (m) | クロウタドリ | kurōtadori |

| | | |
|---|---|---|
| andorinhão (m) | アマツバメ [雨燕] | ama tsubame |
| cotovia (f) | ヒバリ [雲雀] | hibari |
| codorna (f) | ウズラ | uzura |

| | | |
|---|---|---|
| pica-pau (m) | キツツキ | kitsutsuki |
| cuco (m) | カッコウ [郭公] | kakkō |
| coruja (f) | トラフズク | torafuzuku |
| bufo-real (m) | ワシミミズク | washi mimizuku |
| tetraz-grande (m) | ヨーロッパオオライチョウ | yōroppa ōraichō |
| tetraz-lira (m) | クロライチョウ | kuro raichō |
| perdiz-cinzenta (f) | ヨーロッパヤマウズラ | yōroppa yamauzura |

| | | |
|---|---|---|
| estorninho (m) | ムクドリ | mukudori |
| canário (m) | カナリア [金糸雀] | kanaria |
| galinha-do-mato (f) | エゾライチョウ | ezo raichō |
| tentilhão (m) | ズアオアトリ | zuaoatori |
| dom-fafe (m) | ウソ [鷽] | uso |

| | | |
|---|---|---|
| gaivota (f) | カモメ [鴎] | kamome |
| albatroz (m) | アホウドリ | ahōdori |
| pinguim (m) | ペンギン | pengin |

## 217. Pássaros. Canto e sons

| | | |
|---|---|---|
| cantar (vi) | さえずる | saezuru |
| gritar, chamar (vi) | 鳴く | naku |
| cantar (o galo) | コケコッコーと鳴く | kokekokkō to naku |
| cocorocó (m) | コケコッコー | kokekokkō |

| | | |
|---|---|---|
| cacarejar (vi) | コッコッと鳴く | kokkotto naku |
| crocitar (vi) | カーカーと鳴く | kākā to naku |
| grasnar (vi) | ガーガー鳴く | gāgā naku |
| piar (vi) | ピーピー鳴く | pīpī naku |
| chilrear, gorjear (vi) | さえずる | saezuru |

## 218. Peixes. Animais marinhos

| | | |
|---|---|---|
| brema (f) | ブリーム | burīmu |
| carpa (f) | コイ [鯉] | koi |
| perca (f) | ヨーロピアンパーチ | yōropian pāchi |
| siluro (m) | ナマズ | namazu |
| lúcio (m) | カワカマス | kawakamasu |

| | | |
|---|---|---|
| salmão (m) | サケ | sake |
| esturjão (m) | チョウザメ [蝶鮫] | chōzame |

| | | |
|---|---|---|
| arenque (m) | ニシン | nishin |
| salmão (m) do Atlântico | タイセイヨウサケ［大西洋鮭］ | taiseiyō sake |
| cavala, sarda (f) | サバ［鯖］ | saba |
| solha (f), linguado (m) | カレイ［鰈］ | karei |
| | | |
| lúcio perca (m) | ザンダー | zandā |
| bacalhau (m) | タラ［鱈］ | tara |
| atum (m) | マグロ［鮪］ | maguro |
| truta (f) | マス［鱒］ | masu |
| | | |
| enguia (f) | ウナギ［鰻］ | unagi |
| raia (f) elétrica | シビレエイ | shibireei |
| moreia (f) | ウツボ［鱓］ | utsubo |
| piranha (f) | ピラニア | pirania |
| | | |
| tubarão (m) | サメ［鮫］ | same |
| golfinho (m) | イルカ［海豚］ | iruka |
| baleia (f) | クジラ［鯨］ | kujira |
| | | |
| caranguejo (m) | カニ［蟹］ | kani |
| água-viva (f) | クラゲ［水母］ | kurage |
| polvo (m) | タコ［蛸］ | tako |
| | | |
| estrela-do-mar (f) | ヒトデ［海星］ | hitode |
| ouriço-do-mar (m) | ウニ［海胆］ | uni |
| cavalo-marinho (m) | タツノオトシゴ | tatsunootoshigo |
| | | |
| ostra (f) | カキ［牡蠣］ | kaki |
| camarão (m) | エビ | ebi |
| lagosta (f) | イセエビ | iseebi |
| lagosta (f) | スパイニーロブスター | supainī robusutā |

## 219. Anfíbios. Répteis

| | | |
|---|---|---|
| cobra (f) | ヘビ（蛇） | hebi |
| venenoso (adj) | 毒…、有毒な | doku …, yūdoku na |
| | | |
| víbora (f) | クサリヘビ | kusarihebi |
| naja (f) | コブラ | kobura |
| píton (m) | ニシキヘビ | nishikihebi |
| jiboia (f) | ボア | boa |
| | | |
| cobra-de-água (f) | ヨーロッパヤマカガシ | yōroppa yamakagashi |
| cascavel (f) | ガラガラヘビ | garagarahebi |
| anaconda (f) | アナコンダ | anakonda |
| | | |
| lagarto (m) | トカゲ［蜥蜴］ | tokage |
| iguana (f) | イグアナ | iguana |
| varano (m) | オオトカゲ | ōtokage |
| salamandra (f) | サンショウウオ［山椒魚］ | sanshōuo |
| camaleão (m) | カメレオン | kamereon |
| escorpião (m) | サソリ［蠍］ | sasori |
| tartaruga (f) | カメ［亀］ | kame |
| rã (f) | 蛙［カエル］ | kaeru |

| | | |
|---|---|---|
| sapo (m) | ヒキガエル | hikigaeru |
| crocodilo (m) | ワニ [鰐] | wani |

## 220. Insetos

| | | |
|---|---|---|
| inseto (m) | 昆虫 | konchū |
| borboleta (f) | チョウ [蝶] | chō |
| formiga (f) | アリ [蟻] | ari |
| mosca (f) | ハエ [蝿] | hae |
| mosquito (m) | カ [蚊] | ka |
| escaravelho (m) | 甲虫 | kabutomushi |
| | | |
| vespa (f) | ワスプ | wasupu |
| abelha (f) | ハチ [蜂] | hachi |
| mamangaba (f) | マルハナバチ [丸花蜂] | maruhanabachi |
| moscardo (m) | アブ [虻] | abu |
| | | |
| aranha (f) | クモ [蜘蛛] | kumo |
| teia (f) de aranha | クモの巣 | kumo no su |
| | | |
| libélula (f) | トンボ [蜻蛉] | tonbo |
| gafanhoto (m) | キリギリス | kirigirisu |
| traça (f) | ガ [蛾] | ga |
| | | |
| barata (f) | ゴキブリ [蜚蠊] | gokiburi |
| carrapato (m) | ダニ [壁蝨、蜱] | dani |
| pulga (f) | ノミ [蚤] | nomi |
| borrachudo (m) | ヌカカ [糠蚊] | nukaka |
| | | |
| gafanhoto (m) | バッタ [飛蝗] | batta |
| caracol (m) | カタツムリ [蝸牛] | katatsumuri |
| grilo (m) | コオロギ [蟋蟀、蛩] | kōrogi |
| pirilampo, vaga-lume (m) | ホタル [蛍、螢] | hotaru |
| joaninha (f) | テントウムシ [天道虫] | tentōmushi |
| besouro (m) | コフキコガネ | kofukikogane |
| | | |
| sanguessuga (f) | ヒル [蛭] | hiru |
| lagarta (f) | ケムシ [毛虫] | kemushi |
| minhoca (f) | ミミズ [蚯蚓] | mimizu |
| larva (f) | 幼虫 | yōchū |

## 221. Animais. Partes do corpo

| | | |
|---|---|---|
| bico (m) | くちばし (嘴) | kuchibashi |
| asas (f pl) | 翼 [つばさ] | tsubasa |
| pata (f) | 足 | ashi |
| plumagem (f) | 羽毛 | umō |
| pena, pluma (f) | 羽 | hane |
| crista (f) | とさか | tosaka |
| | | |
| brânquias, guelras (f pl) | えら [鰓] | era |
| ovas (f pl) | 卵 | tamago |

| | | |
|---|---|---|
| larva (f) | 幼虫 | yōchū |
| barbatana (f) | ひれ [鰭] | hire |
| escama (f) | 鱗（うろこ） | uroko |
| | | |
| presa (f) | 犬歯 | kenshi |
| pata (f) | 足 | ashi |
| focinho (m) | 鼻口部 | hana guchi bu |
| boca (f) | 口 | kuchi |
| cauda (f), rabo (m) | 尻尾 | shippo |
| bigodes (m pl) | 洞毛 | dōmo u |
| | | |
| casco (m) | ひづめ | hizume |
| corno (m) | 角 | tsuno |
| | | |
| carapaça (f) | 甲羅 | kōra |
| concha (f) | 貝殻 | kaigara |
| casca (f) de ovo | 卵の殻 | tamago no kara |
| | | |
| pelo (m) | 毛 | ke |
| pele (f), couro (m) | 毛皮 | kegawa |

## 222. Ações dos animais

| | | |
|---|---|---|
| voar (vi) | 飛ぶ | tobu |
| dar voltas | 円を描く | en wo egaku |
| | | |
| voar (para longe) | 飛び去る | tobisaru |
| bater as asas | 羽音を立てる | haoto wo tateru |
| | | |
| bicar (vi) | ついばむ | tsuibamu |
| incubar (vt) | 卵を抱く | tamago wo idaku |
| | | |
| sair do ovo | 孵化する | fuka suru |
| fazer o ninho | 巣を作る | su wo tsukuru |
| | | |
| rastejar (vi) | 這う | hau |
| picar (vt) | 刺す | sasu |
| morder (cachorro, etc.) | 噛みつく | kamitsuku |
| | | |
| cheirar (vt) | 嗅ぐ | kagu |
| latir (vi) | 吠える | hoeru |
| silvar (vi) | シューッという音を立てる | shūttoyū oto wo tateru |
| | | |
| assustar (vt) | 怖がらせる | kowagara seru |
| atacar (vt) | 攻撃する | kōgeki suru |
| | | |
| roer (vt) | 噛る | kajiru |
| arranhar (vt) | 引っ掻く | hikkaku |
| esconder-se (vr) | 隠れる | kakureru |
| | | |
| brincar (vi) | 遊ぶ | asobu |
| caçar (vi) | 狩る | karu |
| hibernar (vi) | 冬眠する | tōmin suru |
| extinguir-se (vr) | 絶滅する | zetsumetsu suru |

## 223. Animais. Habitats

| | | |
|---|---|---|
| hábitat (m) | 生息地 | seisoku chi |
| migração (f) | 渡り | watari |
| | | |
| montanha (f) | 山 | yama |
| recife (m) | サンゴ礁 | sangoshō |
| falésia (f) | 断崖 | dangai |
| | | |
| floresta (f) | 森林 | shinrin |
| selva (f) | ジャングル | janguru |
| savana (f) | サバンナ | sabanna |
| tundra (f) | ツンドラ | tsundora |
| | | |
| estepe (f) | ステップ | suteppu |
| deserto (m) | 砂漠 | sabaku |
| oásis (m) | オアシス | oashisu |
| | | |
| mar (m) | 海 | umi |
| lago (m) | 湖 | mizūmi |
| oceano (m) | 海洋 | kaiyō |
| | | |
| pântano (m) | 沼地 | numachi |
| de água doce | 淡水の | tansui no |
| lagoa (f) | 池 | ike |
| rio (m) | 川 | kawa |
| | | |
| toca (f) do urso | 動物の巣穴 | dōbutsu no su ana |
| ninho (m) | 巣 | su |
| buraco (m) de árvore | 樹洞 | kihora |
| toca (f) | 巣穴 | su ana |
| formigueiro (m) | アリ塚 [蟻塚] | arizuka |

## 224. Cuidados com os animais

| | | |
|---|---|---|
| jardim (m) zoológico | 動物園 | dōbutsu en |
| reserva (f) natural | 自然保護区 | shizen hogo ku |
| | | |
| viveiro (m) | ブリーダー | burīdā |
| jaula (f) de ar livre | 野外ケージ | yagai kēji |
| jaula, gaiola (f) | おり（檻） | ori |
| casinha (f) de cachorro | 犬小屋 | inu goya |
| | | |
| pombal (m) | 鳩小屋 | hatogoya |
| aquário (m) | 水槽 | suisō |
| delfinário (m) | いるかのいる水族館 | iruka no iru suizokukan |
| | | |
| criar (vt) | 飼育する | shīku suru |
| cria (f) | 同腹 | dōfuku |
| domesticar (vt) | 馴らす | narasu |
| adestrar (vt) | 調教する | chōkyō suru |
| ração (f) | 飼料 | shiryō |
| alimentar (vt) | 餌をやる | esa wo yaru |

| | | |
|---|---|---|
| loja (f) de animais | ペットショップ | petto shoppu |
| focinheira (m) | 口輪 | kuchiwa |
| coleira (f) | 首輪 | kubiwa |
| nome (do animal) | 名前 | namae |
| pedigree (m) | 血統書 | kettō sho |

## 225. Animais. Diversos

| | | |
|---|---|---|
| alcateia (f) | 群れ | mure |
| bando (pássaros) | 鳥の群れ | tori no mure |
| cardume (peixes) | 魚の群れ | sakana no mure |
| manada (cavalos) | 馬の群れ | uma no mure |
| macho (m) | 雄 | yū |
| fêmea (f) | 雌 | mesu |
| faminto (adj) | 飢えた | ue ta |
| selvagem (adj) | 野生の | yasei no |
| perigoso (adj) | 危険な | kiken na |

## 226. Cavalos

| | | |
|---|---|---|
| cavalo (m) | 馬 | uma |
| raça (f) | 品種 | hinshu |
| potro (m) | 子馬 | kōma |
| égua (f) | 雌馬 | meuma |
| mustangue (m) | ムスタング | musutangu |
| pônei (m) | ポニー | ponī |
| cavalo (m) de tiro | 重種馬 | jū taneuma |
| crina (f) | たてがみ | tategami |
| rabo (m) | 尻尾 | shippo |
| casco (m) | ひづめ | hizume |
| ferradura (f) | 蹄鉄 | teitetsu |
| ferrar (vt) | 蹄鉄を付ける | teitetsu wo tsukeru |
| ferreiro (m) | 蹄鉄工 | teitetsu kō |
| sela (f) | 鞍 | kura |
| estribo (m) | あぶみ [鐙] | abumi |
| brida (f) | 馬勒 | baroku |
| rédeas (f pl) | 手綱 | tazuna |
| chicote (m) | むち [鞭] | muchi |
| cavaleiro (m) | 乗り手 | norite |
| colocar sela | 鞍をつける | kura wo tsukeru |
| montar no cavalo | 馬に乗る | uma ni noru |
| galope (m) | ギャロップ | gyaroppu |
| galopar (vi) | ギャロップで駆ける | gyaroppu de kakeru |

| | | |
|---|---|---|
| trote (m) | 速足 | hayāshi |
| a trote | 速足で | hayāshi de |
| ir a trote | 速足で駆ける | hayāshi de kakeru |
| cavalo (m) de corrida | 競走馬 | kyōsō ba |
| corridas (f pl) | 競馬 | keiba |
| estábulo (m) | 馬小屋 | umagoya |
| alimentar (vt) | 餌をやる | esa wo yaru |
| feno (m) | 干し草 | hoshikusa |
| dar água | 水を飲ませる | mizu wo nomaseru |
| limpar (vt) | 洗う | arau |
| carroça (f) | 馬車 | basha |
| pastar (vi) | 草を食む | kusa wo hamu |
| relinchar (vi) | いななく | inanaku |
| dar um coice | …を蹴る | … wo keru |

# Flora

## 227. Árvores

| | | |
|---|---|---|
| árvore (f) | 木 | ki |
| decídua (adj) | 落葉性の | rakuyō sei no |
| conífera (adj) | 針葉樹の | shinyōju no |
| perene (adj) | 常緑の | jōryoku no |
| macieira (f) | りんごの木 | ringonoki |
| pereira (f) | 洋梨の木 | yōnashinoki |
| cerejeira (f) | セイヨウミザクラ | seiyōmi zakura |
| ginjeira (f) | スミミザクラ | sumimi zakura |
| ameixeira (f) | プラムトリー | puramu torī |
| bétula (f) | カバノキ | kabanoki |
| carvalho (m) | オーク | ōku |
| tília (f) | シナノキ［科の木］ | shinanoki |
| choupo-tremedor (m) | ヤマナラシ［山鳴らし］ | yamanarashi |
| bordo (m) | カエデ［楓］ | kaede |
| espruce (m) | スプルース | supurūsu |
| pinheiro (m) | マツ［松］ | matsu |
| alerce, lariço (m) | カラマツ［唐松］ | karamatsu |
| abeto (m) | モミ［樅］ | momi |
| cedro (m) | シダー | shidā |
| choupo, álamo (m) | ポプラ | popura |
| tramazeira (f) | ナナカマド | nanakamado |
| salgueiro (m) | ヤナギ［柳］ | yanagi |
| amieiro (m) | ハンノキ | hannoki |
| faia (f) | ブナ | buna |
| ulmeiro, olmo (m) | ニレ［楡］ | nire |
| freixo (m) | トネリコ［梣］ | toneriko |
| castanheiro (m) | クリ［栗］ | kuri |
| magnólia (f) | モクレン［木蓮］ | mokuren |
| palmeira (f) | ヤシ［椰子］ | yashi |
| cipreste (m) | イトスギ［糸杉］ | itosugi |
| mangue (m) | マングローブ | mangurōbu |
| embondeiro, baobá (m) | バオバブ | baobabu |
| eucalipto (m) | ユーカリ | yūkari |
| sequoia (f) | セコイア | sekoia |

## 228. Arbustos

| | | |
|---|---|---|
| arbusto (m) | 低木 | teiboku |
| arbusto (m), moita (f) | 潅木 | kanboku |

| | | |
|---|---|---|
| videira (f) | ブドウ ［葡萄］ | budō |
| vinhedo (m) | ブドウ園 ［葡萄園］ | budōen |

| | | |
|---|---|---|
| framboeseira (f) | ラズベリー | razuberī |
| groselheira-negra (f) | クロスグリ | kuro suguri |
| groselheira-vermelha (f) | フサスグリ | fusa suguri |
| groselheira (f) espinhosa | セイヨウスグリ | seiyō suguri |

| | | |
|---|---|---|
| acácia (f) | アカシア | akashia |
| bérberis (f) | メギ | megi |
| jasmim (m) | ジャスミン | jasumin |

| | | |
|---|---|---|
| junípero (m) | セイヨウネズ | seiyōnezu |
| roseira (f) | バラの木 | baranoki |
| roseira (f) brava | イヌバラ | inu bara |

## 229. Cogumelos

| | | |
|---|---|---|
| cogumelo (m) | キノコ ［茸］ | kinoko |
| cogumelo (m) comestível | 食用キノコ | shokuyō kinoko |
| cogumelo (m) venenoso | 毒キノコ | doku kinoko |
| chapéu (m) | カサ ［傘］ | kasa |
| pé, caule (m) | 柄 | e |

| | | |
|---|---|---|
| boleto, porcino (m) | ヤマドリタケ | yamadori take |
| boleto (m) alaranjado | アカエノキンチャヤマイグチ | akaenokincha yamaiguchi |
| boleto (m) de bétula | ヤマイグチ | yamaiguchi |
| cantarelo (m) | アンズタケ ［杏茸］ | anzu take |
| rússula (f) | ベニタケ ［紅茸］ | beni take |

| | | |
|---|---|---|
| morchella (f) | アミガサタケ ［網笠茸］ | amigasa take |
| agário-das-moscas (m) | ベニテングタケ ［紅天狗茸］ | benitengu take |
| cicuta (f) verde | タマゴテングタケ ［卵天狗茸］ | tamagotengu take |

## 230. Frutos. Bagas

| | | |
|---|---|---|
| fruta (f) | 果物 | kudamono |
| frutas (f pl) | 果物 | kudamono |
| maçã (f) | リンゴ | ringo |
| pera (f) | 洋梨 | yōnashi |
| ameixa (f) | プラム | puramu |

| | | |
|---|---|---|
| morango (m) | イチゴ （苺） | ichigo |
| ginja (f) | サワー チェリー | sawā cherī |
| cereja (f) | スイート チェリー | suīto cherī |
| uva (f) | ブドウ ［葡萄］ | budō |

| | | |
|---|---|---|
| framboesa (f) | ラズベリー （木苺） | razuberī |
| groselha (f) negra | クロスグリ | kuro suguri |
| groselha (f) vermelha | フサスグリ | fusa suguri |
| groselha (f) espinhosa | セイヨウスグリ | seiyō suguri |
| oxicoco (m) | クランベリー | kuranberī |

| laranja (f) | オレンジ | orenji |
| tangerina (f) | マンダリン | mandarin |
| abacaxi (m) | パイナップル | painappuru |
| banana (f) | バナナ | banana |
| tâmara (f) | デーツ | dētsu |

| limão (m) | レモン | remon |
| damasco (m) | アンズ [杏子] | anzu |
| pêssego (m) | モモ [桃] | momo |
| quiuí (m) | キウイ | kiui |
| toranja (f) | グレープフルーツ | gurēbu furūtsu |

| baga (f) | ベリー | berī |
| bagas (f pl) | ベリー | berī |
| arando (m) vermelho | コケモモ | kokemomo |
| morango-silvestre (m) | ノイチゴ [野いちご] | noichigo |
| mirtilo (m) | ビルベリー | biruberī |

## 231. Flores. Plantas

| flor (f) | 花 | hana |
| buquê (m) de flores | 花束 | hanataba |

| rosa (f) | バラ | bara |
| tulipa (f) | チューリップ | chūrippu |
| cravo (m) | カーネーション | kānēshon |
| gladíolo (m) | グラジオラス | gurajiorasu |

| centáurea (f) | ヤグルマギク [矢車菊] | yagurumagiku |
| campainha (f) | ホタルブクロ | hotarubukuro |
| dente-de-leão (m) | タンポポ [蒲公英] | tanpopo |
| camomila (f) | カモミール | kamomīru |

| aloé (m) | アロエ | aroe |
| cacto (m) | サボテン | saboten |
| fícus (m) | イチジク | ichijiku |

| lírio (m) | ユリ [百合] | yuri |
| gerânio (m) | ゼラニウム | zeranyūmu |
| jacinto (m) | ヒヤシンス | hiyashinsu |

| mimosa (f) | ミモザ | mimoza |
| narciso (m) | スイセン [水仙] | suisen |
| capuchinha (f) | キンレンカ [金蓮花] | kinrenka |

| orquídea (f) | ラン [蘭] | ran |
| peônia (f) | シャクヤク [芍薬] | shakuyaku |
| violeta (f) | スミレ [菫] | sumire |

| amor-perfeito (m) | パンジー | panjī |
| não-me-esqueças (m) | ワスレナグサ [勿忘草] | wasurenagusa |
| margarida (f) | デイジー | deijī |
| papoula (f) | ポピー | popī |
| cânhamo (m) | アサ [麻] | asa |

| | | |
|---|---|---|
| hortelã, menta (f) | ミント | minto |
| lírio-do-vale (m) | スズラン [鈴蘭] | suzuran |
| campânula-branca (f) | スノードロップ | sunōdoroppu |
| | | |
| urtiga (f) | イラクサ [刺草] | irakusa |
| azedinha (f) | スイバ | suiba |
| nenúfar (m) | スイレン [睡蓮] | suiren |
| samambaia (f) | シダ | shida |
| líquen (m) | 地衣類 | chī rui |
| | | |
| estufa (f) | 温室 | onshitsu |
| gramado (m) | 芝生 | shibafu |
| canteiro (m) de flores | 花壇 | kadan |
| | | |
| planta (f) | 植物 | shokubutsu |
| grama (f) | 草 | kusa |
| folha (f) de grama | 草の葉 | kusa no ha |
| | | |
| folha (f) | 葉 | ha |
| pétala (f) | 花びら | hanabira |
| talo (m) | 茎 | kuki |
| tubérculo (m) | 塊茎 | kaikei |
| | | |
| broto, rebento (m) | シュート | shūto |
| espinho (m) | 茎針 | kuki hari |
| | | |
| florescer (vi) | 開花する | kaika suru |
| murchar (vi) | しおれる | shioreru |
| cheiro (m) | 香り | kaori |
| cortar (flores) | 切る | kiru |
| colher (uma flor) | 摘む | tsumamu |

## 232. Cereais, grãos

| | | |
|---|---|---|
| grão (m) | 穀物 | kokumotsu |
| cereais (plantas) | 禾穀類 | kakokurui |
| espiga (f) | 花穂 | kasui |
| | | |
| trigo (m) | コムギ [小麦] | komugi |
| centeio (m) | ライムギ [ライ麦] | raimugi |
| aveia (f) | オーツムギ [オーツ麦] | ōtsu mugi |
| | | |
| painço (m) | キビ [黍] | kibi |
| cevada (f) | オオムギ [大麦] | ōmugi |
| | | |
| milho (m) | トウモロコシ | tōmorokoshi |
| arroz (m) | イネ [稲] | ine |
| trigo-sarraceno (m) | ソバ [蕎麦] | soba |
| | | |
| ervilha (f) | エンドウ [豌豆] | endō |
| feijão (m) roxo | インゲンマメ [隠元豆] | ingen mame |
| soja (f) | ダイズ [大豆] | daizu |
| lentilha (f) | レンズマメ [レンズ豆] | renzu mame |
| feijão (m) | 豆類 | mamerui |

## 233. Vegetais. Verduras

| | | |
|---|---|---|
| vegetais (m pl) | 野菜 | yasai |
| verdura (f) | 青物 | aomono |
| | | |
| tomate (m) | トマト | tomato |
| pepino (m) | きゅうり [胡瓜] | kyūri |
| cenoura (f) | ニンジン [人参] | ninjin |
| batata (f) | ジャガイモ | jagaimo |
| cebola (f) | たまねぎ [玉葱] | tamanegi |
| alho (m) | ニンニク | ninniku |
| | | |
| couve (f) | キャベツ | kyabetsu |
| couve-flor (f) | カリフラワー | karifurawā |
| couve-de-bruxelas (f) | メキャベツ | mekyabetsu |
| brócolis (m pl) | ブロッコリー | burokkorī |
| | | |
| beterraba (f) | テーブルビート | tēburu bīto |
| berinjela (f) | ナス | nasu |
| abobrinha (f) | ズッキーニ | zukkīni |
| abóbora (f) | カボチャ | kabocha |
| nabo (m) | カブ | kabu |
| | | |
| salsa (f) | パセリ | paseri |
| endro, aneto (m) | ディル | diru |
| alface (f) | レタス | retasu |
| aipo (m) | セロリ | serori |
| aspargo (m) | アスパラガス | asuparagasu |
| espinafre (m) | ホウレンソウ | hōrensō |
| | | |
| ervilha (f) | エンドウ | endō |
| feijão (~ soja, etc.) | 豆類 | mamerui |
| milho (m) | トウモロコシ | tōmorokoshi |
| feijão (m) roxo | 金時豆 | kintoki mame |
| | | |
| pimentão (m) | ピーマン | pīman |
| rabanete (m) | ハツカダイコン | hatsukadaikon |
| alcachofra (f) | アーティチョーク | ātichōku |

# GEOGRAFIA REGIONAL

## Países. Nacionalidades

### 234. Europa Ocidental

| | | |
|---|---|---|
| Europa (f) | ヨーロッパ | yōroppa |
| União (f) Europeia | 欧州連合 | ōshū rengō |
| europeu (m) | ヨーロッパ人 | yōroppa jin |
| europeu (adj) | ヨーロッパの | yōroppa no |
| | | |
| Áustria (f) | オーストリア | ōsutoria |
| austríaco (m) | オーストリア人 | ōsutoria jin |
| austríaca (f) | オーストリア人 | ōsutoria jin |
| austríaco (adj) | オーストリアの | ōsutoria no |
| | | |
| Grã-Bretanha (f) | グレートブリテン島 | gurētoburiten tō |
| Inglaterra (f) | イギリス | igirisu |
| inglês (m) | イギリス人 | igirisu jin |
| inglesa (f) | イギリス人 | igirisu jin |
| inglês (adj) | イギリスの | igirisu no |
| | | |
| Bélgica (f) | ベルギー | berugī |
| belga (m) | ベルギー人 | berugī jin |
| belga (f) | ベルギー人 | berugī jin |
| belga (adj) | ベルギーの | berugī no |
| | | |
| Alemanha (f) | ドイツ | doitsu |
| alemão (m) | ドイツ人 | doitsu jin |
| alemã (f) | ドイツ人 | doitsu jin |
| alemão (adj) | ドイツの | doitsu no |
| | | |
| Países Baixos (m pl) | ネーデルラント | nēderuranto |
| Holanda (f) | オランダ | oranda |
| holandês (m) | オランダ人 | oranda jin |
| holandesa (f) | オランダ人 | oranda jin |
| holandês (adj) | オランダの | oranda no |
| | | |
| Grécia (f) | ギリシャ | girisha |
| grego (m) | ギリシア人 | girishia jin |
| grega (f) | ギリシア人 | girishia jin |
| grego (adj) | ギリシャの | girisha no |
| | | |
| Dinamarca (f) | デンマーク | denmāku |
| dinamarquês (m) | デンマーク人 | denmāku jin |
| dinamarquesa (f) | デンマーク人 | denmāku jin |
| dinamarquês (adj) | デンマークの | denmāku no |
| Irlanda (f) | アイルランド | airurando |
| irlandês (m) | アイルランド人 | airurando jin |

| irlandesa (f) | アイルランド人 | airurando jin |
| irlandês (adj) | アイルランドの | airurando no |

| Islândia (f) | アイスランド | aisurando |
| islandês (m) | アイスランド人 | aisurando jin |
| islandesa (f) | アイスランド人 | aisurando jin |
| islandês (adj) | アイスランドの | aisurando no |

| Espanha (f) | スペイン | supein |
| espanhol (m) | スペイン人 | supein jin |
| espanhola (f) | スペイン人 | supein jin |
| espanhol (adj) | スペインの | supein no |

| Itália (f) | イタリア | itaria |
| italiano (m) | イタリア人 | itaria jin |
| italiana (f) | イタリア人 | itaria jin |
| italiano (adj) | イタリアの | itaria no |

| Chipre (m) | キプロス | kipurosu |
| cipriota (m) | キプロス人 | kipurosu jin |
| cipriota (f) | キプロス人 | kipurosu jin |
| cipriota (adj) | キプロスの | kipurosu no |

| Malta (f) | マルタ | maruta |
| maltês (m) | マルタ人 | maruta jin |
| maltesa (f) | マルタ人 | maruta jin |
| maltês (adj) | マルタの | maruta no |

| Noruega (f) | ノルウェー | noruwē |
| norueguês (m) | ノルウェー人 | noruwē jin |
| norueguesa (f) | ノルウェー人 | noruwē jin |
| norueguês (adj) | ノルウェーの | noruwē no |

| Portugal (m) | ポルトガル | porutogaru |
| português (m) | ポルトガル人 | porutogaru jin |
| portuguesa (f) | ポルトガル人 | porutogaru jin |
| português (adj) | ポルトガルの | porutogaru no |

| Finlândia (f) | フィンランド | finrando |
| finlandês (m) | フィンランド人 | finrando jin |
| finlandesa (f) | フィンランド人 | finrando jin |
| finlandês (adj) | フィンランドの | finrando no |

| França (f) | フランス | furansu |
| francês (m) | フランス人 | furansu jin |
| francesa (f) | フランス人 | furansu jin |
| francês (adj) | フランスの | furansu no |

| Suécia (f) | スウェーデン | suwēden |
| sueco (m) | スウェーデン人 | suwēden jin |
| sueca (f) | スウェーデン人 | suwēden jin |
| sueco (adj) | スウェーデンの | suwēden no |

| Suíça (f) | スイス | suisu |
| suíço (m) | スイス人 | suisu jin |
| suíça (f) | スイス人 | suisu jin |

| suíço (adj) | スイスの | suisu no |
| Escócia (f) | スコットランド | sukottorando |
| escocês (m) | スコットランド人 | sukottorando jin |
| escocesa (f) | スコットランド人 | sukottorando jin |
| escocês (adj) | スコットランドの | sukottorando no |

| Vaticano (m) | バチカン | bachikan |
| Liechtenstein (m) | リヒテンシュタイン | rihitenshutain |
| Luxemburgo (m) | ルクセンブルク | rukusenburuku |
| Mônaco (m) | モナコ | monako |

## 235. Europa Central e de Leste

| Albânia (f) | アルバニア | arubania |
| albanês (m) | アルバニア人 | arubania jin |
| albanesa (f) | アルバニア人 | arubania jin |
| albanês (adj) | アルバニアの | arubania no |

| Bulgária (f) | ブルガリア | burugaria |
| búlgaro (m) | ブルガリア人 | burugaria jin |
| búlgara (f) | ブルガリア人 | burugaria jin |
| búlgaro (adj) | ブルガリアの | burugaria no |

| Hungria (f) | ハンガリー | hangarī |
| húngaro (m) | ハンガリー人 | hangarī jin |
| húngara (f) | ハンガリー人 | hangarī jin |
| húngaro (adj) | ハンガリーの | hangarī no |

| Letônia (f) | ラトビア | ratobia |
| letão (m) | ラトビア人 | ratobia jin |
| letã (f) | ラトビア人 | ratobia jin |
| letão (adj) | ラトビアの | ratobia no |

| Lituânia (f) | リトアニア | ritoania |
| lituano (m) | リトアニア人 | ritoania jin |
| lituana (f) | リトアニア人 | ritoania jin |
| lituano (adj) | リトアニアの | ritoania no |

| Polônia (f) | ポーランド | pōrando |
| polonês (m) | ポーランド人 | pōrando jin |
| polonesa (f) | ポーランド人 | pōrando jin |
| polonês (adj) | ポーランドの | pōrando no |

| Romênia (f) | ルーマニア | rūmania |
| romeno (m) | ルーマニア人 | rūmania jin |
| romena (f) | ルーマニア人 | rūmania jin |
| romeno (adj) | ルーマニアの | rūmania no |

| Sérvia (f) | セルビア | serubia |
| sérvio (m) | セルビア人 | serubia jin |
| sérvia (f) | セルビア人 | serubia jin |
| sérvio (adj) | セルビアの | serubia no |
| Eslováquia (f) | スロバキア | surobakia |
| eslovaco (m) | スロバキア人 | surobakia jin |

| eslovaca (f) | スロバキア人 | surobakia jin |
| eslovaco (adj) | スロバキアの | surobakia no |

| Croácia (f) | クロアチア | kuroachia |
| croata (m) | クロアチア人 | kuroachia jin |
| croata (f) | クロアチア人 | kuroachia jin |
| croata (adj) | クロアチアの | kuroachia no |

| República (f) Checa | チェコ | cheko |
| checo (m) | チェコ人 | cheko jin |
| checa (f) | チェコ人 | cheko jin |
| checo (adj) | チェコの | cheko no |

| Estônia (f) | エストニア | esutonia |
| estônio (m) | エストニア人 | esutonia jin |
| estônia (f) | エストニア人 | esutonia jin |
| estônio (adj) | エストニアの | esutonia no |

| Bósnia e Herzegovina (f) | ボスニア・ヘルツェゴヴィナ | bosunia herutsegovina |
| Macedônia (f) | マケドニア地方 | makedonia chihō |
| Eslovênia (f) | スロベニア | surobenia |
| Montenegro (m) | モンテネグロ | monteneguro |

## 236. Países da ex-URSS

| Azerbaijão (m) | アゼルバイジャン | azerubaijan |
| azeri (m) | アゼルバイジャン人 | azerubaijan jin |
| azeri (f) | アゼルバイジャン人 | azerubaijan jin |
| azeri, azerbaijano (adj) | アゼルバイジャンの | azerubaijan no |

| Armênia (f) | アルメニア | arumenia |
| armênio (m) | アルメニア人 | arumenia jin |
| armênia (f) | アルメニア人 | arumenia jin |
| armênio (adj) | アルメニアの | arumenia no |

| Belarus | ベラルーシー | berarūshī |
| bielorrusso (m) | ベラルーシー人 | berarūshī jin |
| bielorrussa (f) | ベラルーシー人 | berarūshī jin |
| bielorrusso (adj) | ベラルーシーの | berarūshī no |

| Geórgia (f) | グルジア | gurujia |
| georgiano (m) | グルジア人 | gurujia jin |
| georgiana (f) | グルジア人 | gurujia jin |
| georgiano (adj) | グルジアの | gurujia no |

| Cazaquistão (m) | カザフスタン | kazafusutan |
| cazaque (m) | カザフスタン人 | kazafusutan jin |
| cazaque (f) | カザフスタン人 | kazafusutan jin |
| cazaque (adj) | カザフスタンの | kazafusutan no |

| Quirguistão (m) | キルギス | kirugisu |
| quirguiz (m) | キルギス人 | kirugisu jin |
| quirguiz (f) | キルギス人 | kirugisu jin |
| quirguiz (adj) | キルギスの | kirugisu no |

| Moldávia (f) | モルドヴァ | morudova |
| moldavo (m) | モルドヴァ人 | morudova jin |
| moldava (f) | モルドヴァ人 | morudova jin |
| moldavo (adj) | モルドヴァの | morudova no |

| Rússia (f) | ロシア | roshia |
| russo (m) | ロシア人 | roshia jin |
| russa (f) | ロシア人 | roshia jin |
| russo (adj) | ロシアの | roshia no |

| Tajiquistão (m) | タジキスタン | tajikisutan |
| tajique (m) | タジク人 | tajiku jin |
| tajique (f) | タジク人 | tajiku jin |
| tajique (adj) | タジキスタンの | tajikisutan no |

| Turquemenistão (m) | トルクメニスタン | torukumenisutan |
| turcomeno (m) | トルクメニスタン人 | torukumenisutan jin |
| turcomena (f) | トルクメニスタン人 | torukumenisutan jin |
| turcomeno (adj) | トルクメニスタンの | torukumenisutan no |

| Uzbequistão (f) | ウズベキスタン | uzubekisutan |
| uzbeque (m) | ウズベキスタン人 | uzubekisutan jin |
| uzbeque (f) | ウズベキスタン人 | uzubekisutan jin |
| uzbeque (adj) | ウズベキスタンの | uzubekisutan no |

| Ucrânia (f) | ウクライナ | ukuraina |
| ucraniano (m) | ウクライナ人 | ukuraina jin |
| ucraniana (f) | ウクライナ人 | ukuraina jin |
| ucraniano (adj) | ウクライナの | ukuraina no |

## 237. Asia

| Ásia (f) | アジア | ajia |
| asiático (adj) | アジアの | ajia no |

| Vietnã (m) | ベトナム | betonamu |
| vietnamita (m) | ベトナム人 | betonamu jin |
| vietnamita (f) | ベトナム人 | betonamu jin |
| vietnamita (adj) | ベトナムの | betonamu no |

| Índia (f) | インド | indo |
| indiano (m) | インド人 | indo jin |
| indiana (f) | インド人 | indo jin |
| indiano (adj) | インドの | indo no |

| Israel (m) | イスラエル | isuraeru |
| israelense (m) | イスラエル人 | isuraeru jin |
| israelita (f) | イスラエル人 | isuraeru jin |
| israelense (adj) | イスラエルの | isuraeru no |

| judeu (m) | ユダヤ人 | yudaya jin |
| judia (f) | ユダヤ人女性 | yudaya jin josei |
| judeu (adj) | ユダヤ教の | yudaya kyō no |
| China (f) | 中国 | chūgoku |

| | | |
|---|---|---|
| chinês (m) | 中国人 | chūgokujin |
| chinesa (f) | 中国人 | chūgokujin |
| chinês (adj) | 中国の | chūgoku no |
| | | |
| coreano (m) | 朝鮮人 | chōsen jin |
| coreana (f) | 朝鮮人 | chōsen jin |
| coreano (adj) | 朝鮮の | chōsen no |
| | | |
| Líbano (m) | レバノン | rebanon |
| libanês (m) | レバノン人 | rebanon jin |
| libanesa (f) | レバノン人 | rebanon jin |
| libanês (adj) | レバノンの | rebanon no |
| | | |
| Mongólia (f) | モンゴル | mongoru |
| mongol (m) | モンゴル人 | mongoru jin |
| mongol (f) | モンゴル人 | mongoru jin |
| mongol (adj) | モンゴルの | mongoru no |
| | | |
| Malásia (f) | マレーシア | marēshia |
| malaio (m) | マレーシア人 | marēshia jin |
| malaia (f) | マレーシア人 | marēshia jin |
| malaio (adj) | マレーシアの | marēshia no |
| | | |
| Paquistão (m) | パキスタン | pakisutan |
| paquistanês (m) | パキスタン人 | pakisutan jin |
| paquistanesa (f) | パキスタン人 | pakisutan jin |
| paquistanês (adj) | パキスタンの | pakisutan no |
| | | |
| Arábia (f) Saudita | サウジアラビア | saujiarabia |
| árabe (m) | アラブ人 | arabu jin |
| árabe (f) | アラブ人 | arabu jin |
| árabe (adj) | アラビアの | arabia no |
| | | |
| Tailândia (f) | タイ | tai |
| tailandês (m) | タイ人 | tai jin |
| tailandesa (f) | タイ人 | tai jin |
| tailandês (adj) | タイの | tai no |
| | | |
| Taiwan (m) | 台湾 | taiwan |
| taiwanês (m) | 台湾人 | taiwan jin |
| taiwanesa (f) | 台湾人 | taiwan jin |
| taiwanês (adj) | 台湾の | taiwan no |
| | | |
| Turquia (f) | トルコ | toruko |
| turco (m) | トルコ人 | toruko jin |
| turca (f) | トルコ人 | toruko jin |
| turco (adj) | トルコの | toruko no |
| | | |
| Japão (m) | 日本 | nihon |
| japonês (m) | 日本人 | nihonjin |
| japonesa (f) | 日本人 | nihonjin |
| japonês (adj) | 日本の | nihonno |
| | | |
| Afeganistão (m) | アフガニスタン | afuganisutan |
| Bangladesh (m) | バングラデシュ | banguradeshu |
| Indonésia (f) | インドネシア | indoneshia |

| | | |
|---|---|---|
| Jordânia (f) | ヨルダン | yorudan |
| Iraque (m) | イラク | iraku |
| Irã (m) | イラン | iran |
| Camboja (f) | カンボジア | kanbojia |
| Kuwait (m) | クウェート | kuwēto |
| | | |
| Laos (m) | ラオス | raosu |
| Birmânia (f) | ミャンマー | myanmā |
| Nepal (m) | ネパール | nepāru |
| Emirados Árabes Unidos | アラブ首長国連邦 | arabu shuchō koku renpō |
| | | |
| Síria (f) | シリア | shiria |
| Palestina (f) | パレスチナ | paresuchina |
| Coreia (f) do Sul | 大韓民国 | daikanminkoku |
| Coreia (f) do Norte | 北朝鮮 | kitachōsen |

## 238. América do Norte

| | | |
|---|---|---|
| Estados Unidos da América | アメリカ合衆国 | amerika gasshūkoku |
| americano (m) | アメリカ人 | amerika jin |
| americana (f) | アメリカ人 | amerika jin |
| americano (adj) | アメリカの | amerika no |
| | | |
| Canadá (m) | カナダ | kanada |
| canadense (m) | カナダ人 | kanada jin |
| canadense (f) | カナダ人 | kanada jin |
| canadense (adj) | カナダの | kanada no |
| | | |
| México (m) | メキシコ | mekishiko |
| mexicano (m) | メキシコ人 | mekishiko jin |
| mexicana (f) | メキシコ人 | mekishiko jin |
| mexicano (adj) | メキシコの | mekishiko no |

## 239. América Central do Sul

| | | |
|---|---|---|
| Argentina (f) | アルゼンチン | aruzenchin |
| argentino (m) | アルゼンチン人 | aruzenchin jin |
| argentina (f) | アルゼンチン人 | aruzenchin jin |
| argentino (adj) | アルゼンチンの | aruzenchin no |
| | | |
| Brasil (m) | ブラジル | burajiru |
| brasileiro (m) | ブラジル人 | burajiru jin |
| brasileira (f) | ブラジル人 | burajiru jin |
| brasileiro (adj) | ブラジルの | burajiru no |
| | | |
| Colômbia (f) | コロンビア | koronbia |
| colombiano (m) | コロンビア人 | koronbia jin |
| colombiana (f) | コロンビア人 | koronbia jin |
| colombiano (adj) | コロンビアの | koronbia no |
| | | |
| Cuba (f) | キューバ | kyūba |
| cubano (m) | キューバ人 | kyūba jin |

| cubana (f) | キューバ人 | kyūba jin |
| cubano (adj) | キューバの | kyūba no |

| Chile (m) | チリ | chiri |
| chileno (m) | チリ人 | chiri jin |
| chilena (f) | チリ人 | chiri jin |
| chileno (adj) | チリの | chiri no |

| Bolívia (f) | ボリビア | boribia |
| Venezuela (f) | ベネズエラ | benezuera |
| Paraguai (m) | パラグアイ | paraguai |
| Peru (m) | ペルー | perū |

| Suriname (m) | スリナム | surinamu |
| Uruguai (m) | ウルグアイ | uruguai |
| Equador (m) | エクアドル | ekuadoru |

| Bahamas (f pl) | バハマ | bahama |
| Haiti (m) | ハイチ | haichi |
| República Dominicana | ドミニカ共和国 | dominikakyōwakoku |
| Panamá (m) | パナマ | panama |
| Jamaica (f) | ジャマイカ | jamaika |

## 240. Africa

| Egito (m) | エジプト | ejiputo |
| egípcio (m) | エジプト人 | ejiputo jin |
| egípcia (f) | エジプト人 | ejiputo jin |
| egípcio (adj) | エジプトの | ejiputo no |

| Marrocos | モロッコ | morokko |
| marroquino (m) | モロッコ人 | morokko jin |
| marroquina (f) | モロッコ人 | morokko jin |
| marroquino (adj) | モロッコの | morokko no |

| Tunísia (f) | チュニジア | chunijia |
| tunisiano (m) | チュニジア人 | chunijia jin |
| tunisiana (f) | チュニジア人 | chunijia jin |
| tunisiano (adj) | チュニジアの | chunijia no |

| Gana (f) | ガーナ | gāna |
| Zanzibar (m) | ザンジバル | zanjibaru |
| Quênia (f) | ケニア | kenia |
| Líbia (f) | リビア | ribia |
| Madagascar (m) | マダガスカル | madagasukaru |

| Namíbia (f) | ナミビア | namibia |
| Senegal (m) | セネガル | senegaru |
| Tanzânia (f) | タンザニア | tanzania |
| África (f) do Sul | 南アフリカ | minami afurika |

| africano (m) | アフリカ人 | afurika jin |
| africana (f) | アフリカ人 | afurika jin |
| africano (adj) | アフリカの | afurika no |

## 241. Austrália. Oceania

| | | |
|---|---|---|
| Austrália (f) | オーストラリア | ōsutoraria |
| australiano (m) | オーストラリア人 | ōsutoraria jin |
| australiana (f) | オーストラリア人 | ōsutoraria jin |
| australiano (adj) | オーストラリアの | ōsutoraria no |
| | | |
| Nova Zelândia (f) | ニュージーランド | nyūjīrando |
| neozelandês (m) | ニュージーランド人 | nyūjīrando jin |
| neozelandesa (f) | ニュージーランド人 | nyūjīrando jin |
| neozelandês (adj) | ニュージーランドの | nyūjīrando no |
| | | |
| Tasmânia (f) | タスマニア | tasumania |
| Polinésia (f) Francesa | フランス領ポリネシア | furansu ryō porineshia |

## 242. Cidades

| | | |
|---|---|---|
| Amesterdã, Amsterdã | アムステルダム | amusuterudamu |
| Ancara | アンカラ | ankara |
| Atenas | アテネ | atene |
| Bagdade | バグダッド | bagudaddo |
| Bancoque | バンコク | bankoku |
| | | |
| Barcelona | バルセロナ | baruserona |
| Beirute | ベイルート | beirūto |
| Berlim | ベルリン | berurin |
| Bonn | ボン | bon |
| Bordéus | ボルドー | borudō |
| | | |
| Bratislava | ブラチスラヴァ | burachisurava |
| Bruxelas | ブリュッセル | buryusseru |
| Bucareste | ブカレスト | bukaresuto |
| Budapeste | ブダペスト | budapesuto |
| Cairo | カイロ | kairo |
| | | |
| Calcutá | コルカタ | korukata |
| Chicago | シカゴ | shikago |
| Cidade do México | メキシコシティ | mekishiko shiti |
| Copenhague | コペンハーゲン | kopenhāgen |
| Dar es Salaam | ダルエスサラーム | daruesusarāmu |
| | | |
| Deli | デリー | derī |
| Dubai | ドバイ | dobai |
| Dublim | ダブリン | daburin |
| Düsseldorf | デュッセルドルフ | dyusserudorufu |
| Estocolmo | ストックホルム | sutokkuhorumu |
| | | |
| Florença | フィレンチェ | firenche |
| Frankfurt | フランクフルト | furankufuruto |
| Genebra | ジュネーブ | junēbu |
| Haia | ハーグ | hāgu |
| Hamburgo | ハンブルク | hanburuku |
| Hanói | ハノイ | hanoi |

| | | |
|---|---|---|
| Havana | ハバナ | habana |
| Helsinque | ヘルシンキ | herushinki |
| Hiroshima | 広島 | hiroshima |
| Hong Kong | 香港 | honkon |
| Istambul | イスタンブール | isutanbūru |
| | | |
| Jerusalém | エルサレム | erusaremu |
| Kiev, Quieve | キエフ | kiefu |
| Kuala Lumpur | クアラルンプール | kuararunpūru |
| Lion | リヨン | riyon |
| Lisboa | リスボン | risubon |
| | | |
| Londres | ロンドン | rondon |
| Los Angeles | ロスアンジェルス | rosuanjerusu |
| Madrid | マドリード | madorīdo |
| Marselha | マルセイユ | maruseiyu |
| Miami | マイアミ | maiami |
| | | |
| Montreal | モントリオール | montoriōru |
| Moscou | モスクワ | mosukuwa |
| Mumbai | ムンバイ | munbai |
| Munique | ミュンヘン | myunhen |
| Nairóbi | ナイロビ | nairobi |
| Nápoles | ナポリ | napori |
| | | |
| Nice | ニース | nīsu |
| Nova York | ニューヨーク | nyūyōku |
| Oslo | オスロ | osuro |
| Ottawa | オタワ | otawa |
| Paris | パリ | pari |
| | | |
| Pequim | 北京 | pekin |
| Praga | プラハ | puraha |
| Rio de Janeiro | リオ・デ・ジャネイロ | rio de janeiro |
| Roma | ローマ | rōma |
| São Petersburgo | サンクトペテルブルク | sankuto peteruburuku |
| Seul | ソウル | sōru |
| | | |
| Singapura | シンガポール | shingapōru |
| Sydney | シドニー | shidonī |
| Taipé | 台北 | taipei |
| Tóquio | 東京 | tōkyō |
| Toronto | トロント | toronto |
| | | |
| Varsóvia | ワルシャワ | warushawa |
| Veneza | ベニス | benisu |
| Viena | ウィーン | wīn |
| Washington | ワシントン | washinton |
| Xangai | 上海 | shanhai |

## 243. Política. Governo. Parte 1

| | | |
|---|---|---|
| política (f) | 政治 | seiji |
| político (adj) | 政治の | seiji no |

| político (m) | 政治家 | seiji ka |
| estado (m) | 国家 | kokka |
| cidadão (m) | 国民 | kokumin |
| cidadania (f) | 国籍 | kokuseki |

| brasão (m) de armas | 国章 | kokushō |
| hino (m) nacional | 国歌 | kokka |

| governo (m) | 政府 | seifu |
| Chefe (m) de Estado | 首脳 | shunō |
| parlamento (m) | 国会 | kokkai |
| partido (m) | 党 | tō |

| capitalismo (m) | 資本主義 | shihon shugi |
| capitalista (adj) | 資本主義の | shihon shugi no |

| socialismo (m) | 社会主義 | shakai shugi |
| socialista (adj) | 社会主義の | shakai shugi no |

| comunismo (m) | 共産主義 | kyōsan shugi |
| comunista (adj) | 共産主義の | kyōsan shugi no |
| comunista (m) | 共産主義者 | kyōsan shugi sha |

| democracia (f) | 民主主義 | minshu shugi |
| democrata (m) | 民主主義者 | minshu shugi sha |
| democrático (adj) | 民主主義の | minshu shugi no |
| Partido (m) Democrático | 民主党 | minshutō |

| liberal (m) | 自由主義者 | jiyū shugi sha |
| liberal (adj) | 自由主義の | jiyū shugi no |

| conservador (m) | 保守主義者 | hoshu shugi sha |
| conservador (adj) | 保守主義の | hoshu shugi no |

| república (f) | 共和国 | kyōwa koku |
| republicano (m) | 共和党員 | kyōwatō in |
| Partido (m) Republicano | 共和党 | kyōwatō |

| eleições (f pl) | 選挙 | senkyo |
| eleger (vt) | 選出する | senshutsu suru |
| eleitor (m) | 投票者 | tōhyō sha |
| campanha (f) eleitoral | 選挙戦 | senkyo sen |

| votação (f) | 投票 | tōhyō |
| votar (vi) | 投票する | tōhyō suru |
| sufrágio (m) | 投票権 | tōhyō ken |

| candidato (m) | 候補者 | kōho sha |
| candidatar-se (vi) | 選挙に出る | senkyo ni deru |
| campanha (f) | 運動 | undō |

| da oposição | 野党の | yatō no |
| oposição (f) | 野党 | yatō |

| visita (f) | 訪問 | hōmon |
| visita (f) oficial | 公式訪問 | kōshiki hōmon |

| internacional (adj) | 国際的な | kokusai teki na |
| negociações (f pl) | 交渉 | kōshō |
| negociar (vi) | 交渉する | kōshō suru |

## 244. Política. Governo. Parte 2

| sociedade (f) | 社会 | shakai |
| constituição (f) | 憲法 | kenpō |
| poder (ir para o ~) | 権力 | kenryoku |
| corrupção (f) | 汚職 | oshoku |

| lei (f) | 法律 | hōritsu |
| legal (adj) | 合法の | gōhō no |

| justeza (f) | 公正 | kōsei |
| justo (adj) | 公正な | kōsei na |

| comitê (m) | 委員会 | īn kai |
| projeto-lei (m) | 法案 | hōan |
| orçamento (m) | 予算 | yosan |
| política (f) | 政策 | seisaku |
| reforma (f) | 改革 | kaikaku |
| radical (adj) | 根本的… | konpon teki ... |

| força (f) | 権力 | kenryoku |
| poderoso (adj) | 権力の | kenryoku no |
| partidário (m) | 支持者 | shiji sha |
| influência (f) | 影響力 | eikyō ryoku |

| regime (m) | 政権 | seiken |
| conflito (m) | 紛争 | funsō |
| conspiração (f) | 陰謀 | inbō |
| provocação (f) | 挑発 | chōhatsu |

| derrubar (vt) | 打倒する | datō suru |
| derrube (m), queda (f) | 打倒 | datō |
| revolução (f) | 革命 | kakumei |

| golpe (m) de Estado | クーデター | kūdetā |
| golpe (m) militar | 軍事クーデター | gunji kūdetā |

| crise (f) | 危機 | kiki |
| recessão (f) econômica | 不景気 | fukeiki |
| manifestante (m) | デモ参加者 | demo sanka sha |
| manifestação (f) | デモ | demo |
| lei (f) marcial | 戒厳令 | kaigen rei |
| base (f) militar | 軍事基地 | gunji kichi |

| estabilidade (f) | 安定性 | antei sei |
| estável (adj) | 安定した | antei shi ta |

| exploração (f) | 搾取 | sakushu |
| explorar (vt) | 搾取する | sakushu suru |
| racismo (m) | 人種差別 | jinshu sabetsu |

| racista (m) | 人種差別主義者 | jinshu sabetsu shugi sha |
|---|---|---|
| fascismo (m) | ファシズム | fashizumu |
| fascista (m) | ファシスト | fashisuto |

## 245. Países. Diversos

| estrangeiro (m) | 外国人 | gaikoku jin |
|---|---|---|
| estrangeiro (adj) | 外国の | gaikoku no |
| no estrangeiro | 海外へ | kaigai he |

| emigrante (m) | 移住者 | ijū sha |
|---|---|---|
| emigração (f) | 移住 | ijū |
| emigrar (vi) | 移住する | ijū suru |

| Ocidente (m) | 西方 | seihō |
|---|---|---|
| Oriente (m) | 東洋 | tōyō |
| Extremo Oriente (m) | 極東 | kyokutō |
| civilização (f) | 文明 | bunmei |
| humanidade (f) | 人類 | jinrui |
| mundo (m) | 世界 | sekai |
| paz (f) | 平和 | heiwa |
| mundial (adj) | 世界的に | sekai teki ni |

| pátria (f) | 母国 | bokoku |
|---|---|---|
| povo (população) | 人民 | jinmin |
| população (f) | 人口 | jinkō |
| gente (f) | 人々 | hitobito |
| nação (f) | 民族 | minzoku |
| geração (f) | 世代 | sedai |
| território (m) | 領域 | ryōiki |
| região (f) | 地域 | chīki |
| estado (m) | 州 | shū |

| tradição (f) | 慣習 | kanshū |
|---|---|---|
| costume (m) | 風習 | fūshū |
| ecologia (f) | エコロジー | ekorojī |

| índio (m) | インディアン | indian |
|---|---|---|
| cigano (m) | ジプシー | jipushī |
| cigana (f) | ジプシー | jipushī |
| cigano (adj) | ジプシーの | jipushī no |

| império (m) | 帝国 | teikoku |
|---|---|---|
| colônia (f) | 植民地 | shokumin chi |
| escravidão (f) | 奴隷制度 | dorei seido |
| invasão (f) | 侵略 | shinrya ku |
| fome (f) | 飢餓 | kiga |

## 246. Grupos religiosos mais importantes. Confissões

| religião (f) | 宗教 | shūkyō |
|---|---|---|
| religioso (adj) | 宗教の | shūkyō no |

| | | |
|---|---|---|
| crença (f) | 信仰 | shinkō |
| crer (vt) | 信じる | shinjiru |
| crente (m) | 信者 | shinja |
| | | |
| ateísmo (m) | 無神論 | mushin ron |
| ateu (m) | 無神論者 | mushin ron sha |
| | | |
| cristianismo (m) | キリスト教 | kirisuto kyō |
| cristão (m) | キリスト教徒 | kirisuto kyōto |
| cristão (adj) | キリスト教の | kirisuto kyō no |
| | | |
| catolicismo (m) | カトリック教 | katorikku kyō |
| católico (m) | カトリック教徒 | katorikku kyōto |
| católico (adj) | カトリック教の | katorikku kyō no |
| | | |
| protestantismo (m) | プロテスタント教 | purotesutanto kyō |
| Igreja (f) Protestante | プロテスタント教会 | purotesutanto kyōkai |
| protestante (m) | プロテスタント | purotesutanto |
| | | |
| ortodoxia (f) | 正教 | seikyō |
| Igreja (f) Ortodoxa | 正教会 | seikyōkai |
| ortodoxo (m) | 正教の | seikyō no |
| | | |
| presbiterianismo (m) | 長老派 | chōrō ha |
| Igreja (f) Presbiteriana | 長老派教会 | chōrō ha kyōkai |
| presbiteriano (m) | 長老派教会員 | chōrō ha kyōkaīn |
| | | |
| luteranismo (m) | ルーテル教会 | rūteru kyōkai |
| luterano (m) | ルーテル教徒 | rūteru kyōto |
| | | |
| Igreja (f) Batista | バプテスト教会 | baputesuto kyōkai |
| batista (m) | バプテスト | baputesuto |
| | | |
| Igreja (f) Anglicana | 英国国教会 | eikoku kokkyōkai |
| anglicano (m) | 英国国教徒 | eikoku koku kyōto |
| | | |
| mormonismo (m) | モルモン教 | morumon kyō |
| mórmon (m) | モルモン教徒 | morumon kyōto |
| | | |
| Judaísmo (m) | ユダヤ教 | yudaya kyō |
| judeu (m) | ユダヤ教徒 | yudaya kyōto |
| | | |
| budismo (m) | 仏教 | bukkyō |
| budista (m) | 仏教徒 | bukkyōto |
| | | |
| hinduísmo (m) | ヒンドゥー教 | hindū kyō |
| hindu (m) | ヒンドゥー教徒 | hindū kyōto |
| | | |
| Islã (m) | イスラム教 | isuramukyō |
| muçulmano (m) | イスラム教徒 | isuramu kyōto |
| muçulmano (adj) | イスラム教の | isuramu kyō no |
| | | |
| xiismo (m) | シーア派 | shīaha |
| xiita (m) | シーア派 | shīaha |
| sunismo (m) | スンニ派 | sunniha |
| sunita (m) | スンニ派 | sunniha |

## 247. Religiões. Padres

| | | |
|---|---|---|
| padre (m) | 祭司 | saishi |
| Papa (m) | ローマ法王 | rōmahōō |
| | | |
| monge (m) | 修道士 | shūdō shi |
| freira (f) | 修道女 | shūdō onna |
| pastor (m) | 牧師 | bokushi |
| | | |
| abade (m) | 修道院長 | shūdōin chō |
| vigário (m) | 教区牧師 | kyōku bokushi |
| bispo (m) | 司教 | shikyō |
| cardeal (m) | 枢機卿 | sūkikyō |
| | | |
| pregador (m) | 伝道師 | dendō shi |
| sermão (m) | 伝道 | dendō |
| paroquianos (pl) | 教区民 | kyō kumin |
| | | |
| crente (m) | 信者 | shinja |
| ateu (m) | 無神論者 | mushin ron sha |

## 248. Fé. Cristianismo. Islão

| | | |
|---|---|---|
| Adão | アダム | adamu |
| Eva | イブ | ibu |
| | | |
| Deus (m) | 神 | kami |
| Senhor (m) | 神様 | kamisama |
| Todo Poderoso (m) | 全能の神 | zennō no kami |
| | | |
| pecado (m) | 罪 | tsumi |
| pecar (vi) | 罪を犯す | tsumi wo okasu |
| pecador (m) | 罪人 | zainin |
| pecadora (f) | 罪人 | zainin |
| | | |
| inferno (m) | 地獄 | jigoku |
| paraíso (m) | 楽園 | rakuen |
| | | |
| Jesus | イエス | iesu |
| Jesus Cristo | イエス・キリスト | iesu kirisuto |
| | | |
| Espírito (m) Santo | 聖霊 | seirei |
| Salvador (m) | 救世主 | kyūseishu |
| Virgem Maria (f) | 聖母マリア | seibo maria |
| | | |
| Diabo (m) | 悪魔 | akuma |
| diabólico (adj) | 悪魔の | akuma no |
| Satanás (m) | サタン | satan |
| satânico (adj) | サタンの | satan no |
| | | |
| anjo (m) | 天使 | tenshi |
| anjo (m) da guarda | 守護天使 | shugo tenshi |
| angelical | 天使の | tenshi no |

| | | |
|---|---|---|
| apóstolo (m) | 使徒 | shito |
| arcanjo (m) | 大天使 | dai tenshi |
| anticristo (m) | 反キリスト | han kirisuto |
| | | |
| Igreja (f) | 教会 | kyōkai |
| Bíblia (f) | 聖書 | seisho |
| bíblico (adj) | 聖書の | seisho no |
| | | |
| Velho Testamento (m) | 旧約聖書 | kyūyaku seisho |
| Novo Testamento (m) | 新約聖書 | shinyaku seisho |
| Evangelho (m) | 福音書 | fukuin sho |
| Sagradas Escrituras (f pl) | 聖典 | seiten |
| Céu (sete céus) | 天国 | tengoku |
| | | |
| mandamento (m) | 戒律 | kairitsu |
| profeta (m) | 預言者 | yogen sha |
| profecia (f) | 預言 | yogen |
| | | |
| Alá (m) | アッラー | arrā |
| Maomé (m) | マホメット | mahometto |
| Alcorão (m) | コーラン | kōran |
| | | |
| mesquita (f) | モスク | mosuku |
| mulá (m) | ムッラー | murrā |
| oração (f) | 祈り | inori |
| rezar, orar (vi) | 祈る | inoru |
| | | |
| peregrinação (f) | 巡礼 | junrei |
| peregrino (m) | 巡礼者 | junrei sha |
| Meca (f) | メッカ | mekka |
| | | |
| igreja (f) | 教会堂 | kyōkaidō |
| templo (m) | 寺院 | jīn |
| catedral (f) | 大聖堂 | dai seidō |
| gótico (adj) | ゴシック… | goshikku … |
| sinagoga (f) | シナゴーグ | shinagōgu |
| mesquita (f) | モスク | mosuku |
| | | |
| capela (f) | チャペル | chaperu |
| abadia (f) | 修道院 | shūdōin |
| convento (m) | 女子修道院 | joshi shūdōin |
| monastério (m) | 男子修道院 | danshi shūdōin |
| | | |
| sino (m) | 鐘 | kane |
| campanário (m) | 鐘楼 | shurō |
| repicar (vi) | 鳴る | naru |
| | | |
| cruz (f) | 十字架 | jūjika |
| cúpula (f) | ドーム | dōmu |
| ícone (m) | イコン | ikon |
| | | |
| alma (f) | 魂 | tamashī |
| destino (m) | 運命 | unmei |
| mal (m) | 悪 | aku |
| bem (m) | 善 | zen |
| vampiro (m) | 吸血鬼 | kyūketsuki |

| | | |
|---|---|---|
| bruxa (f) | 魔女 | majo |
| demônio (m) | 悪魔 | akuma |
| espírito (m) | 精神 | seishin |
| | | |
| redenção (f) | 贖罪 | shokuzai |
| redimir (vt) | 罪を贖う | tsumi wo aganau |
| | | |
| missa (f) | ミサ | misa |
| celebrar a missa | ミサを行う | misa wo okonau |
| confissão (f) | 告解 | kokkai |
| confessar-se (vr) | 告解する | kokkai suru |
| | | |
| santo (m) | 聖人 | seijin |
| sagrado (adj) | 神聖な | shinsei na |
| água (f) benta | 聖水 | seisui |
| | | |
| ritual (m) | 儀式 | gishiki |
| ritual (adj) | 儀式の | gishiki no |
| sacrifício (m) | 犠牲 | gisei |
| | | |
| superstição (f) | 迷信 | meishin |
| supersticioso (adj) | 縁起を担ぐ | engi wo katsugu |
| vida (f) após a morte | 来世 | raise |
| vida (f) eterna | 永遠の生命 | eien no seimei |

# TEMAS DIVERSOS

## 249. Várias palavras úteis

| | | |
|---|---|---|
| ajuda (f) | 手伝い | tetsudai |
| barreira (f) | 障壁 | shōheki |
| base (f) | 基礎 | kiso |
| categoria (f) | カテゴリー | kategorī |
| causa (f) | 理由 | riyū |
| | | |
| coincidência (f) | 一致 | icchi |
| coisa (f) | 物 | mono |
| começo, início (m) | 始め | hajime |
| cômodo (ex. poltrona ~a) | 心地良い | kokochiyoi |
| comparação (f) | 比較 | hikaku |
| | | |
| compensação (f) | 埋め合わせ | umeawase |
| crescimento (m) | 成長 | seichō |
| desenvolvimento (m) | 発達 | hattatsu |
| diferença (f) | 差異 | sai |
| efeito (m) | 効果 | kōka |
| | | |
| elemento (m) | 要素 | yōso |
| equilíbrio (m) | 衡平 | kōhei |
| erro (m) | 間違い | machigai |
| esforço (m) | 尽力 | jinryoku |
| estilo (m) | スタイル | sutairu |
| | | |
| exemplo (m) | 例 | rei |
| fato (m) | 事実 | jijitsu |
| fim (m) | 終わり | owari |
| forma (f) | 形状 | keijō |
| | | |
| frequente (adj) | よくある | yoku aru |
| fundo (ex. ~ verde) | 背景 | haikei |
| gênero (tipo) | 種類 | shurui |
| grau (m) | 程度 | teido |
| ideal (m) | 理想 | risō |
| | | |
| labirinto (m) | 迷路 | meiro |
| modo (m) | 方法 | hōhō |
| momento (m) | 瞬間 | shunkan |
| objeto (m) | 物体 | buttai |
| obstáculo (m) | 妨害 | bōgai |
| | | |
| original (m) | 原本 | genpon |
| padrão (adj) | 標準の | hyōjun no |
| padrão (m) | 標準 | hyōjun |
| paragem (pausa) | 休止 | kyūshi |
| parte (f) | 一部 | ichibu |

| | | |
|---|---|---|
| partícula (f) | 小片 | shōhen |
| pausa (f) | 一時停止 | ichiji teishi |
| posição (f) | 位置 | ichi |
| princípio (m) | 原理 | genri |
| problema (m) | 問題 | mondai |
| processo (m) | 一連の作業 | ichiren no sagyō |
| progresso (m) | 進歩 | shinpo |
| propriedade (qualidade) | 性質 | seishitsu |
| reação (f) | 反応 | hannō |
| risco (m) | 危険 | kiken |
| ritmo (m) | テンポ | tenpo |
| segredo (m) | 秘密 | himitsu |
| série (f) | シリーズ | shirīzu |
| sistema (m) | システム | shisutemu |
| situação (f) | 状況 | jōkyō |
| solução (f) | 解決 | kaiketsu |
| tabela (f) | 表 | hyō |
| termo (ex. ~ técnico) | 用語 | yōgo |
| tipo (m) | 型 | gata |
| urgente (adj) | 至急の | shikyū no |
| urgentemente | 至急に | shikyū ni |
| utilidade (f) | 実用性 | jitsuyō sei |
| variante (f) | バリアント | barianto |
| variedade (f) | 選択 | sentaku |
| verdade (f) | 真実 | shinjitsu |
| vez (f) | 順番 | junban |
| zona (f) | 地帯 | chitai |

## 250. Modificadores. Adjetivos. Parte 1

| | | |
|---|---|---|
| aberto (adj) | 開いた | hirai ta |
| afetuoso (adj) | 優しい | yasashī |
| afiado (adj) | 鋭い | surudoi |
| agradável (adj) | 快い | kokoroyoi |
| agradecido (adj) | 感謝する | kansha suru |
| alegre (adj) | 嬉しい | ureshī |
| alto (ex. voz ~a) | 大声の | ōgoe no |
| amargo (adj) | 苦い | nigai |
| amplo (adj) | 広々とした | hirobiro to shi ta |
| antigo (adj) | 古代の | kodai no |
| apertado (sapatos ~s) | きつい | kitsui |
| apropriado (adj) | 適切な | tekisetsu na |
| arriscado (adj) | 危険な | kiken na |
| artificial (adj) | 人工の | jinkō no |
| azedo (adj) | 酸っぱい [すっぱい] | suppai |
| baixo (voz ~a) | 低い | hikui |

| barato (adj) | 安い | yasui |
| belo (adj) | 美しい | utsukushī |

| bom (adj) | 良い | yoi |
| bondoso (adj) | 良い | yoi |
| bonito (adj) | 美しい | utsukushī |
| bronzeado (adj) | 日焼けした | hiyake shi ta |
| burro, estúpido (adj) | 愚かな | oroka na |

| calmo (adj) | 静かな | shizuka na |
| cansado (adj) | 疲れた | tsukare ta |
| cansativo (adj) | 疲れる | tsukareru |
| carinhoso (adj) | 世話好きな | sewa zuki na |
| caro (adj) | 高い | takai |

| cego (adj) | 盲目の | mōmoku no |
| central (adj) | 中心の | chūshin no |
| cerrado (ex. nevoeiro ~) | 深い | fukai |
| cheio (xícara ~a) | 満ちた | michi ta |

| civil (adj) | 市民の | shimin no |
| clandestino (adj) | 内密の | naimitsu no |
| claro (explicação ~a) | 理解しやすい | rikai shi yasui |
| claro (pálido) | 薄い | usui |

| compatível (adj) | …準拠の | … junkyo no |
| comum, normal (adj) | 普通の | futsū no |
| congelado (adj) | 冷凍の | reitō no |
| conjunto (adj) | 共同の | kyōdō no |
| considerável (adj) | 重要な | jūyō na |

| contente (adj) | 満足した | manzoku shi ta |
| contínuo (adj) | 連続的な | renzoku teki na |
| contrário (ex. o efeito ~) | 正反対の | sei hantai no |
| correto (resposta ~a) | 正しい | tadashī |
| cru (não cozinhado) | 生の | nama no |

| curto (adj) | 短い | mijikai |
| de curta duração | 短い | mijikai |
| de sol, ensolarado | 明るく晴れた | akaruku hare ta |
| de trás | 後ろの | ushiro no |
| denso (fumaça ~a) | 濃い | koi |

| desanuviado (adj) | 雲のない | kumo no nai |
| descuidado (adj) | 不注意な | fuchūi na |
| diferente (adj) | 異なる | kotonaru |
| difícil (decisão) | 難しい | muzukashī |
| difícil, complexo (adj) | 困難な | konnan na |

| direito (lado ~) | 右の | migi no |
| distante (adj) | 遠い | tōi |
| diverso (adj) | 様々な | samazama na |
| doce (açucarado) | 甘い | amai |
| doce (água) | 淡… | tan … |
| doente (adj) | 病気の | byōki no |
| duro (material ~) | 硬い | katai |

| | | |
|---|---|---|
| educado (adj) | 礼儀正しい | reigi tadashī |
| encantador (agradável) | 親切な | shinsetsu na |
| enigmático (adj) | 謎の | nazo no |
| enorme (adj) | 巨大な | kyodai na |
| escuro (quarto ~) | 暗い | kurai |
| especial (adj) | 特別の | tokubetsu no |
| esquerdo (lado ~) | 左の | hidari no |
| estrangeiro (adj) | 外国の | gaikoku no |
| estreito (adj) | 狭い | semai |
| exato (montante ~) | 正確な | seikaku na |
| excelente (adj) | 優れた | sugure ta |
| excessivo (adj) | 過度の | kado no |
| externo (adj) | 外部の | gaibu no |
| fácil (adj) | 易しい | yasashī |
| faminto (adj) | 飢えた | ue ta |
| fechado (adj) | 閉店した | heiten shi ta |
| feliz (adj) | 幸福な | kōfuku na |
| fértil (terreno ~) | 肥えた | koe ta |
| forte (pessoa ~) | 強い | tsuyoi |
| fraco (luz ~a) | 薄暗い | usugurai |
| frágil (adj) | 壊れやすい | koware yasui |
| fresco (pão ~) | 生鮮な | seisen na |
| fresco (tempo ~) | 涼しい | suzushī |
| frio (adj) | 寒い、冷たい | samui, tsumetai |
| gordo (alimentos ~s) | 脂っこい | yanikkoi |
| gostoso, saboroso (adj) | 美味しい | oishī |
| grande (adj) | 大きい | ohkī |
| gratuito, grátis (adj) | 無料の | muryō no |
| grosso (camada ~a) | 厚い | atsui |
| hostil (adj) | 敵対的な | tekitai teki na |

## 251. Modificadores. Adjetivos. Parte 2

| | | |
|---|---|---|
| igual (adj) | 同一 | dōitsu |
| imóvel (adj) | 動けない | ugoke nai |
| importante (adj) | 重要な | jūyō na |
| impossível (adj) | 不可能な | fukanō na |
| incompreensível (adj) | 理解し難い | rikai shi gatai |
| indigente (muito pobre) | 極貧の | gokuhin no |
| indispensável (adj) | 不可欠の | fukaketsu no |
| inexperiente (adj) | 経験の浅い | keiken no asai |
| infantil (adj) | 子供の | kodomo no |
| ininterrupto (adj) | 連続的に | renzoku teki ni |
| insignificante (adj) | わずかな | wazuka na |
| inteiro (completo) | 全体の | zentai no |
| inteligente (adj) | 利口な | rikō na |

| | | |
|---|---|---|
| interno (adj) | 内部の | naibu no |
| jovem (adj) | 若い | wakai |
| largo (caminho ~) | 広い | hiroi |
| legal (adj) | 合法の | gōhō no |
| leve (adj) | 軽い | karui |
| | | |
| limitado (adj) | 制限された | seigen sare ta |
| limpo (adj) | きれいな | kireina |
| líquido (adj) | 液状の | ekijō no |
| liso (adj) | 平坦な | heitan na |
| liso (superfície ~a) | 平らな | taira na |
| | | |
| livre (adj) | 自由の | jiyū no |
| longo (ex. cabelo ~) | 長い | nagai |
| maduro (ex. fruto ~) | 熟れた | ure ta |
| magro (adj) | 痩せた | yase ta |
| mais próximo (adj) | 最も近い | mottomo chikai |
| | | |
| mais recente (adj) | 過去の | kako no |
| mate (adj) | マット | matto |
| mau (adj) | 悪い | warui |
| meticuloso (adj) | 細心の | saishin no |
| míope (adj) | 近視の | kinshi no |
| | | |
| mole (adj) | 柔らかい | yawarakai |
| molhado (adj) | ぬれた | nure ta |
| moreno (adj) | 浅黒い | asaguroi |
| morto (adj) | 死んだ | shin da |
| muito magro (adj) | 痩せ細った | yasehosotta |
| | | |
| não difícil (adj) | 難しくない | muzukashiku nai |
| não é clara (adj) | 明確でない | meikaku de nai |
| não muito grande (adj) | 小型の | kogata no |
| natal (país ~) | 生まれた | umare ta |
| necessário (adj) | 必要な | hitsuyō na |
| | | |
| negativo (resposta ~a) | 否定の | hitei no |
| nervoso (adj) | 緊張した | kinchō shita |
| normal (adj) | 標準の | hyōjun no |
| novo (adj) | 新しい | atarashī |
| o mais importante (adj) | 最も重要な | mottomo jūyō na |
| | | |
| obrigatório (adj) | 義務的な | gimu teki na |
| original (incomum) | 独創的な | dokusōtekina |
| passado (adj) | 先… | sen … |
| pequeno (adj) | 小さい | chīsai |
| perigoso (adj) | 危険な | kiken na |
| | | |
| permanente (adj) | 永続的な | eizoku teki na |
| perto (adj) | 近くの | chikaku no |
| pesado (adj) | 重い | omoi |
| pessoal (adj) | 個人的な | kojin teki na |
| plano (ex. ecrã ~ a) | 平たい | hiratai |
| | | |
| pobre (adj) | 貧乏な | binbō na |
| pontual (adj) | 時間を守る | jikan wo mamoru |

| possível (adj) | 可能な | kanō na |
| pouco fundo (adj) | 浅い | asai |
| presente (ex. momento ~) | 現在の | genzai no |

| prévio (adj) | 前の | mae no |
| primeiro (principal) | 主な | omo na |
| principal (adj) | 主な | omo na |
| privado (adj) | 私有の | shiyū no |

| provável (adj) | ありそうな | arisō na |
| próximo (adj) | 近い | chikai |
| público (adj) | 公共の | kōkyō no |
| quente (cálido) | 熱い | atsui |

| quente (morno) | 暖かい | atatakai |
| rápido (adj) | 速い | hayai |
| raro (adj) | 珍しい | mezurashī |
| remoto, longínquo (adj) | 遠方の | enpō no |
| reto (linha ~a) | 直···、真っすぐな | choku ..., massuguna |

| salgado (adj) | 塩味の | shioaji no |
| satisfeito (adj) | 満足した | manzoku shi ta |
| seco (roupa ~a) | 乾いた | kawai ta |
| seguinte (adj) | 来··· | rai ... |
| seguro (não perigoso) | 安全な | anzen na |

| similar (adj) | に似て | ni ni te |
| simples (fácil) | 易しい | yasashī |
| soberbo, perfeito (adj) | 優れた | sugure ta |
| sólido (parede ~a) | 頑丈な | ganjō na |
| sombrio (adj) | 薄暗い | usugurai |

| sujo (adj) | 汚れた | yogore ta |
| superior (adj) | 最高の | saikō no |
| suplementar (adj) | 追加の | tsuika no |
| tranquilo (adj) | おとなしい | otonashī |

| transparente (adj) | 透明な | tōmei na |
| triste (pessoa) | 悲しい | kanashī |
| triste (um ar ~) | 悲しげな | kanashi ge na |
| último (adj) | 最後の | saigo no |
| úmido (adj) | 湿度の | shitsudo no |

| único (adj) | ユニークな | yunīku na |
| usado (adj) | 中古の | chūko no |
| vazio (meio ~) | 空の | karano |
| velho (adj) | 古い | furui |
| vizinho (adj) | 近隣の | kinrin no |

# 500 VERBOS PRINCIPAIS

## 252. Verbos A-B

| | | |
|---|---|---|
| abraçar (vt) | 抱きしめる | dakishimeru |
| abrir (vt) | 開ける | akeru |
| acalmar (vt) | 落ち着かせる | ochitsukaseru |
| acariciar (vt) | なでる | naderu |
| | | |
| acenar (com a mão) | 手を振る | te wo furu |
| acender (~ uma fogueira) | 火を付ける | hi wo tsukeru |
| achar (vt) | 思う | omō |
| acompanhar (vt) | 同伴する | dōhan suru |
| | | |
| aconselhar (vt) | 助言する | jogen suru |
| acordar, despertar (vt) | 起こす | okosu |
| acrescentar (vt) | 加える | kuwaeru |
| acusar (vt) | 責める | semeru |
| | | |
| adestrar (vt) | 調教する | chōkyō suru |
| adivinhar (vt) | 言い当てる | īateru |
| admirar (vt) | 称賛する | shōsan suru |
| adorar (~ fazer) | 大好きである | daisuki de aru |
| advertir (vt) | 警告する | keikoku suru |
| | | |
| afirmar (vt) | 断言する | dangen suru |
| afogar-se (vr) | 溺れる | oboreru |
| afugentar (vt) | …を追い払う | … wo oiharau |
| agir (vi) | 行動する | kōdō suru |
| | | |
| agitar, sacudir (vt) | 振る | furu |
| agradecer (vt) | 感謝する | kansha suru |
| ajudar (vt) | 手伝う | tetsudau |
| alcançar (objetivos) | 至る | itaru |
| | | |
| alimentar (dar comida) | 食べさせる | tabesaseru |
| almoçar (vi) | 昼食をとる | chūshoku wo toru |
| alugar (~ o barco, etc.) | 借りる | kariru |
| alugar (~ um apartamento) | 借りる | kariru |
| | | |
| amar (pessoa) | 愛する | aisuru |
| amarrar (vt) | 縛る | shibaru |
| ameaçar (vt) | 脅す | odosu |
| amputar (vt) | 切断する | setsudan suru |
| | | |
| anotar (escrever) | 書き留める | kakitomeru |
| anotar (escrever) | 書き留める | kakitomeru |
| anular, cancelar (vt) | 取り消す | torikesu |
| apagar (com apagador, etc.) | 消す | kesu |
| apagar (um incêndio) | 消火する | shōka suru |

| apaixonar-se ... | …と恋に落ちる | … to koi ni ochiru |
| aparecer (vi) | 現われる | arawareru |
| aplaudir (vi) | 拍手する | hakushu suru |

| apoiar (vt) | 支援する | shien suru |
| apontar para ... | 狙う | nerau |
| apresentar (alguém a alguém) | 紹介する | shōkai suru |
| apresentar (Gostaria de ~) | 紹介する | shōkai suru |

| apressar (vt) | …を急がせる | … wo isoga seru |
| apressar-se (vr) | 急ぐ | isogu |
| aproximar-se (vr) | 近づく | chikazuku |
| aquecer (vt) | 暖める | atatameru |

| arrancar (vt) | はぎ取る | hagitoru |
| arranhar (vt) | 引っ掻く | hikkaku |
| arrepender-se (vr) | 後悔する | kōkai suru |
| arriscar (vt) | リスクを負う | risuku wo ō |

| arrumar, limpar (vt) | 掃除をする | sōji wo suru |
| aspirar a ... | 目指す | mezasu |
| assinar (vt) | 署名する | shomei suru |
| assistir (vt) | 手伝う | tetsudau |
| atacar (vt) | 攻撃する | kōgeki suru |

| atar (vt) | 結びつける | musubitsukeru |
| atracar (vi) | 係留する | keiryū suru |
| aumentar (vi) | 増加する | zōka suru |
| aumentar (vt) | 増加させる | zōka saseru |

| avançar (vi) | 進展する | shinten suru |
| avistar (vt) | 目に留まる | me ni tomaru |
| baixar (guindaste, etc.) | 下ろす | orosu |
| barbear-se (vr) | ひげを剃る | hige wo soru |
| basear-se (vr) | …に基づく | … ni motozuku |

| bastar (vi) | 足りる | tarlru |
| bater (à porta) | ノックする | nokku suru |
| bater (espancar) | 殴る | naguru |
| bater-se (vr) | 喧嘩をする | kenka wo suru |

| beber, tomar (vt) | 飲む | nomu |
| brilhar (vi) | 輝く | kagayaku |
| brincar, jogar (vi, vt) | 遊ぶ | asobu |
| buscar (vt) | 探す | sagasu |

## 253. Verbos C-D

| caçar (vi) | 狩る | karu |
| calar-se (parar de falar) | 話をやめる | hanashi wo yameru |
| calcular (vt) | 計算する | keisan suru |
| carregar (o caminhão, etc.) | 積む | tsumu |
| carregar (uma arma) | 装填する | sōten suru |

| | | |
|---|---|---|
| casar-se (vr) | 結婚する | kekkon suru |
| causar (vt) | …を引き起こす | … wo hikiokosu |
| cavar (vt) | 掘る | horu |
| | | |
| ceder (não resistir) | 降参する | kōsan suru |
| cegar, ofuscar (vt) | 目をくらませる | me wo kuramaseru |
| censurar (vt) | 非難する | hinan suru |
| chamar (~ por socorro) | 求める | motomeru |
| | | |
| chamar (alguém para …) | 呼ぶ | yobu |
| chegar (a algum lugar) | 達する | tassuru |
| chegar (vi) | 到着する | tōchaku suru |
| cheirar (~ uma flor) | 嗅ぐ | kagu |
| | | |
| cheirar (tem o cheiro) | 匂う | niō |
| chorar (vi) | 泣く | naku |
| citar (vt) | 引用する | inyō suru |
| colher (flores) | 摘み取る | tsumitoru |
| | | |
| colocar (vt) | 置く | oku |
| combater (vi, vt) | 戦う | tatakau |
| começar (vt) | 始める | hajimeru |
| comer (vt) | 食べる | taberu |
| comparar (vt) | 比較する | hikaku suru |
| | | |
| compensar (vt) | 補償する | hoshō suru |
| competir (vi) | 競争する | kyōsō suru |
| complicar (vt) | 複雑にする | fukuzatsu ni suru |
| compor (~ música) | 作曲する | sakkyoku suru |
| | | |
| comportar-se (vr) | 振る舞う | furumau |
| comprar (vt) | 買う | kau |
| comprometer (vt) | 評判を傷つける | hyōban wo kizutsukeru |
| concentrar-se (vr) | …を集中させる | … wo shūchū saseru |
| concordar (dizer "sim") | 同意する | dōi suru |
| | | |
| condecorar (dar medalha) | 授ける | sazukeru |
| confessar-se (vr) | 自供する | jikyō suru |
| confiar (vt) | 信用する | shinyō suru |
| confundir (equivocar-se) | 混同する | kondō suru |
| conhecer (vt) | 知っている | shitte iru |
| | | |
| conhecer-se (vr) | 知り合いになる | shiriai ni naru |
| consertar (vt) | 整頓する | seiton suru |
| consultar … | 相談する | sōdan suru |
| contagiar-se com … | 感染する | kansen suru |
| | | |
| contar (vt) | 話をする | hanashi wo suru |
| contar com … | …を頼りにする | … wo tayori ni suru |
| continuar (vt) | 続ける | tsuzukeru |
| contratar (vt) | 雇う | yatō |
| | | |
| controlar (vt) | 管制する | kansei suru |
| convencer (vt) | 説得する | settoku suru |
| convidar (vt) | 招待する | shōtai suru |
| cooperar (vi) | 協力する | kyōryoku suru |

| | | |
|---|---|---|
| coordenar (vt) | 調整する | chōsei suru |
| corar (vi) | 赤面する | sekimen suru |
| correr (vi) | 走る | hashiru |
| corrigir (~ um erro) | 直す | naosu |
| | | |
| cortar (com um machado) | おので切る | ono de kiru |
| cortar (com uma faca) | 切り取る | kiritoru |
| cozinhar (vt) | 作る | tsukuru |
| crer (pensar) | 考える | kangaeru |
| | | |
| criar (vt) | 創造する | sōzō suru |
| cultivar (~ plantas) | 育てる | sodateru |
| cuspir (vi) | つばを吐く [唾を吐く] | tsuba wo haku |
| custar (vt) | かかる | kakaru |
| dar (vt) | 手渡す | tewatasu |
| | | |
| dar banho, lavar (vt) | 入浴させる | nyūyoku saseru |
| datar (vi) | …に遡る | … ni sakanoboru |
| decidir (vt) | 決定する | kettei suru |
| decorar (enfeitar) | 飾る | kazaru |
| | | |
| dedicar (vt) | 献呈する | kentei suru |
| defender (vt) | 防衛する | bōei suru |
| defender-se (vr) | 身を守る | mi wo mamoru |
| deixar (~ a mulher) | 別れる | wakareru |
| | | |
| deixar (esquecer) | 置き忘れる | okiwasureru |
| deixar (permitir) | 許す | yurusu |
| deixar cair (vt) | 落とす | otosu |
| denominar (vt) | 命名する | meimei suru |
| | | |
| denunciar (vt) | 密告する | mikkoku suru |
| depender de … | …に依存する | … ni izon suru |
| derramar (~ líquido) | こぼす | kobosu |
| derramar-se (vr) | こぼす | kobosu |
| | | |
| desaparecer (vi) | 姿を消す | sugata wo kesu |
| desatar (vt) | ほどく [解く] | hodoku |
| desatracar (vi) | 出航する | shukkō suru |
| descansar (um pouco) | 休む | yasumu |
| descer (para baixo) | 下りる | oriru |
| | | |
| descobrir (novas terras) | 発見する | hakken suru |
| descolar (avião) | 離陸する | ririku suru |
| desculpar (vt) | 許す | yurusu |
| desculpar-se (vr) | 謝る | ayamaru |
| | | |
| desejar (vt) | 望む | nozomu |
| desempenhar (papel) | 演じる | enjiru |
| desligar (vt) | 消す | kesu |
| desprezar (vt) | 軽蔑する | keibetsu suru |
| | | |
| destruir (documentos, etc.) | 破棄する | haki suru |
| devolver (vt) | 送り返す | okurikaesu |
| direcionar (vt) | 方向を指す | hōkō wo sasu |
| dirigir (~ um carro) | 運転する | unten suru |

| | | |
|---|---|---|
| dirigir (~ uma empresa) | 管理する | kanri suru |
| dirigir-se (a um auditório, etc.) | 話し掛ける | hanashikakeru |
| discutir (notícias, etc.) | 討議する | tōgi suru |
| disparar, atirar (vi) | 撃つ | utsu |
| distribuir (folhetos, etc.) | 配布する | haifu suru |
| distribuir (vt) | 配る | kubaru |
| divertir (vt) | 楽しませる | tanoshimaseru |
| divertir-se (vr) | 楽しむ | tanoshimu |
| dividir (mat.) | 割る | wareru |
| dizer (vt) | 言う | iu |
| dobrar (vt) | 倍にする | bai ni suru |
| duvidar (vt) | 疑う | utagau |

## 254. Verbos E-J

| | | |
|---|---|---|
| elaborar (uma lista) | まとめる | matomeru |
| elevar-se acima de … | そびえる | sobieru |
| eliminar (um obstáculo) | 取り除く | torinozoku |
| embrulhar (com papel) | 包装する | hōsō suru |
| emergir (submarino) | 浮上する | fujō suru |
| emitir (~ cheiro) | 放つ | hanatsu |
| empreender (vt) | 引き受ける | hikiukeru |
| empurrar (vt) | 押す | osu |
| encabeçar (vt) | 率いる | hikīru |
| encher (~ a garrafa, etc.) | 満たす | mitasu |
| encontrar (achar) | 見つける | mitsukeru |
| enganar (vt) | だます | damasu |
| ensinar (vt) | 教える | oshieru |
| entediar-se (vr) | 退屈する | taikutsu suru |
| entender (vt) | 理解する | rikai suru |
| entrar (na sala, etc.) | 入る | hairu |
| enviar (uma carta) | 送る | okuru |
| equipar (vt) | 備えつける | sonaetsukeru |
| errar (enganar-se) | 誤りをする | ayamari wo suru |
| escolher (vt) | 選択する | sentaku suru |
| esconder (vt) | 隠す | kakusu |
| escrever (vt) | 書く | kaku |
| escutar (vt) | 聴く | kiku |
| escutar atrás da porta | 盗み聞きする | nusumigiki suru |
| esmagar (um inseto, etc.) | 潰す | tsubusu |
| esperar (aguardar) | 待つ | matsu |
| esperar (contar com) | 予期する | yoki suru |
| esperar (ter esperança) | 希望する | kibō suru |
| espreitar (vi) | のぞき見する | nozokimi suru |
| esquecer (vt) | 忘れる | wasureru |

| estar | ある | aru |
| estar convencido | 説得される | settoku sareru |

| estar deitado | 横になる | yoko ni naru |
| estar perplexo | 戸惑う | tomadō |
| estar preocupado | 心配する | shinpai suru |
| estar sentado | 座っている | suwatte iru |

| estremecer (vi) | 身震いする | miburui suru |
| estudar (vt) | 勉強する | benkyō suru |
| evitar (~ o perigo) | 回避する | kaihi suru |
| examinar (~ uma proposta) | 調べ上げる | shirabe ageru |

| exigir (vt) | 要求する | yōkyū suru |
| existir (vi) | 存在する | sonzai suru |
| explicar (vt) | 説明する | setsumei suru |
| expressar (vt) | 表現する | hyōgen suru |

| expulsar (~ da escola, etc.) | 追放する | tsuihō suru |
| facilitar (vt) | 簡単にする | kantan ni suru |
| falar com ... | …と話す | … to hanasu |
| faltar (a la escuela, etc.) | 欠席する | kesseki suru |

| fascinar (vt) | …をうっとりさせる | … wo uttori saseru |
| fatigar (vt) | 疲れさせる | tsukaresaseru |
| fazer (vt) | する | suru |
| fazer lembrar | 思い出させる | omoidasaseru |
| fazer piadas | 冗談を言う | jōdan wo iu |

| fazer publicidade | 広告する | kōkoku suru |
| fazer uma tentativa | 試してみる | tameshi te miru |
| fechar (vt) | 閉める | shimeru |
| felicitar (vt) | 祝う | iwau |

| ficar cansado | 疲れる | tsukareru |
| ficar em silêncio | 沈黙を守る | chinmoku wo mamoru |
| ficar pensativo | 物思いにふける | monōmoi ni fukeru |
| forçar (vt) | 強いる | shīru |
| formar (vt) | 構成する | kōsei suru |

| gabar-se (vr) | 自慢する | jiman suru |
| garantir (vt) | 保証する | hoshō suru |
| gostar (apreciar) | 好む | konomu |
| gritar (vi) | 叫ぶ | sakebu |

| guardar (fotos, etc.) | 取っておく | totte oku |
| guardar (no armário, etc.) | しまう | shimau |
| guerrear (vt) | 戦争中である | sensō chū de aru |
| herdar (vt) | 相続する | sōzoku suru |
| iluminar (vt) | 照らす | terasu |

| imaginar (vt) | 想像する | sōzō suru |
| imitar (vt) | 模倣する | mohō suru |
| implorar (vt) | 懇願する | kongan suru |
| importar (vt) | 輸入する | yunyū suru |
| indicar (~ o caminho) | 指す | sasu |

| | | |
|---|---|---|
| indignar-se (vr) | 憤慨する | fungai suru |
| infetar, contagiar (vt) | 感染させる | kansen saseru |
| influenciar (vt) | 影響を及ぼす | eikyō wo oyobosu |
| informar (~ a policia) | 知らせる | shiraseru |
| | | |
| informar (vt) | 知らせる | shiraseru |
| informar-se (~ sobre) | 尋ねる | tazuneru |
| inscrever (na lista) | 記入する | kinyū suru |
| inserir (vt) | 差し込む | sashikomu |
| | | |
| insinuar (vt) | ほのめかす | honomekasu |
| insistir (vi) | 主張する | shuchō suru |
| inspirar (vt) | 霊感を与える | reikan wo ataeru |
| instruir (ensinar) | 指導する | shidō suru |
| | | |
| insultar (vt) | 侮辱する | bujoku suru |
| interessar (vt) | 興味を持たせる | kyōmi wo motaseru |
| interessar-se (vr) | …に興味がある | … ni kyōmi ga aru |
| intervir (vi) | 干渉する | kanshō suru |
| invejar (vt) | 妬む | netamu |
| | | |
| inventar (vt) | 発明する | hatsumei suru |
| ir (a pé) | 行く | iku |
| ir (de carro, etc.) | 行く | iku |
| ir nadar | 海水浴をする | kaisuiyoku wo suru |
| | | |
| ir para a cama | 就寝する | shūshin suru |
| irritar (vt) | イライラさせる | iraira saseru |
| irritar-se (vr) | イライラする | iraira suru |
| isolar (vt) | 孤立させる | koritsu saseru |
| | | |
| jantar (vi) | 夕食をとる | yūshoku wo toru |
| jogar, atirar (vt) | 投げる | nageru |
| juntar, unir (vt) | 合体させる | gattai saseru |
| juntar-se a … | 加わる | kuwawaru |

## 255. Verbos L-P

| | | |
|---|---|---|
| lançar (novo projeto, etc.) | 開始する | kaishi suru |
| lavar (vt) | 洗う | arau |
| lavar a roupa | 洗濯をする | sentaku wo suru |
| lavar-se (vr) | 風呂に入る | furo ni hairu |
| | | |
| lembrar (vt) | 覚えている | oboe te iru |
| ler (vt) | 読む | yomu |
| levantar-se (vr) | 起きる | okiru |
| levar (ex. leva isso daqui) | 取り上げる | toriageru |
| | | |
| libertar (cidade, etc.) | 解放する | kaihō suru |
| ligar (~ o radio, etc.) | 入れる | ireru |
| limitar (vt) | 制限する | seigen suru |
| limpar (eliminar sujeira) | 掃除する | sōji suru |
| limpar (tirar o calcário, etc.) | きれいにする | kirei ni suru |
| lisonjear (vt) | おだてる | oda teru |

| livrar-se de ... | 取り除く | torinozoku |
| lutar (combater) | 戦う | tatakau |
| lutar (esporte) | 格闘する | kakutō suru |

| marcar (com lápis, etc.) | 印をつける | shirushi wo tsukeru |
| matar (vt) | 殺す | korosu |
| memorizar (vt) | 記憶する | kioku suru |
| mencionar (vt) | 言及する | genkyū suru |

| mentir (vi) | うそをつく | uso wo tsuku |
| merecer (vt) | 値する | ataisuru |
| mergulhar (vi) | 飛び込む | tobikomu |
| misturar (vt) | 混ぜる | mazeru |

| morar (vt) | 住む | sumu |
| mostrar (vt) | 展示する | tenji suru |
| mover (vt) | 移動する | idō suru |
| mudar (modificar) | 変える | kaeru |

| multiplicar (mat.) | 掛ける | kakeru |
| nadar (vi) | 泳ぐ | oyogu |
| negar (vt) | 否定する | hitei suru |
| negociar (vi) | 交渉する | kōshō suru |

| nomear (função) | 任命する | ninmei suru |
| obedecer (vt) | 従う | shitagau |
| objetar (vt) | 反対する | hantai suru |
| observar (vt) | 監視する | kanshi suru |

| ofender (vt) | 感情を害する | kanjō wo gaisuru |
| olhar (vt) | 見る | miru |
| omitir (vt) | 省略する | shōrya ku suru |
| ordenar (mil.) | 命令する | meirei suru |

| organizar (evento, etc.) | 主催する | shusai suru |
| ousar (vt) | あえて…する | aete ... suru |
| ouvir (vt) | 聞く | kiku |
| pagar (vt) | 払う | harau |

| parar (para descansar) | 止まる | tomaru |
| parar, cessar (vt) | 止める | tomeru |
| parecer-se (vr) | 似ている | ni te iru |
| participar (vi) | 参加する | sanka suru |
| partir (~ para o estrangeiro) | 発つ | tatsu |

| passar (vt) | 通過する | tsūka suru |
| passar a ferro | アイロンをかける | airon wo kakeru |
| pecar (vi) | 罪を犯す | tsumi wo okasu |
| pedir (comida) | 注文する | chūmon suru |

| pedir (um favor, etc.) | 頼む | tanomu |
| pegar (tomar com a mão) | 捕らえる | toraeru |
| pegar (tomar) | 取る | toru |
| pendurar (cortinas, etc.) | つるす | tsurusu |
| penetrar (vt) | 突き抜ける | tsukinukeru |
| pensar (vi, vt) | 思う | omō |

| | | |
|---|---|---|
| pentear-se (vr) | 髪をとかす | kami wo tokasu |
| perceber (ver) | 見掛ける | mikakeru |
| perder (o guarda-chuva, etc.) | なくす | nakusu |
| | | |
| perdoar (vt) | 許す | yurusu |
| permitir (vt) | 許可する | kyoka suru |
| pertencer a ... | 所有物である | shoyū butsu de aru |
| perturbar (vt) | 邪魔をする | jama wo suru |
| | | |
| pesar (ter o peso) | 重さがある | omo sa ga aru |
| pescar (vt) | 魚釣りをする | sakanatsuri wo suru |
| planejar (vt) | 計画する | keikaku suru |
| poder (~ fazer algo) | できる | dekiru |
| | | |
| pôr (posicionar) | 置く | oku |
| possuir (uma casa, etc.) | 所有する | shoyū suru |
| predominar (vi, vt) | 優勢である | yūsei de aru |
| preferir (vt) | 好む | konomu |
| | | |
| preocupar (vt) | 心配させる | shinpai saseru |
| preocupar-se (vr) | 心配する | shinpai suru |
| preparar (vt) | 用意する | yōi suru |
| preservar (ex. ~ a paz) | 保つ | tamotsu |
| | | |
| prever (vt) | 見越す | mikosu |
| privar (vt) | 奪う | ubau |
| proibir (vt) | 禁じる | kinjiru |
| projetar, criar (vt) | 設計する | sekkei suru |
| prometer (vt) | 約束する | yakusoku suru |
| | | |
| pronunciar (vt) | 発音する | hatsuon suru |
| propor (vt) | 提案する | teian suru |
| proteger (a natureza) | 保護する | hogo suru |
| protestar (vi) | 抗議する | kōgi suru |
| | | |
| provar (~ a teoria, etc.) | 証明する | shōmei suru |
| provocar (vt) | …を怒らせる | ... wo okoraseru |
| punir, castigar (vt) | 罰する | bassuru |
| puxar (vt) | 引っ張る | hipparu |

## 256. Verbos Q-Z

| | | |
|---|---|---|
| quebrar (vt) | 折る、壊す | oru, kowasu |
| queimar (vt) | 燃やす | moyasu |
| queixar-se (vr) | 不平を言う | fuhei wo iu |
| querer (desejar) | 欲する | hossuru |
| | | |
| rachar-se (vr) | ひびが入る | hibi ga hairu |
| ralhar, repreender (vt) | 叱る ［しかる］ | shikaru |
| realizar (vt) | 実現する | jitsugen suru |
| recomendar (vt) | 推薦する | suisen suru |
| | | |
| reconhecer (identificar) | …だと分かる | ... da to wakaru |
| reconhecer (o erro) | 認める | mitomeru |

| recordar, lembrar (vt) | 思い出す | omoidasu |
| recuperar-se (vr) | 回復する | kaifuku suru |
| recusar (~ alguém) | 断る | kotowaru |

| reduzir (vt) | 落とす | otosu |
| refazer (vt) | やり直す | yarinaosu |
| reforçar (vt) | 強化する | kyōka suru |
| refrear (vt) | 抑える | osaeru |

| regar (plantas) | 水をやる | mizu wo yaru |
| remover (~ uma mancha) | 取る | toru |
| reparar (vt) | 修理する | shūri suru |
| repetir (dizer outra vez) | 復唱する | fukushō suru |

| reportar (vt) | 報告する | hōkoku suru |
| reservar (~ um quarto) | 予約する | yoyaku suru |
| resolver (o conflito) | 解決する | kaiketsu suru |
| resolver (um problema) | 解く | toku |

| respirar (vi) | 呼吸する | kokyū suru |
| responder (vt) | 回答する | kaitō suru |
| rezar, orar (vi) | 祈る | inoru |
| rir (vi) | 笑う | warau |
| romper-se (corda, etc.) | 壊れる | kowareru |

| roubar (vt) | 盗む | nusumu |
| saber (vt) | 知る | shiru |
| sair (~ de casa) | 外出する | gaishutsu suru |
| sair (ser publicado) | 出版される | shuppan sareru |

| salvar (resgatar) | 救出する | kyūshutsu suru |
| satisfazer (vt) | 満足させる | manzoku saseru |
| saudar (vt) | 挨拶する | aisatsu suru |
| secar (vt) | 乾かす | kawakasu |
| seguir (~ alguém) | …について行く | … ni tsuiteiku |

| selecionar (vt) | 選ぶ | erabu |
| semear (vt) | 種をまく | tane wo maku |
| sentar-se (vr) | 座る | suwaru |
| sentenciar (vt) | 判決を下す | hanketsu wo kudasu |
| sentir (vt) | 感じる | kanjiru |

| ser diferente | 異なる | kotonaru |
| ser indispensável | 必要となる | hitsuyō to naru |
| ser necessário | 必要である | hitsuyō de aru |

| ser preservado | 保存されている | hozon sare te iru |
| ser, estar | ある | aru |
| servir (restaurant, etc.) | 給仕をする | kyūji wo suru |
| servir (roupa, caber) | 合う | au |

| significar (palavra, etc.) | 意味する | imi suru |
| significar (vt) | 意味する | imi suru |
| simplificar (vt) | 単純化する | tanjun ka suru |
| sofrer (vt) | 苦しむ | kurushimu |
| sonhar (~ com) | 夢見る | yumemiru |

| | | |
|---|---|---|
| sonhar (ver sonhos) | 夢を見る | yume wo miru |
| soprar (vi) | 吹く | fuku |
| sorrir (vi) | ほほえむ［微笑む］ | hohoemu |
| | | |
| subestimar (vt) | 甘く見る | amaku miru |
| sublinhar (vt) | 下線を引く | kasen wo hiku |
| sujar-se (vr) | 汚れる | yogoreru |
| superestimar (vt) | 過大評価する | kadai hyōka suru |
| | | |
| supor (vt) | 仮定する | katei suru |
| suportar (as dores) | 耐える | taeru |
| surpreender (vt) | 驚かす | odorokasu |
| surpreender-se (vr) | 驚く | odoroku |
| | | |
| suspeitar (vt) | 疑う | utagau |
| suspirar (vi) | ため息をつく | tameiki wo tsuku |
| tentar (~ fazer) | 試みる | kokoromiru |
| ter (vt) | 持つ | motsu |
| | | |
| ter medo | 怖がる | kowagaru |
| terminar (vt) | 終える | oeru |
| tirar (vt) | 取り外す | torihazusu |
| tirar cópias | 複数部コピーする | fukusū bu kopī suru |
| | | |
| tirar fotos, fotografar | 写真をとる | shashin wo toru |
| tirar uma conclusão | 結論を出す | ketsuron wo dasu |
| tocar (com as mãos) | 触れる | fureru |
| tomar café da manhã | 朝食をとる | chōshoku wo toru |
| | | |
| tomar emprestado | 借りる | kariru |
| tornar-se (ex. ~ conhecido) | なる | naru |
| trabalhar (vi) | 働く | hataraku |
| traduzir (vt) | 翻訳する | honyaku suru |
| transformar (vt) | 変形する | henkei suru |
| | | |
| tratar (a doença) | 治療する | chiryō suru |
| trazer (vt) | 持って来る | motte kuru |
| treinar (vt) | トレーニングする | torēningu suru |
| treinar-se (vr) | トレーニングする | torēningu suru |
| tremer (de frio) | 震える | furueru |
| | | |
| trocar (vt) | 交換する | kōkan suru |
| trocar, mudar (vt) | 交換する | kōkan suru |
| usar (uma palavra, etc.) | 用いる | mochīru |
| utilizar (vt) | 使う | tsukau |
| | | |
| vacinar (vt) | 予防接種をする | yobō sesshu wo suru |
| vender (vt) | 売る | uru |
| verter (encher) | 注ぐ | sosogu |
| vingar (vt) | 復讐する | fukushū suru |
| virar (~ para a direita) | 曲がる | magaru |
| | | |
| virar (pedra, etc.) | ひっくり返す | hikkurikaesu |
| virar as costas | 背ける | somukeru |
| viver (vi) | 生きる | ikiru |
| voar (vi) | 飛ぶ | tobu |

| voltar (vi) | 戻る | modoru |
| votar (vi) | 投票する | tōhyō suru |
| zangar (vt) | 怒らせる | okoraseru |
| zangar-se com ... | 怒る | okoru |
| zombar (vt) | 笑い物にする | waraimono ni suru |

mpliance